인류의 미래

은행나무

인/류/의/미/래

은행나무

강판권 지음

아로파

차례

머리말

    은행나무는 인간과 가장 오랜 세월 동안 함께 한 존재이다. 은행나무는 소철, 메타세쿼이아와 함께 '살아 있는 화석'이라 불리지만 현재 지구상에 존재하는 나무 중 은행나무처럼 인류의 역사에 큰 영향을 준 경우는 없다. 은행나무는 원산지 중국에서 시작해 한국과 일본, 유럽과 미국 등으로 삶의 터전을 넓히면서 지금까지 인류의 삶에 깊숙이 자리 잡고 있다. 특히 은행나무는 은행나무목(目), 은행나뭇과(科), 은행나무속(屬) 등 오직 자신만이 존재하는 유일성과 더불어 다른 식물에서 거의 찾아볼 수 없는 정충(精蟲)을 통해 수정하는 특성이 있다.

    은행나무의 위기는 은행나무와 함께 한 인류 역사에 닥친 시련이다. 은행나무가 인류의 역사에 엄청난 영향을 미쳤는데도 은행나무에 관한 연구는 아주 부족하다. 암수딴그루의 은행나무가 수정하는 과정도 겨우 20세기가 도달하기 2년 전에야 확인했다. 더욱이 은행나무와 인간의 관계가 가장 밀접했던 중국과 한국의 은행나무 연구는 은행나무와 만난 역사가 짧은 일본과 유럽보다 부족하다. 그러나 세계 각국의 은행나무 연구는 주로 자연과학 영역에서 이루어지고 있지만 은행나무는 인류에게 자연과학의 영역보다 인문사회의 영역에 영향을 주었다. 특히 중국과 한국의 경우 은행나무에 관한 자연과학 연구마저도 턱없이 부족하다.

중국과 한국에서 자연과학의 영역에 해당하는 본초학에서도 은행나무에 관한 관심은 다른 나무에 비해 높지 않다. 그 이유는 은행나무가 본초학적으로 다른 나무에 비해 장점이 부족하기 때문이다. 은행나무는 본초학에서 중시하는 약효를 가진 열매를 얻는 데 최소 30년의 세월을 기다려야 할 뿐만 아니라, 암수딴그루여서 암그루를 얻는 데도 무척 어렵다. 그래서 중국과 한국의 본초학에서 은행나무를 중요한 식물로 인식하지 않았다. 그러나 중국과 한국의 역사와 문화에서 은행나무가 차지하는 비중은 그 어떤 나무보다 높다. 특히 한국의 은행나무는 고구려 때 불교가 전래한 이후 지금까지 1,600년 이상 역사와 문화에 지속적으로 영향을 주었다. 은행나무 역사에서 한국의 사례는 세계 어디에서도 찾아볼 수 없다. 그러나 지금까지 은행나무에 관한 체계적인 연구는 이루어지지 않았다. 따라서 한국 은행나무의 역사와 문화에 관한 연구는 세계 은행나무의 역사와 문화에 좋은 사례를 제공할 것이다.

은행나무가 중국과 한국의 역사와 문화에 영향을 준 분야는 불교와 성리학이다. 다만 은행나무는 중국의 불교와 성리학보다는 한국의 불교와 성리학에 깊은 영향을 주었다. 은행나무가 불교와 성리학에 미친 영향을 이해하는 데 필요한 문헌 기록은 아주 부족하다. 그러나 역사학에서 유적과 유물이 문헌만큼 소중한 자료이듯, 중국과 한국의 불교와 성리학 관련 문화유산의 현장에서 현존하는 은행나무는 가장 믿을 수 있는 사료이지만 지금까지 사료로 거의 주목하지 않았다. 은행나무가 한국의 역사와 문화에 미친 영향을 확인하는 증거는 천연기념물과 보호수 은행나무이다. 한국 전역의 보호수 은행나무에 관한 통계를 확보하는 일은 쉽지 않지만 천연기념물 은행나무를 확인하는 것은 간단하다.

한국의 은행나무 천연기념물은 모두 스물네 그루이며, 경상도(8)-충청도(6)-강원도(3)-전라도(3)-인천(2)-서울(1)-경기(1) 순이다. 그중 사찰에 네 그루, 나머지는 마을에 분포하고 있다. 그러나 마을의 은행나무도 성리학과 관련한 사례가 적지 않다. '양평 용문사 은행나무'는 사찰 은행나무의 가장 오랜 역사와 더불어 은행나무의 기능을, '서울 문묘 은행나무'는 성균관, 향교, 서원, 정자 등 성리학 관련 공간 은행나무의 가장 오랜 역사와 더불어 은행나무의 기능을 보여 주는 사례이다. 한국 사찰과 성리학 공간에서 은행나무는 약용의 기능 때문이 아니라 수행 기능 때문에 심은 것이다. 한국 사찰의 은행나무는 석가모니가 수행한 뽕나뭇과 늘푸른큰키나무 '보제수'의 '문화변용'이고, 성리학 관련 공간의 은행나무는 공자가 제자를 가르친 장미과 갈잎떨기나무 살구나무 '행단'의 '문화변용'이다.

본서에서는 은행나무의 인문사회학적인 이해를 위해 전체 5부로 구성했다. 1부는 은행나무의 이름 변천과 나무의 특성을 살폈다. 2부와 3부는 사찰과 성리학 관련 공간의 은행나무를 다루었다. 우리나라 사찰에는 대부분 은행나무가 있지만 그중에서도 의미 있는 사찰의 은행나무를 선택했다. 우리나라 성리학 관련 공간에도 은행나무가 적지 않지만 국공립학교에 해당하는 서울 문묘와 향교, 사립학교에 해당하는 서원과 성리학자의 공간인 정자를 중심으로 나누어 다루었다. 4부에서는 전국 은행나무 중 신화를 품은 나무 일부를 살폈다. 그중에서도 경북 영주 금성대군 신단의 은행나무 관련 기록은 세계의 '나무 신화사'에도 유례를 찾아보기 어려울 만큼 소중하다.

5부에서는 우리나라의 '은행나무 축제'를 다루었다. 우리나라의 은행나무 축제는 충남 보령시 청라면의 '청라은행마을축제'를 비롯해서 전국 곳곳에서 진행하고 있다. 우리나라의 은행나무 축제는 주로 노란 잎과 열매를 동시에 볼 수 있는 가을에 실시하고 있다. 원산지 중국을 비롯한 일본, 그리고 외국의 은행나무 축제 시기도 우리나라와 다르지 않다. 현재 세계 각국의 은행나무 축제는 다른 식물의 축제와 의미가 다르다. 왜냐하면 은행나무는 인간의 도움 없이는 대를 이을 수 없기 때문이다. 은행나무는 백악기 이후 지금까지 유럽에서는 멸종하고 중국을 비롯한 아시아에서 생존할 만큼 탁월한 생존 능력을 발휘했지만 현재는 멸종의 위기에 있다. 그동안 인간은 은행나무의 도움을 크게 받았지만 이제 인간이 은행나무에게 보은(報恩)할 차례이다. 따라서 은행나무 축제는 인간이 은행나무에게 보은한다는 깊은 의미가 있다.

은행나무 축제는 인간과 은행나무가 더불어 살아가는 지혜의 산물이다. 우리나라의 수많은 축제 중 나무와 관련한 축제는 단풍나무, 이팝나무, 대나무, 산수유 등도 있지만, 은행나무는 다른 나무와 비교하면 역사와 문화면에서 차원이 다르다. 우리나라의 역사와 문화에 중요한 역할을 담당한 소나무와 느티나무가 있지만 두 나무에 관한 전국적인 축제는 없다.

은행나무 축제는 사찰과 성리학 관련 공간의 은행나무와 더불어 은행나무의 미래를 결정할 뿐 아니라, 인류의 미래까지 결정할 수 있다. 우리나라는 세계에서도 은행나무를 가장 사랑하는 국가이다. 그러나 은행나무에 관한 생태적인 이해는 부족하다. 은행나무에 관한 진정한 이해는 '평등한 관계'로서의 '생태(Eco)'와 '모든 생명체의 가치 동등성'으로서의 '생태 의식(ecological consciousness)'을 통해서만 가능하다.

1부

은행나무 이름과 혼인 방식

1. 이름 유래

은행나무 이름의 탄생

청동기 시대에 문자를 만든 인류는 언어 속에 의미를 담았다. 특히 중국 상(商), 즉 은나라 갑골문자에서 발달한 한자에는 글자에 뜻을 품고 있다. 그래서 식물의 한자 이름도 그 속에 뜻을 간직하고 있다. 중국에서 만든 단어 '은행(銀杏)'은 11세기 이후부터 사용한 것이니, 이전에는 다른 이름을 사용했다. 은행의 이름이 11세기 이후부터 등장했다는 사실은 은행나무의 역사에서 아주 중요하다.

'은행'을 처음 사용한 사례는 구양수(歐陽脩, 1007~1072)의 시이지만, 구양수의 시는 중국 북송의 시인 매요신(梅堯臣, 1002~1060)의 시에 화답한 것이다. 따라서 먼저 매요신의 시를 살펴보면 다음과 같다.

〈永叔內翰遺李太博家新生鴨脚(영숙내한유이태박가신생압각), 한림학사 구양수가 태학박사 이후 집에서 새로 딴 은행 알을 보내다〉

北人見鴨脚(북인견압각) 북쪽 사람은 압각수를 보고

南人見胡桃(남인견호도) 남쪽 사람은 호두나무를 보네

識內不識外(식내불식외) 안은 알겠는데 밖은 알 수가 없으니

疑若橡栗韜(의약상율도) 아마 상수리나무나 밤나무처럼 감싸고 있는듯하네

鴨脚類綠李(압각류녹이) 압각수는 푸른 자두나무와 비슷하지만

其名因葉高(기명인엽고) 그 이름은 나뭇잎 모양 때문에 높아졌네

吾鄉宣城郡(오향선성군) 나의 고향 안휘성 선성군에는

每以此爲勞(매이차위로) 매번 은행나무 때문에 일이 많네

種樹三十年(종수삼십년) 나무를 심은 지 30년 만에

結子防山猱(결자방산노) 은행 알이 산의 원숭이를 막아 주네

剝核手無膚(박핵수무부) 은행 알을 벗기느라 손의 피부가 많이 상했고

持置宮省曹(지치궁성조) 이것을 조정에 심었다네

今喜生都下(금희생도하) 지금 도성에서 자라고 있는 것을 기뻐하니

薦酒壓葡萄(천주압포도) 종묘에 은행 알을 올리니 포도를 압도하네

初聞帝苑夸(초문제원과) 처음에는 제왕의 동산에서 자랑했다고 들었고

又得主策褒(우득주책포) 과거 시험인 대책시험에서도 칭찬받았네

疊疊誰採掇(첩첩수채철) 주렁주렁 달린 것을 누가 딸 것인가

玉椀上金鼇(옥완상금별) 옥 주발에 담아 한림원에 올리네

金鼇文章宗(금별문장종) 한림원은 문장의 우두머리인 곳인데

分贈我已叨(분증아이도) 나누어 줌에 나도 이미 받았네

豈無異鄕感(개무이향감) 어찌 타향에서 느낌이 없으랴

感此微物遭(감차미물조) 이런 미물인 은행나무 만난 것에 감동하네

一世走塵土(일세주진토) 평생토록 티끌과 진흙처럼 헤매다가

鬢顚得霜毛(빈전득상모) 머리카락이 서리가 되었네

　매요신의 시는 11세기 북송 시대 관료의 은행나무에 관한 인식과 정보를 담고 있다. 시의 제목에서 언급한 '영숙(永叔)'은 구양수의 자(字)이다. 영숙의 '숙'은 그가 셋째라는 뜻이다. 시의 제목 중 '내한(內翰)'은 구양수가 한림학사(翰林學士) 관직이어서 사용한 것이다. 구양수는 북송 최고의 문학가로 유명한 사람이고, 구양수체(歐陽修體)에서 보듯 서예가로도 뛰어났다. 그는 현재 쓰촨성(四川省) 면양시(綿陽市) 출신이지만 유년기와 청소년기의 대부분은 허베이성(湖北省) 수주(隨州)에서 보냈다.

　시의 제목 중 태학박사(太學博士) 이후는 이화문(李和文)이다. 시의 제목은 구양수가 매요신에게 이후의 집에서 얻은 은행나무 열매를 보냈다는 뜻이다. 그런데 매요신은 시의 제목에 '압각'이라 썼다. 압각은 은행이란 단어가 등장하기 전의 이름 중 하나였다. 구양수가 매요신의 시에 화답한 시의 제목에서도 '압각'이라고 했는데, 은행나무의 잎이 오리(鴨)의 다리(脚)를 닮아서 붙인 이름이다.

　매요신의 시 첫 구절과 매요신의 고향 안후이성(安徽省) 선성군(宣城郡)을 통해 북쪽에서 은행나무가 많았다는 것을 알 수 있다. 그러나

살구나무 열매

자두나무 열매

당시 매요신이 구양수에게 받은 은행나무의 열매는 과육을 벗긴 것이었다. 그래서 그가 안은 알 수 있지만 겉은 알 수 없다고 했다. 이러한 시의 구절을 보면 매요신은 은행나무 열매를 직접 본 적이 없었다. 그래서 그는 은행나무의 열매껍질을 깍정이로 덮인 상수리나무의 열매와 가시로 덮인 밤나무의 열매처럼 상상했다. 매요신의 이러한 상상력은 은행나무 열매와 전혀 다르고, 그가 은행나무 열매를 직접 보지 않았다는 증거이기도 하다.

매요신은 은행나무를 장미과 갈잎떨기나무 자두나무에 비유했다. 그가 은행나무를 푸른 자두나무에 비유한 것은 은행의 '행'에 해당하는 장미과 갈잎떨기나무인 살구나무와 다르지만 푸른 자두나무의 열매와 크게 다르지 않다. 다만 시에서 '은행'을 언급하면서 자두나무를 언급한 것은 좀 의아스럽지만 '은행'이란 단어를 사용하지 않은 점을 감안하면 이해할 수 있다. 매요신은 북쪽에서 은행나무가 인기를 끈 이유를 열매가 아니라 잎 때문이라 판단했다. 매요신의 지적처럼 노란 은행나무의 잎은 옛날이나 지금도 이 나무를 좋아하는 이유이다.

매요신의 시 중 은행나무를 심은 지 30년 만에 열매를 맺어 원숭이를 막았다는 내용은 은행나무의 열매 맺는 시기와 열매의 특성을 알려주고 있다. 은행나무가 열매를 맺기까지의 기간은 나무마다 다르고, 현재 육종 기술의 발달로 이전보다 빨라졌다. 매요신이 언급한 30년은 전통 시대의 일반적인 지식이고, 은행나무의 또 다른 이름인 '공손수(公孫樹)'의 배경이다. '공'은 은행나무를 제후(諸侯) 중 가장 높은 작위를 부여한 것이다. '손'은 손자, 자식과 손자, 후손 등으로 해석할 수 있지만 '후손'으로 해석하면 한 세대인 30년과 어울린다. 이처럼 은행나무가 30여 살에 열매를 맺는다는 것은 《論語(논어)》 〈爲政篇(위정편)〉에서 공자가 언급한 이립(而立)에 비유할 수 있으니, 은행나무의 암그루는 30년 정도에 자립하는 셈이다.

은행나무 열매가 원숭이를 막은 이유는 열매의 냄새 때문이다. '은행 알을 벗기느라 손의 피부가 많이 상했다'는 내용도 열매의 냄새 때문이다. 원숭이는 은행나무 열매의 고약한 냄새 때문에 접근할 수가 없다. 은행나무 열매의 고약한 냄새는 은행나무가 생존한 이유기도 하지만, 은행나무가 위기에 처한 배경이기도 하다. 은행나무 열매의 악취는 다른 동물들이 먹이로 사용할 수 없도록 하는 데 성공했지만 인간이 아니면 열매로 번식할 수 없도록 만들었다. 게다가 인간조차도 은행나무 열매의 악취를 싫어해서 도시에서는 암그루 은행나무를 제거하거나 심지 않는다.

매요신의 시에서 보듯, 은행나무 열매는 조정과 도성에도 심고, 종묘에도 올렸다. 매요신 시대 북송의 수도는 현재 허난성(河南省) 개봉(開封)이었다. 따라서 북송 조정과 개봉 도심에도 은행나무를 심었으며, 제사에도 올렸을 뿐 아니라, 신하들에게 선물로 주기도 하고, 시험 제목으로 출제하기도 했다. 이는 북송의 황제도 은행나무를 아주 귀하게 여겼다는 것을 의미하고, 구양수가 매요신에게 선물한 이유이기도 했다.

구양수는 자신이 준 은행나무 열매에 관한 매요신의 시를 받고 다음과 같이 답했다.

〈和聖俞李侯家鴨脚子(화성유이후가압각자), 매요신이 이후 집 은행 열매를 읊은 것에 화운하다〉

鴨脚生江南(압각생강남) 압각수는 강남에서 자라니

名實未相浮(명실미상부) 명실이 서로 맞지 않네

絳囊因入貢(강낭인입공) 붉은 주머니에 담아 임금에게 공물로 바쳤으니

銀杏貴中州(은행귀중주) 은행은 중원에서 귀한 것이었네

致遠有餘力(치원유여력) 멀리서 옮겨 심을 여력이 있었고

好奇自賢侯(호기자현후) 기이한 것을 좋아한 것은 이후부터 시작되었네

因令江上根(인령강상근) 이로부터 강가에 은행나무를 심었는데

結實夷門秋(결실이문추) 이문(개봉의 동문)에서 열매를 맺을 때이네

始摘纔三四(시적재삼사) 비로소 겨우 서너 개를 따서

金匭獻凝旒(금궤헌응류) 금으로 만든 그릇에 담아 천자에게 바치네

公卿不及識(공경불급식) 벼슬 높은 사람들은 하나같이 은행 알을 모르니

天子百金酬(천자백금수) 천자는 많은 돈으로 은혜를 갚네

歲久子漸多(세구자점다) 세월이 오래되자 열매가 점점 많이 열려

疊疊枝上稠(첩첩지상조) 주렁주렁 가지에 빽빽하게 달려 있네

主人名好客(주인명호객) 주인은 손님을 좋아하는 것으로 이름이 났는데

贈我比珠投(증아비주투) 나에게 훌륭한 시를 지어서 주었네

博望昔所徙(박망석소사) 박망원에 옮겨 심었던 나무 중에는

葡萄安石榴(포도안석류) 포도와 석류나무가 있었네

想其初來時(상기초래시) 상상컨대 그 나무들을 처음 옮겨 심을 때

厥價與此侔(궐가여차모) 그 값이 이 은행 열매와 같았으리

今也徧中國(금야편중국) 지금에는 은행나무가 나라에 두루 퍼져

籬根及牆頭(이근급장두) 울타리 근처나 담장 모퉁이 어디에도 있다네

物性久雖在(물성구수재) 나무의 성질은 세월이 많이 흘러도 남아 있지만

人情逐時流(인정축시류) 사람의 성질은 시대에 따라 변한다네

惟當記其始(유당기기시) 오직 마땅히 그 처음 올 때를 기억해야 할 것이니

後世知來由(후세지래유) 그래야만 후세에 그 유래를 알게 되네

是亦史官法(시역사관법) 이것이 또한 사관의 필법이니

豈徒續君謳(개도속군구) 어찌 한갓 그대의 노래에 화답하는데 그치리

구양수의 시에는 매요신의 시에서 볼 수 없는 북송 시대 은행나무에 관한 또 다른 정보를 담고 있다. 우선 구양수는 매요신이 사용하지 않던 '은행'을 처음 사용했다. 시의 첫 구절에서 은행나무가 강남에서 자란다고 언급한 것은 강남의 저장성 천목산이 원산지라는 사실과 부합한다. 그는 압각수가 은행으로 불리는 것을 명실상부하지 않은 것으로 이해했다. 구양수의 시에서 주목할 부분은 강남의 은행나무 열매가 조공품(租貢品)이었다는 사실이다. 중국 주(周, 기원전 1046~기원전 222)나라부터 시작한 각 지역에서는 천자 혹은 황제에게 정기적으로 해당 지역의 특산품을 바쳤다. 우리나라도 중국에 잣이나 인삼 등을 조공했다. 강남 은행나무의 열매를 조공했다는 것은 구양수도 언급한 것처럼 수도 개봉에는 귀했다는 뜻이다.

구양수가 매요신에게 보낸 은행나무 열매는 부마도위(駙馬都尉)였

던 이화문이 남쪽에서 가져와 자신의 집에 심은 것이었다. 이는 지금의 안후이성 서성(舒城) 출신 송나라의 완열(阮閱)의《詩話總龜(시화총구)》에서도 확인할 수 있다. 개봉에는 은행나무를 많이 심어 울타리 근처나 담장 모퉁이에 흔히 볼 수 있을 정도였다. 그래서 은행나무는 한나라 장건(張騫, 기원전 175~기원전 114)이 서역에서 가져온 포도와 석류나무처럼 귀했지만 점차 늘어난 것이다.

구양수의 시에서 반드시 기억할 것은 은행나무의 유래를 기록해야 한다는 점을 강조한 사실이다. 구양수는 당송 팔대가 중 한 사람일 만큼 문학가로 유명하지만, 그는《新唐書(신당서)》와《五代史記(오대사기)》를 편찬하는 등 역사가이기도 했다. 만약 구양수의 역사의식이 아니었다면 은행나무의 이름이 언제부터 시작되었는지를 몰랐을 수도 있다. 그러나 중국 최초의 종합농서인 북위(北魏) 가사협(賈思勰)《齊民要術(제민요술)》에는 은행나무가 등장하지 않고, 본초학을 집대성한 명대 이시진(李時珍, 1518~1593)의《本草綱目(본초강목)》에는 은행나무를 과실류에서 소개하고 있지만, 구양수의 시에 대해서는 언급하지 않았다.

중국 북송 시대에 처음 등장한 은행나무의 단어가 우리나라에서 처음 등장한 자료는 1527년 최세진(崔世珍, 1468~1542)이 편찬한《訓蒙字會(훈몽자회)》이다.《훈몽자회》에서는 살구나무 '행(杏)' 자를 속칭 행아(杏兒), 은행(銀杏), 백과(白果), 압각(鴨脚)이라 소개했다.《훈몽자회》의 내용에서 주목할 것은 은행나무의 이름과 더불어 살구나무 '행'이 은행나무로 이해하고 있다는 사실이다. 우리나라 한자 사전에도

'행'을 살구나무와 함께 은행나무로 풀이하고 있다. 이는 매요신과 달리 은행나무의 열매를 살구나무의 열매로 이해한 것이다.

우리나라에서는 문헌상 은행나무의 이름은 11세기에 사용한 중국과 달리 16세기의 자료에서 확인할 수 있다. 대표적인 사례는 농암(農巖) 김창협(金昌協, 1651~1708)의 〈振威客館(진위객사), 진위객사에서〉이다. 진위객사는 경기도 평택에 있었다.

縣小館宇古(현소관우고) 작은 고을 해묵은 객사 하나
床簟亦自具(상점역자구) 침상이며 대자리도 갖춰 있는데
解鞍景未昳(해안경미질) 안장 풀 때 해 아직 지지 않았고
伏檻風稍度(복함풍초도) 난간 위엔 솔솔솔 스치는 바람
四山赴牖戶(사산부유호) 사방 산 빛 창문으로 비쳐드는데
流目領野趣(유목령야취) 눈 들어 산야 정취 훑어보노라
墻東兩銀杏(장동량은행) 담장 동쪽 두 그루 은행나무는
鬱鬱百年樹(울울백년수) 울창할 새 한 백년 나이를 먹어
布陰接青槐(포음접청괴) 깔린 그늘 새파란 회화나무 닿고
嚶鳴鳥羣聚(앵명조군취) 새떼 모여 짹짹 울어대기에
忽謂坐林藪(홀위좌림수) 이 몸 마치 숲속에 앉아 있는 듯
未信在行路(미신재행로) 큰길가에 있다고는 믿기지 않아
啓笈發古書(계급발고서) 상자 열어 옛 책을 꺼내어 읽고
濡翰寫新句(유한사신구) 먹물 적셔 새 글귀 휘둘러 쓴다
造適誠忘言(조적성망언) 마음 맞아 정말로 할 말 잊으니

息蔭斯善喩(식음사선유) 그늘에 쉰단 그 말 좋은 비유라

安得從此去(안득종차거) 어찌하면 이대로 계속 나아가

永謝要津步(영사요진보) 영원히 세상 요로 멀리해 볼까

조선 시대의 문헌에는 은행과 함께 압각도 즐겨 사용했다. 따라서 중국과 우리나라에서는 은행의 이름이 등장한 이후에도 압각수도 즐겨 사용했다. 조선 후기 실학자 이덕무(李德懋, 1741~1793)의 《雅亭遺稿(아정유고)》〈與元若許有鎭書(여원약허유진서), 약허 원유진에게 보내는 편지〉에서는 은행나무의 다양한 명칭을 알 수 있다.

이덕무의 친구 원유진이 "은행나무[銀杏樹]를 한 글자로 명칭할 수 있나요?"라고 물었다. 이에 이덕무가 다음과 같이 답했다. "은행나무를 한 글자로 별칭한 것은 없으며 그 열매는 은행(銀杏), 그 재목은 문행(文杏), 그 잎은 압각(鴨脚)이라 합니다."

이덕무가 원유진에게 답한 내용 중에는 은행은 열매, 잎은 압각 외에 재목으로서의 '문행'을 소개하고 있다. 채제공(蔡濟恭, 1720~1799)의 〈漫興答友人(만흥답우인), 기분 나는 대로 읊어 친구에게 답하다〉에서도 은행나무를 문행(文杏)으로 이해했다.

前村水竹晚依依(전촌수죽만의의) 앞마을의 물대는 저물녘에 한들대고

畫裏官齋背翠微(화리관재배취미) 그림 같은 관사 뒤로 푸른 산이 둘렀어라

인류의 미래 은행나무

花發郊原多麗日(화발교원다려일) 꽃이 핀 들판에는 화창한 날 많지만

春寒江國怯生衣(춘한강국겁생의) 봄추위 온 강촌에는 얇은 옷이 두렵구나

傍提小妹栽文杏(방제소매재문행) 작은누이 데리고 은행나무 심던 중에

左顧中廚煮嫩薇(좌고중주자눈미) 부엌 쪽을 돌아보니 고비를 삶고 있네

自是白鷗馴不得(자시백구순부득) 본래부터 갈매기는 길들일 수 없거니와

渚雲溪月已忘機(저운계월이망기) 시냇가 구름 달을 보며 기심 잊었어라

　조선 시대 문헌에는 주로 문행을 은행나무의 다른 이름으로 사용하고 있지만 중국에서는 한나라 사마상여(司馬相如, 기원전 179~기원전 117)의 〈長門賦(장문부)〉 등을 비롯한 문헌에서 주로 재목(材木)으로 사용했다.

은행나무의 학명과 특징

　은행나무의 학명(*Ginkgo biloba* L.)을 붙인 린네(Linné, Carl von, 1707~1778)도 '은행'을 속명(*Ginkgo*)으로 사용했다. 은행나무 학명 중 'L.'은 린네의 라틴명 카롤루스 린나이우스(Carolus Linnæus)의 약어이다. 스웨덴 식물학자 린네가 체계화한 동식물의 학명은 모두 라틴어로 표기해야 한다. 아울러 학명 중 속명(*Ginkgo*)의 첫 글자는 대문자로, 종소명(*biloba*)은 소문자로, 속명과 종소명은 이탤릭체로 표기해야 한다. 그런데 학명 중 속명 긴코(*Ginkgo*)는 일본어 '긴난(ぎんなん, 은행)'을 잘못 발음한 것이다.

은행나무의 학명은 은행나무의 이름을 강조한 것이다. 은행나무처럼 학명에 나무의 이름을 강조한 사례는 아주 드문 것이다. 린네가 은행나무의 이름을 학명에 넣은 것은 그만큼 은행이라는 이름이 중요하다고 여겼기 때문일 것이다. 그러나 린네가 은행나무의 학명에 일본명 '은행'을 사용한 것은 그의 독자적인 선택이 아니라 1712년 독일의 동식물학자인 엥겔베르트 캠퍼(Engelbert Kaempfer, 1651~1716)가 쓴 《제국기담(Amoenitatum exoticarum)》에서 언급한 'Ginkgo'를 그대로 사용한 것이다.

캠퍼는 1683년부터 1693년까지 러시아, 페르시아, 인도, 동남아시아, 일본을 여행했다. 그의 첫 여행기인 《제국기담》은 의학적 관찰과 일본 식물에 관한 내용이다. 그는 일본의 식물만이 아니라 일본의 역사에 대해서도 깊은 관심을 가졌다. 캠퍼는 2년간 일본에 머물면서 일본의 식물을 비롯한 정치와 문화에 관한 정보를 수집했다. 그가 독일에서 일본으로 떠난 것은 1690년 5월이었다. 캠퍼는 일본에 머물면서에도 막부(江戶幕府)를 세운 도쿠가와 이에야스(德川 家康)의 넷째 아들 도쿠가와 쓰나요시(德川 綱吉, 1646~1709)를 두 차례 만났다. 그가 일본의 은행나무에 관한 정보를 얻을 수 있었던 것은 1691년 2월 나가사키의 승려를 만났기 때문이었다. 네덜란드 위트레흐트 대학교(Universiteit Utrecht) 식물원의 은행나무는 캠퍼가 일본에서 가져온 씨앗으로 자란 나무였다. 그러나 캠퍼는 일본 나가사키 승려를 만나 은행나무의 정보를 얻었지만 게에몬(源右衛門) 통역관 이마무라 히데오(今村 英生, 1671~1736)가 은행의 발음을 나가사키 방언으로 통역한

은행나무 열매와 잎

은행잎 차상맥

것을 표기한 탓에 후세 사람들이 그를 일본어에 무지하다고 평가했다.

은행나무 학명 중 속명 '긴코'는 은행나무의 이름을 표기한 것이지만 '은행'이 '은빛 살구'라는 열매를 의미하므로 곧 열매를 강조한 것이다. 린네는 학명에서 이름과 열매만을 강조한 것이 아니라 잎도 강조했다. 학명 중 종소명 '빌로바(*biloba*)'는 '얇게 두 갈래로 갈라진'을 뜻한다. 구양수의 시에서 은행을 사용하기 전까지 중국과 한국에서 주로 사용한 압각수에서 보듯, 은행나무의 잎은 다른 나무의 잎과 다른 독특한 특징이 있다. 은행나무의 잎은 한자로 '차상맥(叉狀脈)'이라 부른다. 이는 한 가닥의 유관에 속이 두 가닥으로 동등하게 갈라지는 것이 계속되는 잎맥을 뜻한다. 은행나무 잎은 '차(叉)' 자를 닮아서 붙인 이름이다. 차상맥은 잎을 지탱하고 수분과 양분을 운반하는 통로이기도 하다.

에도 시대 일본에서는 은행나무 잎을 무척 좋아했다. 일본어의 '이쇼 가시라(銀杏頭)'는 남자의 상투 끝을 은행잎 모양으로 퍼지게 하는 것이다. 이쇼 가시라는 '이쇼 마게(銀杏髷)'라고도 했는데, 무게(武家), 조닌(町人), 쇼우죠(少女) 등 신분과 성별에 따라 달랐다. 서양에서는 은행나무의 열매보다 잎을 중시했다. 그래서 은행나무를 '아가씨의 머리 나무(Maidenhair Tree)'라고 부른다. 이는 머리카락을 뒤에서 묶은 모양이 은행나무의 잎을 닮아서 붙인 이름이다. 은행나무의 잎에 영감을 얻은 사람도 많았다. 그중에서도 1815년 가을날, 독일 시인 괴테(Goethe, 1749~1832)가 한 여인에게 노란 은행잎 두 장도 붙여 보낸 사랑의 시가 유명하다.

〈은행나무 잎〉

동방에서 건너와 내 정원에 뿌리내린
이 나뭇잎엔
비밀스러운 의미가 담겨 있어
그 뜻을 아는 사람을 기쁘게 한다오

둘로 나누어진 이 잎은
본래 한 몸인가
아니면 서로 어우러진 두 존재를
우리가 하나로 알고 있는 걸까

이런 의문에 답을 찾다
비로소 참뜻을 알게 되었으니
그대 내 노래에서 느끼지 않는가
내가 하나이며 또 둘인 것을

괴테의 연애시는 잎에 관한 아주 뛰어난 철학을 담고 있다. 11세기
중국에서 사용한 은행나무의 이름을 상용한 기간은 은행나무가 지구
상에 등장한 역사에 비하면 아주 짧지만 지금은 세계 공용어이다. 은
행나무처럼 학명에 나무의 이름을 넣고, 그 이름을 세계에서 공통으로
사용하는 사례는 찾아볼 수 없다.

2. 중매쟁이 바람과 혼인

암수딴그루 은행나무와 정자 발견

　은행나무는 대표적인 암수딴그루이다. 암수딴그루는 암그루와 수그루가 각각 따로 존재하며, 암그루의 꽃과 수그루의 꽃이 만나 암그루에서 열매를 맺는다. 은행나무의 암수를 구분하는 방법은 최근에는 전문가들이 유전자를 이용하지만 일반인들은 쉽지 않다. 간혹 가지의 처짐을 비롯해 나무의 모습을 보고 구분하는 방법을 소개하고 있지만 워낙 예외가 많아서 정설로 얘기하기 어렵다. 조재삼(趙在三, 1806~1866)의 《松南雜識(송남잡지)》에는 음양 사상에 따라 과육을 벗긴 열매의 각이 홀수(3개)면 수그루, 짝수(2개)면 암그루로 판단했다.

　은행나무는 암수딴그루라서 암수가 어떻게 수정하는지에 대해 예부터 억측이 많았다. 이수광(李睟光, 1563~1628)의 《芝峯類說(지봉

은행나무 열매의 과육을 벗긴 각

인류의 미래 은행나무

마주 보고 있는 은행나무 암수(좌 : 수그루, 우 : 암그루)

유설)》에는 부부가 마주해야만 수정한다거나 암그루가 수그루의 물에
비친 그림자를 보면 수정한다는 얘기를 소개하고 있다. 전통 시대에는
은행나무의 수정을 도저히 볼 수 없었기 때문에 이러한 억측 같은 이
야기가 생긴 것이다.

　은행나무의 수정 과정은 지구상의 나무 중에서도 가장 독특하다.
은행나무는 나비와 벌이 아닌 바람으로 수정한다. 이러한 은행나무의
수정 방식은 암수한그루인 소나무와 다르지 않지만 실제 수정 과정은
소나무와 전혀 다르다. 그래서 식물과학자가 아니면 은행나무의 수정
과정을 볼 수가 없다.

　은행나무는 가임 나이도 3년 만에 열매를 맺는 장미과의 살구나무

은행나무 암꽃

은행나무 수꽃

와 매실나무보다 훨씬 길지만 수정 기간도 엄청나게 길다. 더욱이 은행나무는 육상의 대부분 식물과 달리 사람처럼 수나무의 정자, 즉 정충(精蟲)이 육안으로 볼 수 없는 암꽃 안쪽 작은 우물의 난자 쪽으로 꼬리를 이용해서 들어간다.

정자를 발견한 암그루 은행나무는 현재 도쿄대학교 부설 고이시카와식물원에 살고 있다. 고이시카와식물원은 1684년에 에도막부가 설립한 '고이시카와약초원'에서 시작했다. 식물원은 1875년 문부성 부속시설, 1877년 도쿄대학 설립 후 부속 식물원으로 바뀌어 이학부(理學部)에서 관리하고 있다. 이곳은 일본 근대식물 연구의 산실이자 린네

　　　　　　　　　　　　　　　인류의 미래 은행나무

고이시카와식물원 정자 발견 은행나무

고이시카와식물원 정자 발견 은행나무의 뿌리

의 제자인 툰베리(Thunberg, Carl Peter, 1743~1828)를 비롯한 많은 유럽의 식물학자들이 방문했다. 특히 일제강점기 총독부의 지원 아래 한반도의 식물을 연구한 학자도 대부분 이곳 연구원 출신이다. 저자는 꽤 오래전 정자를 발견한 은행나무를 직접 보기 위해 이곳을 방문했다. 다만 한 가지 아쉬웠던 것은 은행나무 정자 발견 안내문에 은행나무 학명(*Ginkgo biloba* L.) 중 속명과 종소명을 국제 표준인 이탤릭체(*Ginkgo biloba*)로 하지 않고 명조체(Ginkgo biloba)로 표기한 점이다.

은행나무 정자 발견의 연구 과정

은행나무 정자 발견의 과학적 가치는 본 저자처럼 인문학자의 경우 그 놀라움을 짐작하기 어렵다. 그래서 정자를 발견하기까지의 과정을 이해하면 은행나무 정자 발견의 놀라움과 은행나무의 위대함을 더 알게 될 것이다. 은행나무 정자 발견에 대해서는 도쿄대학(東京大學) 대학원이학계연구과생물과학전공교수(大學院理學系研究科生物科學專攻敎授)였던 가토 마사히로(加藤 雅啓, 1946~)의 글에서 자세하게 알 수 있다.

도쿄대학이학부식물학교실의 조수였던 히라세 사쿠고로(平瀬 作五郎, 1856~1925)는 세계에서 처음으로 은행나무 정자를 발견했다. 그는 1896년 9월 9일 은행의 정자가 배주(胚珠) 안에서 떠돌아다니는 것을 관찰했다는 짧은 보고를 〈식물학 잡지〉 제10권 제117호(1896년 10월 발행)에 발표했다. 히라세는 이보다 앞서 정자에 달팽이를 닮은 소용돌이 구조가 있다는 것을 관찰했다. 그러나 그는 실제로 떠돌아다니는 것을 확인할 때까지 정자를 관찰했다는 사실을 공표하지 않았다. 은행의 정자 발견과 거의 동시에 도쿄대학 농과대학 조교수였던 이케노 세이치로(池野 成一郞, 1866~1943)가 소철과 늘푸른떨기나무 소철(*Cycas revoluta* Thunb.)의 정자를 발견했다. 정자를 발견한 소철은 가고시마현립박물관에서 도쿄대학식물원으로 분양되어 정문 근처에서 재배되었다. '못을 박아도 살아난다'는 소철의 소철과에는 소철속(Cycas) 단일 속이지만 약 100~110여 종이 있다. 은행나무는 소철처럼 은행나무속 단일속이지만 은행나무만 존재한다.

우리나라 국가표준식물목록에는 소철(*Cycas revoluta* Thunb.), 마다가스카르소철(*Cycas thouarsii* R.Br.), 멕시코소철(*Zamia furfuracea* L.f.), 자메이카소철(*Zamia pumila* L.), 청왕소철(*Cycas cairnsiana* F.Muell.) 등을 소개하고 있다.

은행나무와 소철의 정자를 발견할 당시 일본은 문화, 정치 등 모든 면에서 서양을 배우고, 쫓아가려고 했던 시대였다. 일본의 국립대학도 도쿄대학 뿐이었다. 식물학 분야에서는 정자 발견 10년 전에 도쿄식물학회(이후 일본식물학회)가 발족되었을 뿐이었으며, 정자 발견 논문이 게재된 학회지 〈식물학 잡지〉도 창간된 지 얼마 되지 않았을 때였다. 이와 같은 일본 근대과학의 여명기에 히라세 사쿠고로와 이케노 세이치로의 발견은 세계적으로 큰 반향을 일으킨 연구였다. 히라세와 이케노는 1912년(明治 45)에 은행과 소철의 정자 발견에 관한 공적으로 제2회 학사원 은사상(恩賜賞)을 받았다.

    정자를 발견한 암그루 은행나무의 나이는 280살 정도이다. 히라세 사쿠고로와 이케노 세이치로가 어떻게 다른 나라보다 앞서 정자를 발견했을까? 정자를 발견하기까지는 100년 이상의 식물 연구사를 이해해야 한다. 1827년경 스코틀랜드 식물학자 브라운(Robert Brown, 1773~1858)은 소철, 구과류(침엽수) 등의 경우 씨방에 둘러싸여 있지 않다는 것을 관찰하고, 종자가 씨방으로 싸여 있는가에 따라 겉씨식물과 속씨식물로 구분된다는 것을 밝혀냈다. 그 결과 그간 음화식물(陰花植物)을 제외하고 현화식물(顯花植物)로 분류해왔던 분류 체계를 대폭 개정될 필요가 생겼을 뿐 아니라, 각각의 식물이 형태적, 발생적으로 어떻게 관련되어 있는가를 연구하는 단서도 제공했다.

    1844년 양치류의 전엽체에서 편모를 가진 정자가 발견되었다. 이와 같은 상황에서 호프마이스터(Hofmeister)는 '식물의 세대교체'라는 개념을 발전시켰다. 그는 1851년《고등음화식물의 성장, 발생과 배아 형성 및 구과류의 종자 형성에 관한 비교 연구》를 저술하고, 그 내용 중에 식물에는 유성세대(배우체)와 무성세대(포자체)가 번갈아 일어난다는 사실을 밝혔다. 결국 양세대 사이에는 포자, 또는 배우자의 수정에 의해 생기는 수정란이라는 단세포가 개재하며, 각각의 세대는 그 단세포에서 발생한다는 것이 밝혀졌다.

    당시 일반적인 분류 체계에서 겉씨식물은 구과류(침엽수)와 소철류의 2군으로 분류되며, 은행은 구과류에 포함되어 있었다. 호프마이스터는 생식적으로 양치류식물과 종자식물의 중간에 있다고 여겼던 이형포자를 가진 수생 양치류 등에서 정자가 발견되었기 때문에 구과류에서도 정자가 만들어질 수 있다고 보았다.

은행의 생식에 대해서는 1892년 독일의 식물학자 슈트라스부르거(Strasburger, 1844~1912)의 연구가 히라세를 앞서 있었다. 결과적으로 슈트라스부르거는 정자 발견에는 이르지 못했지만 화분 발아부터 화분관의 성장을 정자 형성 전까지 상세하게 관찰했다. 게다가 은행나무를 정기적으로 채집해서 시기별로 관찰했다. 히라세도 정자를 발견한 1896년 전에는 수정과 배아 형성이 9월 초순에 일어난다는 것을 시기적 관찰에 의해 확인했다.

히라세 사쿠고로와 이케노 세이치로는 정자 발견이라는 위업을 거의 동시에 달성했다. 슈트라스부르거, 베버(Webber)와 같은 세계의 연구자도 모두 이 시기에 겉씨식물의 생식이라는 공통된 연구 과제에 몰두하고 있었다. 은행과 소철의 정자를 발견한 이듬해인 1897년에 베버는 소철류인 자미아(Zamia)에서도 정자를 발견했다. 다른 종류의 소철류 정자는 그 후 약 10년이 지나서 발견되었다. 1907년에 미크로키카스속(Microcycas)에서, 1910년에 디오온속(Dioon)에서, 1912년에 케라토자미아속(Caratozamia) 등에서 연이어 정자가 발견되었다. 이러한 일련의 연구에 의해 한 종밖에 존재하지 않는 은행류는 차치하고라도 11속 200종 남짓한 소철류에는 널리 정자가 존재한다는 것이 밝혀졌다. 히라세와 이케노의 선구적인 발견은 베버 이후의 연구에 원동력이었다.

진화학적으로 겉씨식물은 양치류식물과 속씨식물의 중간 단계에 있다. 겉씨식물은 고생대에 출현한 원시적인 관다발식물(양치류식물)

의 출현, 번영에 뒤이어 생겨나 중생대에 한 시대를 풍미했으나 백악기 이후 현재까지 이어지고 있는 속씨식물의 번영과 함께 쇠퇴했다. 현생의 겉씨식물은 과거에 번성했던 다종다양했던 식물의 일부만 살아남았다. 그 단적인 예가 은행나무이다. 겉씨식물인 4강(綱) 중 하나인 은행 강(綱)만이 유일하게 남아 있는 종이기 때문에 '살아 있는 화석'으로 불릴 만하다.

겉씨식물은 말할 것도 없이 종자식물의 일원이며, 이끼식물이나 양치류식물보다 번식의 매체라는 점에서 한층 진화했다. 한편 모든 속씨식물과 일부 겉씨식물(구과류), 즉 대부분의 종자식물 수나무의 생식세포가 운동성이 없는 특수화한 정핵(정세포)인데 반해, 은행과 소철류의 겉씨식물 및 음화식물(양치류식물, 이끼식물, 많은 조류)에서는 편모 또는 섬모를 가진 운동성이 있는 정자를 가진다.

은행과 소철류의 정자 발견은 이러한 겉씨식물이 암나무의 생식기관인 배주(종자)를 진화시키고, 수나무의 생식세포는 원시적인 정자를 유지하고, 원시적인 특징과 진화 특징을 동시에 가지고 있다. 양치류나 이끼식물이 정자를 가지고 있는 것은 생식에 꼭 필요한 것이다. 이들 식물은 수정할 때 이슬이나 빗물과 같은 물속의 정자가 상당한 거리를 움직여 알에 도달한다. 한편 겉씨식물에서는 화분이 주공(珠孔)으로 불리는 구멍을 통해서 배주의 안(화분실)으로 들어간 후에 발아하므로 정자 또는 정세포(精細胞)와 난세포(卵細胞)의 거리는 비교적 짧다. 구과류에서는 난세포가 배주의 중심에 있는 주심 속에 있기 때문에 화분관은 길게 늘어나며, 정세포에 의해 수정이 이루어진다. 속씨식물에서는 암꽃술의 암술머리에서 화분이 발아한 후 화분관이 매우 길게 늘어나 난세포에 도착한다. 은행과 소철류에서는 화분관이 주심에 고착하므로 조금 늘어나는 정도이다. 난세포는 주심의 표층 가까이에 있기 때문에 방출된 정자가 움직여 난세포에 도달한다.

2부

불교와 은행나무

1. 수행과 은행나무

석가모니와 인도보리수

불교의 창시자 석가모니는 깨달은 자, 각자(覺者)였다. 그는 35세에 어떤 번뇌에서도 흔들리지 않는 열반의 세계를 몸소 경험하면서 부처가 되었다. 석가모니가 우주의 진리를 깨닫고 7일 동안 12연법(緣法)을 달관하여 모든 의혹에서 완전히 벗어난 곳이 바로 보리수였다. 석가모니의 다섯 제자가 만든 것이 불(佛), 법(法), 승(僧), 즉 삼보(三寶)의 불교 교단이었다.

보리수(菩提樹)의 '보제'는 산스크리트어로 '깨달음'을 뜻하는 बोधि(Bodhi, 보디)의 음역 한자어이다. 따라서 '보리수'는 깨달음의 나무, 즉 각수(覺樹), 도수(道樹), 도량수(道場樹)이다. 중국 선종을 완성한 육조 혜능이 후베이성(湖北省) 황매산(黃梅山)에 거처하던 오조(五祖)

홍인(弘忍, 601~674)의 《金剛經(금강경)》을 듣고 수제자가 되면서 남긴 게송(偈頌)에도 보리수가 등장한다.

菩提本無樹(보제본무수) 보리는 본래 나무가 없으며

明鏡亦非臺(명경역비대) 거울도 그 받침이 없는 것

本來無一物(본래무일물) 본래 한 물건도 없는데

何處惹塵埃(하처야진애) 어디에 티끌이 끼겠는가

석가모니가 깨달음을 한 나무는 여러 종류가 있지만 뽕나뭇과 늘푸른큰키나무 인도보리수(*Ficus religiosa* L.)를 가장 대표적인 나무로 꼽는다. 인도보리수는 주로 인도, 스리랑카, 벵골, 미얀마 등지에 분포한다. 이곳에서는 인도보리수가 있는 곳에 사찰을 건립하거나 사찰에 인도보리수를 심었다. 린네가 붙인 인도보리수의 학명 중 속명 피쿠스(*Ficus*)는 뽕나뭇과 갈잎떨기나무 '무화과나무'를, 종소명 릴리지오사(*religiosa*)는 '종교적'이라는 뜻이다.

린네가 인도보리수 학명 중 속명에서 언급한 무화과나무의 학명(*Ficus carica* L.)도 린네가 붙였을 뿐 아니라, 속명은 인도보리수와 같다. 그래서 인도보리수의 열매를 설명할 때 무화과나무의 열매와 자주 비교한다. 무화과나무의 '무화과'는 '꽃이 없는 과일'을 뜻하지만 이 나무의 꽃은 열매 속에 있다. 무화과나무는 무화과좀벌레를 통해 수정한다.

인도보리수는 인도, 스리랑카, 벵골, 미얀마와 중국 윈난성(雲南省) 남쪽 외에는 온실이 아니면 살 수 없다. 그래서 인도보리수가 살 수 없는 중국의 대부분 지역과 우리나라의 사찰에는 인도보리수를 심을 수가 없어서 다른 나무를 대신할 수밖에 없었다. 이러한 사례는 문화교류에서 흔히 나타나는 '문화변용(文化變容)'에 해당한다. 문화변용은 일종의 '격의문화(格義文化)'이다. '격의'는 '뜻을 맞춘다'를 의미한다. 각국의 문화는 다르기 때문에 수용할 때 변용할 수밖에 없다. '보제수'도 문화변용의 사례이다. 중국의 초기 불교를 일컫는 '격의불교'는 '번역불교'라는 뜻이다. 식물도 예외가 아니지만 아직 식물의 문화변용에 관한 연구는 없다. 식물의 문화변용 문제는 식물의 역사는 물론 역사와 문화에도 아주 중요한 부분을 차지한다. 왜냐하면 식물과 관련한 역사와 문화의 비중이 아주 높기 때문이다.

은행나무는 중국과 한국의 전통 시대에 인도보리수 대신 깨달음의 나무로 사용했다. 그러나 아직 은행나무를 인도보리수로 대신한 나무로 이해한 연구는 없었다. 중국과 한국에서 은행나무를 인도보리수 대신으로 '보리수'로 사용한 예는 두 나라의 사찰에서 쉽게 찾아볼 수 있다. 중국의 경우는 사찰의 은행나무가 많지만 그중에서도 중국 산둥성(山東省) 일조시(日照市) 거현(莒縣) 부래산(浮來山) 정림사(定林寺)이다.

'천하제일' 정림사 은행나무

중국 산둥성에 있는 정림사 은행나무는 현재 지구상에 존재하는 은행나무 중에서 가장 나이가 많다. 정림사 은행나무 이전에도 수 없이 많은 은행나무들이 존재했지만 정림사 은행나무는 현재 인류가 현장에서 만날 수 있는 나무 중 가장 위대한 존재이다. 따라서 정림사 은행나무는 은행나무의 모든 것을 연구할 수 있는 아주 귀중한 사료이다.

정림사 은행나무가 지금까지 존재할 수 있었던 가장 큰 이유는 정림사라는 사찰 때문이었다. 이런 점에서 정림사의 은행나무는 전 세계의 사찰 은행나무를 이해하는 데 중요한 지표이다. 정림사는 동진(東晋, 317~420) 시대에 건립되어 남북조까지 흥했다. 그런데 정림사의 중요한 특징은 불교, 도교, 유교를 동시에 모시는 중국 유일한 사원이라는 점이다. 정림사는 우리에게도 익숙한 이름이다. 충남 부여군에 있는 정림사지(定林寺址)는 백제 때 세운 사찰 터이다. 일본 야마나시현(山梨県) 후에후키시(笛吹市)에도 정림사가 있다. '정림(定林)'이 무슨 의미인지 정확하게 알 수 없지만 중국 선종의 시조인 달마대사가 묻힌 지금의 허난성(河南省) 웅이산(熊耳山)의 정림사와 관련이 있을지 모른다. 게다가 이곳은 남조 양(梁)나라의 문학평론가 유협(劉勰, 465~521)이 《文心雕龍(문심조룡)》을 교정한 곳이다.

유협은 《문심조룡》을 교정한 후 심약(沈約, 441~513)에게 교열을 부탁했다. 심약은 유협의 작품을 보고 감탄하면서 그의 탁자 위에 정중히 놓았다. 유협과 심약은 우리나라의 문인들에게 큰 영향 준 인물들이다.

정림사 은행나무는 사찰이 건립되면서 심은 것이 아니라 사찰이 은행나무가 있는 곳에 세운 것이다. 정림사는 은행나무의 나이가 2,400살 경에 건립한 것이다. 정림사 은행나무는 유구한 역사와 함께했기 때문에 얽힌 얘기도 많을 수밖에 없다. 가장 오랜 얘기는 《春秋左氏傳(춘추좌씨전)》으로 노은공 8년(魯隱公, 기원전 715) 9월 9월에 은공이 정림사가 위치한 부래산의 거(莒)나라와 '회맹(會盟)'했다는 내용이다. 회맹은 중국 춘추시대 제후국과 피로써 맹세한 것을 뜻한다. 회맹은 두 제후국이 서로 약속한 내용을 세 개로 만들어 각각 하나씩 가진 후, 하나는 특정한 장소에서 묻고 소의 피를 마시면서 맹세하는 의식이다. 이곳의 은행나무가 회맹의 장소였는지를 알려 주는 기록은 없지만 이 곳에서 맹세한 기록은 공자가 쓴 《춘추》를 해석한 춘추시대 좌구명(左丘明)의 《춘추좌씨전》에서 확인할 수 있으니, 가능성이 전혀 없다고 말할 수 없다. 한 가지 분명한 것은 노나라 은공과 거나라와의 회맹 당시 은행나무가 존재했다는 사실이다.

정림사 은행나무는 암그루이며, 높이는 26.7m, 둘레는 16.7m이다. 정림사의 은행나무에 대해서는 중국 왕조에서도 큰 관심을 가졌다. 그중에서도 청나라 순치제(順治帝, 1638~1661) 때 거현의 수령(守令) 진전국(陳全國)이 세운 비석에는 다음과 같은 7언 율시가 기록되어 있다.

大樹龍盤會魯侯(대수룡반회로후) 큰 나무와 용이 노나라 제후를 만나
烟雲如蓋籠浮丘(연운여개롱부구) 연기와 구름이 새장과 떠다니는 언덕 같네
形分瓣瓣蓮花座(형분판판련화좌) 모양은 꽃잎과 연꽃자리로 나누어져 있고
質比層層螺髻頭(질비층층라계두) 바탕은 겹겹이 쌓인 소라와 닮았네
史載皇王已卄代(사재황왕이입대) 역사에는 기록하길 황제는 20대가 지났고

人經仙釋几多流(인경선석궤다류) 수많은 신선과 불멸자가 거쳐 갔다고 적었네

看來今古皆成幻(간래금고개성환) 지금이나 옛날 모두 환상의 세계인데

獨子長生伴客游(독자장생반객유) 외아들은 영원히 살아 관광객과 함께 하네

정림사 암그루 은행나무의 열매는 크고 긴 방추형이 아니라 작고 둥근 모양이다. 이러한 모양이 나이 탓일 수도 있다. 이곳의 은행나무가 열매를 맺기 위해서는 수그루의 꽃과 만나야만 한다. 정림사 은행나무와 가장 가까운 거리의 수나무 은행나무는 96km 이상 떨어진 산둥성 임기시(臨沂市) 기남현(沂南縣)에 있었다.

정림사 은행나무에는 "풍년에 나무줄기에 소리가 난다."고 하는 신화가 있다. 즉 청나라 광서(光緒) 원년(1875) 거주(莒州) 봉정대부(奉正大夫) 장죽계(張竹溪)의 〈浮丘八觀(부구팔관)〉 중 '영은행수(詠銀杏樹), 은행나무를 노래함'에서 "老幹夜闌聞魑語(노간야란문소어), 늙은 줄기 늦은 밤에 괴이한 소리 들리네."라고 했다. 이런 점으로 보면 꽤 오래 전부터 은행나무 줄기에서 소리가 났다는 것을 알 수 있다.

나무에서 이상한 소리가 들린다는 얘기는 우리나라 나무에서도 종종 일어나는 현상이다. 나무에서 소리가 난다는 것은 바람으로 생기는 경우도 있지만 나이가 많은 줄기에 생겨난 구멍에서 발생하는 현상이기도 하다. 50m 이하의 나무는 뿌리에서 물관 세포를 통해서 물을 올려서 잎 등을 만들어 생존한다. 그러나 줄기에 구멍이 생기면 물을 공급하는 과정에서 공명이 생겨 소리를 낸다. 그래서 이곳 사람들은 줄기에서 소리가 나면 풍년이라고 생각했다. 왜냐하면 소리가 난다는 것

은 곧 나무가 살아 있다는 뜻이기 때문이다.

정림사 은행나무는 춘추시대 이전의 삶에 대해서는 기록이 없지만 그 이후부터 지금까지는 관련 문헌이 적지 않다. 중국의 나무 중에서 이곳의 은행나무처럼 기록이 남아 있는 사례는 아주 드물다. 중국인들의 식물에 관한 기록은 아주 많지만 특정 지역의 나무에 관한 기록은 아주 드물다.

이러한 경향은 우리나라도 마찬가지다. 중국과 한국에서 특정 지역의 나무에 관한 기록이 적은 이유는 식물의 삶을 역사라고 생각하지 않았기 때문이다. 그러나 식물의 삶은 연륜연대학에서 보듯 인간의 역사를 이해하는 데도 아주 중요하다.

우리나라 사찰의 은행나무와 피나무

우리나라에는 경기도 양평군 용문산 용문사(龍門寺)를 비롯한 충북 영동군 천태산 영국사(寧國寺), 충남 금산군 진락산 보석사(寶石寺), 경북 청도군 화악산 적천사(磧川寺) 등에는 천연기념물 은행나무가 있으며, 경남 거창군 우두산 고견사(古見寺), 경기도 이천시 원적산 영원사(靈源寺)와 영월암(暎月庵), 경기도 남양주시 운길산 수종사(水鍾寺), 인천광역시 강화도 정족산 전등사(傳燈寺), 충남 태안군 백화산 흥주사(興住寺), 부산광역시 금정구 금정산 범어사(梵魚寺) 등에는 500살 이상의 은행나무가 있다.

중국과 한국의 사찰 은행나무가 '보제수(菩提樹)'의 역할을 담당했다는 기록은 남아 있지 않다. 그러나 중국과 한국의 사찰에 나이 많은 은행나무가 존재한다는 것은 '보제수'의 역할로 해석할 수 있는 근거이다. 중국과 한국의 경우 은행나무를 제외하면 인도보리수를 대신할 수 있는 나무를 찾기란 쉽지 않다. 물론 중국의 경우는 산시성(陝西省) 황릉현(黃陵縣) 황제릉(黃帝陵) 5,000살 측백나뭇과 늘푸른큰키나무 측백나무[*Platycladus orientalis* (L.) Franco]를 비롯한 사찰 곳곳의 측백나무도 가능하지만 우리나라의 경우는 불가능하다.

우리나라에서 은행나무가 언제 들어왔는지를 알 수 있는 자료는 없지만 사찰의 나이 많은 은행나무를 통해서 당나라 때 유학승(留學僧)과의 관련성을 짐작할 수 있다. 아울러 사찰의 은행나무는 '보제수'의 기능과 더불어 열매의 약용 기능도 무시할 수 없을 것이다. 왜냐하면 지금도 용문사의 사례처럼 은행나무 열매를 약용으로 사용하고 있고, 중국처럼 조공 가능성도 있기 때문이다. 현재 우리나라 사찰에서 '보제수'로서의 은행나무 기능은 '용문사 은행나무 대제' 등 일부 사찰의 은행나무에 관한 제사를 제외하면 거의 상실했다. 대신 사찰에서는 은행나무 대신 피나뭇과 갈잎큰키나무 찰피나무(*Tilia mandshurica* Rupr. & Maxim.) 혹은 피나뭇과(*앵글러 분류법 : 이하 모든 식물의 학명은 국가표준식물목록의 앵글러 분류법에 의거함) 갈잎큰키나무 피나무(*Tilia amurensis* Rupr.)로 대신하고 있다.

이러한 사례는 전남 장성군 백암산 백양사, 충북 영동군 천태산 영국사, 전북특별자치도 김제시 모악산 금산사(金山寺), 충북 보은군 속리산 법주사(法住寺), 대구광역시 동구 팔공산 동화사(桐華寺), 경북

피나무 열매

피나무 꽃

인류의 미래 은행나무

영천시 팔공산 은해사(銀海寺), 경북 포항시 운제산 오어사(吾魚寺) 등에서 확인할 수 있다.

우리나라 사찰에서 찰피나무와 피나무를 선택한 이유는 인도보리수 잎과 닮았을 뿐 아니라, 열매로 염주를 만들 수 있기 때문이다. 그래서 피나무를 '염주나무'라고 부르지만 어떤 사찰에는 피나무를 '보리수나무'라는 이름표까지 달았다. 그러나 사찰에서 피나무를 보리수나무로 표시하면 오해의 여지가 있기 때문에 조심해야 한다. 왜냐하면 우리나라에는 인도보리수와 다른 보리수나무가 있고, 인도보리수를 본 사람은 거의 없지만 보리수나무를 본 사람은 많기 때문이다. 보리수나무(*Elaeagnus umbellata* Thunb.)는 보리수나뭇과 갈잎떨기나무이고, 보리수나무의 열매보다 조금 큰 뜰보리수(*Elaeagnus multiflora* Thunb.)도 보리수나뭇과 갈잎떨기나무이다. 피나뭇과 보리자나무(*Tilia miqueliana* Maxim.)는 찰피나무 및 피나무와 학명 중 속명이 같고, 잎과 열매도 닮았다.

피나무를 보리수나무로 이해하는 또 다른 사례는 슈베르트 연가곡 〈겨울나그네(Winterreise)〉에 수록된 24곡 중 5곡 〈보리수(Der Lindenbaum)〉이다. '린덴바움(Lindenbaum)'을 보리수로 번역한 것은 피나무의 오역이다. 피나무는 독일의 국민수(國民樹)이며, 가로수로 즐겨 심는다. 독일을 비롯한 유럽에서 즐겨 심는 피나무는 흔히 유럽피나무로 부르지만 우리나라 국가표준식물목록에는 유럽피나무[*Tilia cordata* (Mill.) Maxim.]를 정명(正名)이 아니라 이명(異名)으로 분류하고 있다.

2. 의상과 양평 용문사 은행나무

양평 용문사 은행나무는 우리나라 은행나무 역사의 기준이다. 용문사 은행나무는 우리나라에서 천연기념물을 처음 지정한 1962년 12월 7일 천연기념물 제30호로 지정되었다. 다만 2021년 11월 19일 국가유산청 고시에 따라 문화재 지정번호는 폐지되었다.

용문사 은행나무는 천연기념물 지정 당시 높이는 42m, 줄기 둘레는 14m, 나이는 1,100살(추정)이었다. 그런데 2024년 봄, 산림청 국립산림과학원에서 라이다 기술(LiDAR : 레이저를 쏘아 반사되는 것으로 측정하는 방법)을 이용하여 용문사 은행나무의 정확한 생장 정보를 확인했다. 그 조사에서 용문사 은행나무의 높이는 38.8m로 아파트 17층 높이에 달했으며, 나이는 1,018살로 추정된다고 밝혔다. 용문사 은행나무의 나이는 1007년 고려 목종 때 심은 것이다. 아울러 용문사 은행나무의 둘레는 11m, 최대 가지 폭 26.4m, 전체 나무 부피 97.9㎥(줄기 44.6㎥, 가지 23.2㎥, 잎 2.9㎥, 뿌리 27.2㎥), 그리고 전체 나무 무게는 97.9t이다. 또한 용문사 은행나무의 탄소 저장량은 31.4Cton, 연간 이산화탄소 흡수량은 113kgCO_2이다. 이는 50년생 신갈나무(10.7kg/yr.) 열한 그루가 연간 흡수할 수 있는 양과 같다.

국립산림과학원에서 조사한 내용은 몇 가지 점에서 아주 중요한 정보를 제공하고 있다. 우선 그동안 추정한 나무의 나이와 유사한 나이라는 점이다. 새롭게 측정한 용문사 은행나무의 둘레는 다른 은행나무의 나이도 추정할 수 있는 근거를 확보했다는 점에서 아주 유용하다.

용문사 은행나무

불교와 은행나무

아직 우리나라 천연기념물이나 보호수 은행나무의 나이는 용문사 은행나무 둘레와 비교하면 대략적인 나이를 추정할 수 있다. 왜냐하면 은행나무의 생장 속도는 나무가 사는 장소와 기후에 따라 약간씩 다르지만 대략적인 나이를 짐작할 수 있기 때문이다.

용문사 은행나무의 정보를 기준으로 지구상에서 가장 나이가 많다는 중국 정림사 은행나무도 대략 평가할 수 있다. 정림사 은행나무의 높이는 용문사 은행나무보다 12.1m나 작은 26.7m이지만 가슴둘레는 용문사 은행나무 둘레보다 5.7m나 굵다. 나무의 나이는 나이테를 우선으로 기준을 삼는다. 나무의 키는 여러 요인으로 작아질 수 있기 때문에 현재 나무의 키가 나이에 비례한다고 단정할 수 없다. 그러나 가슴둘레는 나무가 살아 있는 한 거의 정확하게 분석할 수 있다. 따라서 용문사 은행나무는 1년에 1.1cm씩 생장했다. 정림사 은행나무는 용문사 은행나무와 같은 조건에서 생장했다고 계산하면 1,520살이다. 이는 정림사 은행나무의 나이가 4,000살이 아니라는 사실을 보여 주지만 직접 조사하지 않고서는 단정할 수 없다. 일본 도쿄 장송사(長松寺) 은행나무의 경우는 용문사 은행나무처럼 계산하면 1,210살 정도이다. 장송사 은행나무는 현지에서 1,500살이라고 하니 어느 정도 맞는 나이이다. 세타 카츠야(瀬田 勝哉)는 1250~1350년에 심은 것으로 추정하고 있다. 소림사의 은행나무는 가슴둘레를 알 수 없어서 나이를 계산하기 어렵지만 아마도 1,500살에는 미치지 못하지만 1,000살은 넘을 것이다.

다음은 용문사 은행나무의 신화이다. 양평 용문산 용문사의 은행나무는 의상대사와 마의태자가 꽂은 지팡이에서 태어났다는 신화가 남아 있다. 특히 우리나라 사찰 건립과 관련해서 의상은 원효와 함께 가장 많은 사찰을 건립한 주인공이다. 이는 문헌이 없더라도 의상이라는 이름만으로도 사찰의 권위를 가진다는 것을 의미한다. 경북 영주의 세계유산 부석사의 창건에 의상이 당나라 유학 때 인연을 맺은 선묘(善妙) 낭자와 관련한 신화가 있는 것만 봐도, 용문사의 창건에 의상이 등장하는 것은 낯설지 않다. 그러나 용문사 창건 시기는 의상대사와 마의태자의 삶과 비교하면 맞지 않는다.

용문사는 913년(신덕왕 2) 대경대사(大鏡大師) 여엄(麗嚴, 862~930)이 창건한 이래 고려와 조선을 거치면서 융성했다. 특히 1447년(세종 29) 수양대군(세조)이 어머니인 소헌왕후(昭憲王后, 1395~1446) 심씨(沈氏)의 원찰로 삼으면서 크게 번창했다. 세종과 세조 부자는 우리나라 수목사(樹木史)에서 중요한 인물이다. 세종은 용문사 은행나무에게 정3품의 벼슬을 내렸다. 그 이유는 자신의 부인인 소헌황후의 원찰이었기 때문일 것이다. 세조는 '보은 속리 정이품송'에서 보듯 소나무에게 정2품을 하사했다. 세조가 소나무에게 정2품을 하사한 이유는 임금이 타는 가마인 연이 걸린다고 말하자 이 소나무가 가지를 들어 무사히 지나가도록 한 것에 감동했기 때문이지만 아버지 세종의 사례를 참조했을 가능성도 없지 않다.

용문산 용문사는 용을 만날 수 있는 관문이다. 누구나 살아가면서 종종 용을 찾아 나선다. 자신의 용을 찾기 위해 양평 용문사를 찾는 사람들도 적지 않다. 인간이 실존하는 뱀에서 상상한 용은 동아시아에서 가장 높은 지위를 가진 존재다. 용 문화는 우리나라를 비롯해 중국과 일본, 인도 등 각국에서 아직도 유행하고 있다. 우리나라 전통 시대의 용 문화는 중국의 영향을 많이 받아 상하 관계를 반영하고 있다. 그래서 중국 용의 발은 다섯 개이고, 우리나라 용의 발은 네 개다. 중국에서는 왜 용의 발을 다섯 개로 상상했을까? 세상에 존재하지도 않은 용의 발을 다섯 개로 만든 근거는 무엇일까? 용이 뱀에서 상상한 것이라면, 뱀은 발도 없는데 왜 다섯 개를 만들었을까? 사람의 발가락이 다섯 개라는 데서 착안한 것일까? 그런데 사람의 발가락과 용의 발가락은 모양이 다르다. 오히려 용의 발가락은 사람의 손을 닮았다.

천자의 나라 중국은 제후의 나라인 우리나라에서 다섯 개의 발을 가진 용을 허용하지 않았다. 그래서 우리나라 전통 사찰이나 서원의 용들은 발가락이 네 개다. 우리나라 사찰 어디서나 용을 발견할 수 있지만 성리학과 관련한 서원과 향교, 그리고 누정(樓亭)에서도 용 문양을 쉽게 만날 수 있다. 우리나라 전통 사찰은 전라북도 개암사, 서원은 세계유산인 경남 함양의 남계서원 풍영루, 누정은 경남 밀양시 영남루와 경남 거창군 마리면 용원정 등에서 정말 아름다운 용을 만날 수 있다. 대구시 달성군의 세계유산 도동서원 강당 중정당 앞 축대에는 용머리 조각이 있다. 성리학 공간의 용은 과거 시험을 준비하는 자들의 등용문(登龍門)과 관련이 있다.

용문사 은행나무를 만난다는 것은 공룡시대부터 지금까지의 역사를 상상할 수 있다는 뜻이다. 은행나무는 공룡시대부터 지금까지 일어났던 역사를 몸속에 간직하고 있다. 나는 할아버지조차 기억하지 못하는데 은행나무를 통해 공룡시대를 상상할 수 있으니 이 얼마나 신비로운 일인가! 은행나무가 인간이 상상하기조차 어려운 역사를 간직하고 있다는 것은 만나는 사람들에게 용꿈을 선사한다.

　나는 전생(前生)과 후생(後生)을 모르지만 용문사 은행나무는 불교로 말하면 과거불과 현세불 및 미래불이다. 왜냐하면 우리는 용문사 은행나무를 통해 과거를 상상할 수 있고, 미래를 예측할 수 있기 때문이다. 특히 지구의 위기를 맞은 지금 용문사 은행나무 앞에 서서 심각하게 미래를 걱정해야 한다.

　중국보다는 우리나라에서 의외로 은행나무를 '평중(平仲)'이라 불렀다. 조선 후기 다산(茶山) 정약용(丁若鏞, 1762~1836)은 은행나무를 '평중'으로 사용한 대표적인 인물이다. 정약용은 용문사 은행나무와 다른 곳에서도 은행나무를 '평중'으로 사용했다.

〈龍門寺(용문사)〉

龍門寶刹委殘墟(용문보찰위잔허) 용문의 보찰이 폐허에 버려져 있어라

客到山空響木魚(객도산공향목) 객이 이르니 빈산에 목탁 소리만 들리네

古殿照黃平仲葉(고전조황평중엽) 옛 전각엔 평중의 잎새가 누렇게 비추고

荒臺寒碧武侯蔬(황대한벽무후소) 황량한 땅에는 제갈량의 채소가 새파랗구려

光陵內賜餘銀盌(광릉내사여은) 세조가 하사한 것은 은주발이 남아 있고

麗代宗風見玉除(여대종풍견옥) 고려의 불교 문화는 옥섬돌에 보이누나

安得擺開妻子戀(안득파개처자련) 어찌하면 처자식의 거리낌을 털어 버리고

雪天留讀聖人書(설천유독성인서) 설천에 눌러앉아 성인의 글을 읽을거나

〈八月二日(팔월이일) 因仲氏挈眷東還(인중씨설권동환), 同尹无咎上舟偕行

(동윤무구상주해행), 次朱竹坨鴛鴦湖櫂歌諸韻(차주죽타원앙호도가제운), 팔월

이일, 중씨가 가권을 거느리고 동으로 돌아가실 때, 윤무구와 함께 배를 타고

같이 가면서 주죽타의 원앙호 도가 등 여러 운에 차운했다〉

懸厓樹屋闢書窓(현애수옥벽서창) 비탈에 매달린 집 서창이 열려 있고

平仲繁陰覆碧江(평중번음복벽강) 은행나무 숲진 그늘 푸른 강을 덮고

云是夢烏亭故址(운시몽오정고지) 저게 바로 몽오정 옛터라고 말하는데

上游臺榭儘無雙(상유대사진무쌍) 상류의 누대로는 참으로 둘도 없었다네

조선 시대 성운(成運, 1497~1579)은 형과 함께 용문사에서 석 달

동안 머물면서 독서하고 떠난 길에 시를 남겼다.

〈同季兄中慮讀書龍門寺三閱月出山途中偶吟(동계형중려독서용문사삼열월

출산도중우음), 계형 중려와 함께 용문사에서 석 달 동안 독서하고, 산을 나오

는 길에 우연히 읊다〉

風動高林花亂飛(풍동고림화난비) 바람은 높은 숲에 불어 꽃잎이 어지럽게 날려

鶴搖松露滴人衣(학요송로적인의) 학은 소나무에 맺힌 이슬을 흔들어 사람의

옷 적시네

扶藜共出泉鳴洞(부려공출천명동) 지팡이 짚고서 함께 냇물 소리 울리는 골짝

을 나오니

인류의 미래 은행나무

玉佩聲殘到耳稀(옥패성잔도이희) 옥 울리는 듯 물소리 잦아들어 잘 들리지 않네

우암(尤庵) 송시열(宋時烈, 1607~1689)은 영릉(寧陵)에서 효종(孝宗)의 비(妃) 인선왕후(仁宣王后) 장씨(張氏)의 장례를 모시고 곧이어 용문사(龍門寺)에 들어가 며칠을 앉아 있었다. 동방오현(東方五賢)의 수현(首賢) 한훤당(寒暄堂) 김굉필(金宏弼, 1454~1504)의 제자 정암(靜庵) 조광조(趙光祖, 1482~1520)는 1515년에 용문사를 유람했다.

전통 시대에도 용문사를 찾은 사람이 적지는 않았지만 정약용을 제외하면 용문사의 은행나무를 언급한 경우는 없다. 그러나 용문사의 은행나무는 용문사만큼 가치를 지니고 있는 존재이다. 전통 시대에 용문사를 방문한 사람들이 은행나무에 관심을 갖지 않았던 이유는 은행나무를 사람처럼 존재론적으로 인식하지 않았기 때문이다. 특히 가을날 은행나무의 잎이 노랗게 물들 즈음에는 용문사를 방문하는 사람들로 발 디딜 틈이 없다. 게다가 은행나무 열매는 약 350kg 정도 수확할 만큼 엄청나다. 그러나 용문사 은행나무를 찾는 사람들 중에 암꽃이 핀 것을 본 사람은 많지 않을 것이다.

용문사 은행나무는 암그루이니 암꽃이 셀 수 없이 많이 피지만 수꽃이 바람을 타고 날아오지 않으면 열매를 맺을 수 없다. 용문사 은행나무 근처 어디쯤에 은행나무 수그루가 있는지 궁금하다. 은행나무는 바람이 없으면 열매를 맺을 수 없지만 바람으로 수정하는 것은 동물을

통해 수정하는 식물에 비해 장점일지도 모른다. 왜냐하면 요즘 기후 이상으로 벌과 나비가 많이 줄어 식물의 수정이 원활하지 않기 때문이다. 그러나 바람은 기후 이상과 관계없이 언제나 불기 때문에 수정에는 큰 문제가 발생하지 않을 것이다.

바람은 불교에서 아주 중요한 개념이다. 바람의 한자는 한자의 처음 단계인 갑골문에서는 상상의 새, 봉황(鳳凰)의 수컷 '봉'을 뜻했다. 은나라 때 중국인들은 봉의 날갯짓으로 바람이 일어난다고 생각했다. 바람은 그 어디에도 걸림 없는 게 특징이다. 그래서 용문사 은행나무도 걸림 없는 바람 덕분에 열매를 맺을 수가 있다. 석가모니도 자신은 물론 중생에게 바람처럼 살라고 가르쳤다. 바람의 의미는 초기 불교 경전《숫타니파타》〈뱀의 품, 뿔의 경전〉에서 확인할 수 있다.

소리에 놀라지 않는 사자처럼
그물에 걸리지 않는 바람처럼
진흙에 더럽히지 않는 연꽃처럼
무소의 뿔처럼 혼자서 가라

바람처럼 산다는 것은 그 어디에도 집착하지 않고 살아간다는 뜻이다. 집착하지 않아야만 번뇌에서 벗어날 수 있다. 육조 혜능도《금강경》의 '應無所住(응무소주) 以生起心(이생기심), 마땅히 머무는 바 없는 데서 마음을 일어나게 해야 한다'에서 깨달음의 출발점으로 삼았다. 바람은 용문사의 은행나무를 흔든다. 바람에 흔들리는 은행나무는 바

용문사 은행나무 줄기

용문사 은행나무 열매

람을 일으킨다. 바람이 앉은 은행나무를 바라보면 사람의 마음도 흔들린다. 사람의 마음이 흔들리지 않으면 은행나무도 흔들리지 않는다. 용문사를 찾는 사람들이 은행나무를 바라보면서 광둥성(廣東省) 광주(廣州) 법성사(法性寺)에서 남긴 육조 혜능의 '풍번문답(風幡問答)'을 생각하면 은행나무가 장수하는 방법을 이해할 수 있을지도 모른다.

3. 지눌과 청도 적천사 은행나무

지눌과 적천사

경북 청도군 화악산(華嶽山) 적천사(磧川寺) 은행나무는 적천사의 명성을 빛나게 하는 주인공이다. 적천사의 '적천'은 화악산(해발 937.5m)의 계곡에 돌이 많아서 붙인 이름이다. 화악산의 '악'만 봐도 돌이 많다는 것을 알 수 있다. 한국 불교의 상징인 원효가 창건한 적천사는 1175년 고려 말, 지눌(知訥, 1158~1210)의 중건으로 중흥을 맞았다. 대구광역시 동구 팔공총림 동화사의 보물 '대구동화사보조국사지눌진영(大邱桐華寺普照國師知訥眞影)'에서 지눌의 지팡이를 확인할 수 있다. '보조국사'는 지눌이 경남 산청군 수선사(修禪寺)에서 입적 후의 시호(諡號) '불일보조(佛日普照)'의 줄임이고, '국사'로 추증되어 '보조국사'라 부른다. 그의 진짜 인물화인 '진영'을 대구 동화사에 모신 이유 중 하나는 1188년 팔공산 자락 영천시 청통면의 거조사(居祖寺)

에서 불교 개혁 운동인 수선사를 결성했기 때문이다.

황해도 서흥에서 태어난 지눌이 스스로 지은 호는 '목우자(牧牛子)'이다. '목우자'는 '소를 기르는 사람'을 뜻한다. '십우도(十牛圖)' 혹은 '심우도(尋牛圖)'에서 보듯, 불교에서 '소'는 마음을 뜻한다. 지눌의 사상은 1182년 승과에 급제한 후 전라도 나주의 청량사(淸凉寺)에서 육조 혜능의 말씀을 수록한 《六祖壇經(육조단경)》의 '眞如自性(진여자성), 진리는 그 자체로 본래 갖추고 있는 본성이다'에 기초하고 있다. 이는 지눌이 혜능의 선에 의지하고 있다는 뜻이다.

지눌이 득도한 청량사는 경북 봉화군의 청량산 청량사, 경남 합천군의 매화산 청량사 등 전국에 여러 곳이 있다. 청량산은 중국 산시성(山西省) 오대산(五臺山)을 뜻한다. 우리나라 강원특별자치도의 오대산도 중국에서 빌린 것이다. 청량산은 여름에도 더위를 느끼지 못해서 붙인 별칭이다. 청량산은 《華嚴經(화엄경)》의 문수보살이 '청량산에서 설법 한다'는 구절 때문에 '뛰어난 지혜의 공덕'을 상징하는 문수보살이 있는 곳을 의미한다.

지눌이 적천사까지 온 이유는 고려 말 무신정권과 결탁한 불교의 타락 때문이었다. 현재 적천사의 목우당(牧牛堂) 건물은 지눌이 적천사에 머물렀다는 증거이다. 그는 육조 혜능의 선법에 따라 불교를 재건하는 데 평생을 바쳤다. 적천사는 지눌 당시의 분위기와 달리 사찰의 규모가 많이 줄었지만 지눌의 지팡이에서 탄생했다는 은행나무는 아직도 건재하다. 은행나무의 이른바 '삽목(揷木) 신화'는 용문사 은행나무를 비롯한 우리나라 천연기념물 나무에서 종종 발견할 수 있다.

이러한 '삽목 신화'는 은행나무의 권위와 가치를 보존하는 데 아주 중요한 역할을 담당하고 있다.

은행나무 앞에는 '축보조국사수식은행수갈(築普照國師手植銀杏樹碣)' 비석이 있다. 이는 보조국사 지눌이 직접 은행나무를 심었다는 내용이다. 비석은 1664년 임진왜란 때 불에 탄 적천사를 중건한 후 1694년 적천사를 중수한 경일(敬一, 1636~1695)이 쓴 것이다. 경일의 호는 동계(東溪), 당호는 태허당(太虛堂), 도호(道號)는 태허(太虛)이다. 비갈(碑碣)은 경일의 저서인 《東溪集(동계집)》에 수록되어 있다. 태허선사의 적천사와 관련한 시는 다음과 같다.

〈示磧川寺湖長老(시적천사호장로), 적천사 호장로에게 보이다〉

佛卽是心心卽佛(불즉시심심즉불) 부처가 곧 마음이요 마음이 곧 부처이니
如波還水水還波(여파환수수환파) 물결이 물로 돌아가고 물이 물결로 돌아가는 것 같네
瞥然一念歸無念(별연일념귀무염) 갑자기 한 마음이 무념으로 돌아가면
直到威音那畔家(직도위음나반가) 곧 (홀로 깨치는) 나반존자에 도달하리

태허선사가 지은 비갈은 무너져 1835년 당시 적천사 주지를 비롯한 승려가 다시 건립했다. 비갈은 보조국사가 적천사를 중건할 때 육조 혜능의 선종을 구현하기 위해 '적천사사적기(磧川寺事蹟記)' 대신 은행나무를 심었다는 내용을 담고 있다.

지눌이 적천사를 중건했다는 사실은 《三國遺事(삼국유사)》의 저자 일연(一然, 1206~1289)의 시에서도 확인할 수 있다.

隔林遙聽出山鍾(격림요청출산종) 숲 너머 산에서 종소리 멀리 들리니

知有蓮坊在翠峯(지유연방재취봉) 푸른 봉우리에 절이 있다는 것을 알겠네

樹密影遮當戶月(수밀영차당호월) 나무 빽빽하여 문 비추는 달빛 가리고

谷虛聲答打門笻(곡허성답타문공) 골짜기가 비어서 문 두드리는 지팡이 소리에 답하네

水鋪白練流全石(수포백련류전석) 물은 흰 비단 깔아 큰 바위에 흐르고

虹曳靑羅掛古松(홍예청라괘고송) 무지개 푸른 비단을 끌어 나이 많은 소나무에 걸리었네

莫怪老人留數日(막괴노인류수일) 늙은이 며칠 머무름을 괴이하게 여기지 마라

當年普照示遺蹤(당년보조시유종) 그 옛날 보조(普照)가 유적을 보였네

일연의 시는 1530년 이행(李荇) 등이 《東國輿地勝覽(동국여지승람)》을 증수한 《新增東國輿地勝覽(신증동국여지승람)》과 1757년 ~1765년에 편찬한 읍지(邑誌) 《輿地圖書(여지도서)》에 수록되어 있다. 이는 적천사 무차루(無遮樓) 안의 편액에서도 만날 수 있다. 무차루의 '무차'는 현성(賢聖), 도속(道俗), 귀천, 상하를 막론하고 모두 차별 없이 평등하게 대한다는 뜻이다.

일연의 시에는 구체적으로 은행나무가 등장하지 않지만 일연의 시를 은행나무와 관련해서 해석하는 사례가 있다. 일연은 보조국사가 열

반하기 4년 전에 태어났지만 그가 적천사를 방문했을 당시 은행나무의 나이는 아직 어려서 시에서 언급한 나무를 은행나무로 해석할 수 없다. 시에서 등장하는 '고송'에서 보듯, 적천사 주변에는 지금도 소나무가 울창하다. 무차루 1층 왼쪽(동쪽)의 회연당(晦然堂)은 일연의 적천사 방문을 기념한 것이다. 회연당의 '회연'은 일연의 자(字)이다.

홍한주(洪翰周, 1798~1868)의 《海翁詩薰(해옹시고)》〈遊磧川寺(유적천사), 적천사를 지나며〉에서 소나무가 등장하고, 신유한(申維翰, 1681~1752)의 《靑泉集(청천집)》〈磧川寺過方丈英禪師(적천사과방장영선사) 五絕(오절), 적천사 방장 영선사의 거처를 지나며(오절)〉에서도 소나무를 만날 수 있다.

人閑松子落(인한송자락) 인적이 드물고 솔방울 떨어지니
鳥宿靑山曠(조숙청산광) 새가 잠자는 청산이 비었네
無情卽無法(무정즉무법) 마음이 없으면 법도 없으니
正是如來藏(정시여래장) 바로 여래가 숨겨둔 보물이네

적천사의 두 암그루 은행나무

적천사는 우리나라 사찰 중에서도 승용차가 아니면 갈 수 없는 오지에 자리 잡고 있다. 그래서인지 찾는 사람도 많지 않다. 화악산의 산세가 워낙 험해서 도로를 확장할 수조차 없어서 앞으로도 편리한 도로를 기대할 수 없다. 이처럼 불편한 도로는 원효와 지눌 등 승려들이 이곳에 적천사를 창건 및 중건한 이유일지도 모른다.

적천사로 가는 길 주변에는 청도를 상징하는 감나무가 셀 수 없이 많다. 사찰의 근처에서는 소나무 숲이 울창하다. 봄철에 이곳을 찾으면 솔향과 더불어 장미과 갈잎떨기나무 찔레꽃(*Rosa multiflora* Thunb.) 향기에 극락을 경험할 수 있다.

은행나무 잎이 무성할 때 적천사를 방문하면 입구에서 사찰의 전각이 잘 보이지 않을 정도로 두 그루의 은행나무는 위풍당당하다. 두 그루 은행나무는 적천사의 상징이지만 이곳 두 그루의 은행나무의 가치는 적천사 차원을 넘어선다. 우리나라의 사찰 곳곳에서 은행나무를 만날 수 있지만 적천사처럼 나이가 아주 많은 두 그루의 은행나무가 사는 곳은 찾아볼 수 없다.

적천사 두 그루 은행나무가 지닌 식물학적인 가치는 은행나무 암수딴그루의 특성을 고려한 식수라는 점이다. 그러나 현재 남아 있는 은행나무는 지눌이 직접 심은 것이 아니다. 왜냐하면 두 그루 나무의 나이가 다르기 때문이다. 따라서 적천사 두 그루 은행나무 중 나이가 어린 은행나무는 지눌 이후 누군가가 심은 것이다. 사찰에서 은행나무를 한 그루 더 심었다는 이유는 아마도 지눌이 심은 은행나무가 암그루이기 때문에 수그루가 있어야만 수정한다고 믿었기 때문일 것이다. 그러나 나중에 심은 은행나무도 암그루이다. 나중에 심은 은행나무는 분명 수그루라 생각하고 심었을 테지만 결과는 암그루였다. 이는 은행나무의 경우 어릴 때 암수를 구분할 수 없기 때문에 생긴 것이다.

적천사에서는 두 그루 은행나무를 '모자(母子) 은행나무'라 부른다.

이는 두 그루의 은행나무 중 나이 많은 암그루는 어머니이고, 나이가 적은 것은 수그루 아들이라 생각해서 붙인 이름인 듯하다. 그러나 실제 두 그루는 모두 암그루라서 명실상부하지 못하다. 굳이 이름을 붙인다면 '모녀(母女) 은행나무'라 하는 것이 옳을 듯하다.

적천사 은행나무 중 천연기념물 은행나무는 나이 800살이고, 높이 28m, 둘레 8.5m이다. 적천사 은행나무의 나이를 용문사 은행나무의 나이 계산법에 적용하면 773살이다. 적천사 은행나무의 나이를 800 살로 추정한 것은 1998년 천연기념물로 지정할 당시 지눌이 적천사를

적천사 은행나무

인류의 미래 은행나무

중건한 1175년을 기준으로 삼았기 때문이다. 적천사 천연기념물 은행나무의 나이 추정은 용문사 은행나무 나이 계산법으로 적용해도 거의 유사하다. 따라서 적천사 천연기념물 은행나무를 지눌이 심었다는 얘기는 상당히 신뢰할 수 있다.

적천사 천연기념물 은행나무와 함께 사는 또 하나의 은행나무는 정확한 정보가 없다. 은행나무의 나이는 대략 500살로 추정하고 있지만 가슴높이는 정보가 없다. 다만 직접 측정해 보니 대략 7m 정도이다. 이것을 용문사 은행나무 측정법으로 계산하면 636년 정도이다. 따라서 적천사의 작은 은행나무는 알려진 나이보다 많을 가능성이 높지만 현재 건강 상태는 천연기념물 은행나무보다 좋지 않다.

적천사 두 그루 은행나무가 지금까지 생존한 이유는 기본적으로 사찰의 보호 때문이기도 하지만 안전한 터전도 빼놓을 수 없다. 두 그루 은행나무의 공간은 은행나무의 삶을 가장 위협하는 태풍을 피할 수 있는 최적의 위치이다. 그동안 적천사의 은행나무는 임진왜란 때 적천사가 불에 탈 때도 살아남았고, 1959년 사하라 태풍을 비롯한 수많은 태풍에도 큰 피해를 보지 않고 생존하고 있다. 이는 바람을 막아 주는 사찰과 산세 덕분이다.

적천사 은행나무의 특징 중 하나는 원줄기 뿌리 옆에 새로 돋은 후손이 적지 않은 점이다. 이러한 현상은 다른 은행나무에서 종종 볼 수 있지만 적천사 은행나무는 유독 많은 게 특징이다. 원줄기 뿌리 근처에서 탄생한 새 생명은 나무가 나이가 들면서 후손을 남기기 위한 전략이다. 은행나무의 이러한 전략은 다른 나무에서도 발견할 수 있으며, 뿌리 근처뿐만 아니라 가지에서도 발견할 수 있다. 즉 가지도 사람이 자르거나 바람에 꺾이면 새로운 가지를 만든다. 뿌리 근처든 가지든 새로 돋은 것은 색깔이 달라서 쉽게 확인할 수 있다.

적천사 천연기념물 은행나무의 또 다른 특징은 '유주(乳柱 : 젖 기둥)'이다. 유주는 은행나무의 노화 현상 중 하나이다. 유주는 이름에서 보듯 젖을 닮아 전통 시대에는 산모가 유주를 잘라서 먹으면 젖이 잘 나온다는 속설이 있었다. 이는 석불의 코를 갈아 먹으면 아들을 낳는다는 속설과 비슷하다. 그래서 현재 전국의 나이 많은 은행나무 중 유주가 정상으로 남아 있는 것은 많지 않다. 적천사 천연기념물 은행나무의 유주는 이곳이 사찰이라는 점 때문에 함부로 채취할 수 없었을 것이다. 그러나 나이가 적은 은행나무에는 유주가 없다. 이는 천연기념물 은행나무보다 나이가 어린 탓일 것이다.

적천사 은행나무를 감상하는 방법은 사람마다 다르지만 많은 시간을 투자해서 시간대별로 보거나 나무 밑에서 위로 보거나, 계절별로 보거나, 방향에 따라 보는 등 아주 다양하다. 이러한 방법은 곧 관찰을 뜻한다. 특히 적천사 은행나무처럼 천연기념물과 비천연기념물이 함께 사는 사례가 우리나라에는 유일하므로 서로 비교하면서 관찰하면 나무의 삶을 깊게 이해할 수 있다. 적천사의 은행나무 줄기의 굵기와 색깔을 보면 연륜을 짐작할 수 있다. 은행나무의 경우 나이가 많으면 줄기가 굵기도 하지만 색깔도 어린나무와 무척 다르다. 게다가 적천사 두 그루 은행나무의 일부 가지에는 '이끼'가 살고 있다. 그런데 적천사 은행나무 가지의 이끼는 보통의 이끼와 달리 풀과 같다. 적천사 은행

적천사 비천연기념물 은행나무

불교와 은행나무

적천사 은행나무 줄기와 가지

나무 가지의 이끼는 햇볕이 부족한 북쪽의 가지에서 볼 수 있다. 적천
사 은행나무처럼 가지에 이끼가 있는 사례는 도동서원 은행나무 외에
450살 정도의 경북 상주 두곡리 은행나무에서도 볼 수 있다.

 적천사 은행나무의 공개 사진 중에는 천왕문 안에서 촬영한 것이
많다. 그 이유는 천왕문의 입구 공간 덕분에 마치 액자 속 나무처럼 보
이기 때문이다. 사찰의 악귀를 막는 천왕문은 일주문 다음으로 만나는
문이다. 적천사의 일주문은 은행나무이니, 적천사의 천왕문은 사찰의
첫 문인 셈이다. 천왕문 안에는 4명의 천왕, 즉 사천왕(四天王)이 사찰
의 악귀를 막고, 찾는 사람의 사악한 마음도 막아 준다. 그런데 적천사
의 사천왕은 은행나무도 보호하고 있다. 사천왕은 오른쪽에 2명, 왼쪽
에 2명씩 설치해서 각자의 역할을 담당하고 있다. 적천사 사천왕은 사

　　　　　　　　　　　인류의 미래 은행나무

천왕각(四天王閣)을 보수하는 과정에서 발견된 복장 유물 '적천사사천왕상복장유물(磧川寺四天王像服裝遺物)'이 나왔다. 이는 1690년에 만들어진 귀중한 문화재이다.

천왕문 무차루 앞 왼쪽(대웅전 기준)에는 부처꽃과 갈잎떨기나무 배롱나무(*Lagerstroemia indica* L.)가 있지만 현재 죽은 상태다. 사찰에 배롱나무를 심는 이유는 부처꽃과 여러해살이풀인 부처꽃[*Lythrum salicaria* L. subsp. anceps (Koehne) H.Hara]을 닮았기 때문이다. 배롱나무는 학명 중 종소명 '인디카(*indica*)'에서 보듯, 원산지가 '인도'이다. 배롱나무의 원산지 인도도 이 나무를 사찰에 심는 이유 중 하나다.

적천사 무차루 서쪽의 원음각(圓音閣)은 곧 범종각(梵鐘閣)이다. '원음'은 둥근 바퀴처럼 진리의 소리를 세상의 모든 중생에게 전달한다

적천사 은행나무 이끼

불교와 은행나무

적천사 무차루 및 배롱나무

는 뜻이다. 원음각에는 대종(大鐘) 외에도 법고(法鼓), 운판(雲板), 목어(木魚) 등이 있다. 이런 네 가지 법구(法具)를 '사물(四物)'이라고 한다. 즉 종은 지옥에 있는 인간, 법고는 길짐승, 운판은 날짐승, 목어는 물고기 등을 위해 소리를 낸다. 그러나 사물 중 식물을 위해 울리는 도구가 없는 게 좀 의아스럽지만 식물은 누구의 기도 없이도 스스로 살아갈 수 있는 존재이다. 두 그루 은행나무는 원음각 사물의 소리를 800년 동안이나 들었다. 적천사를 찾는 사람들도 사물 소리를 수없이 들었을 것이지만 과연 은행나무의 소리를 들은 사람은 몇 명이었을까? 원음각에서 두 그루 은행나무를 바라보면 은행나무 앞에서 보는 것과 상당히 다르다. 은행나무 앞에서 나무의 속을 볼 수 있다면 원음각에서는 나무의 겉을 볼 수 있다.

　한 존재는 '관망(觀望)'해야만 정확하게 이해할 수 있다. '관'은 '자세히 보다'를 뜻하고, '망'은 '멀리서 보다'를 뜻한다. 적천사 은행나무

인류의 미래 은행나무

앞에서는 나무의 속을 자세히 볼 수 있지만 전체를 볼 수 없다. 원음각에서는 은행나무의 전체를 볼 수 있지만 속을 볼 수 없다. 간혹 나무만 보지 말고 숲을 보라고 하지만 이 말은 맞지 않는 표현이다. 나무를 봐야 숲을 볼 수 있고, 숲을 봐야 나무를 알 수 있다.

적천사의 중심은 석가모니를 주불로 모신 대웅전이다. 적천사 대웅전 밖 벽에는 '십우도 벽화'가 있다. 적천사 대웅전 십우도 벽화는 10편의 주제를 한글로 표기했다. 우리나라 사찰의 중요한 특징 중 하나는 대웅전 등 주불을 모신 전각 뒤편에 삼성각(三聖閣)과 산신각(山神閣) 혹은 산령각(山靈閣) 등이 있다는 점이다. 삼성각은 독성각(獨聖閣), 칠성각(七星閣), 산신각(山神閣)을 뜻한다. 사찰에 따라 삼성각을 두는 곳도 있지만 경남 합천 해인사처럼 독성각을 따로 두거나 경북 칠곡 송림사처럼 산신각을 따로 두는 경우도 있다. 삼성 중 독성각은 태허선사의 시에도 등장하는 나반존자를 모시는 곳이다. 나반존자는 누구의 도움도 없이 깨달음에 이른 자를 뜻한다. 그래서 '독성'이다. 적천사에는 같은 건물에 독성각과 산령각을 두었다. 경남 거창군 고견사에는 아주 특이하게 '사성각(四聖閣)'이 있다.

산령각 혹은 산신각은 내가 사찰에서 꼭 확인하는 대상이다. 그 이유는 산령각의 산신도(山神圖)가 한민족과 세계 인류가 참고해야 할 사상이 숨어 있기 때문이다. 문헌상 우리나라의 산신 사상은 단군신화에서 시작하지만 불교에서 산신 사상을 수용한 것은 조선 시대였다. 그래서 불교와 무관한 산신 사상을 포용하면서 산령각을 설치했다. 현재 우리나라 사찰 중 삼성각이나 산령각이 없는 곳이 거의 없다. 이는

적천사 산신도

그만큼 우리나라의 불교 신자를 비롯하여 많은 사람들이 산신에 관심이 있다는 증거다. 산신 숭배 사상은 인류가 지구상에 살면서부터 시작되었을 만큼 오랜 역사가 있다. 특히 우리나라처럼 산이 많은 나라에서는 자연스럽게 산신을 숭배할 수밖에 없다.

우리나라 사찰의 산신각 산신도는 꽤 다양하지만 한 가지 공통점은 산신, 소나무, 호랑이가 등장한다는 점이다. 산신은 지리산 국사암 산신각의 여성 산신을 비롯하여 몇 곳을 제외하면 모두 남자 산신이다. 남자 산신의 모습은 단군상이다. 아직 산신각 산신을 단군으로 이해하는 사람은 없지만 나는 《삼국유사》의 단군신화에서 단군이 1908년을 살다 산신이 되었다는 근거로 산신을 단군으로 해석한다. 산신도에서 등장하는 호랑이도 단군과 밀접한 관련이 있다. 즉 단군신화에서 환웅

인류의 미래 은행나무

이 웅녀와 혼인해서 단군이 탄생했으니, 단군이 호랑이를 거느리고 있
다. 단군이 소나무 밑에 호랑이와 함께 있는 이유는 소나무가 우리나
라를 상징하는 나무이기 때문이다.

단군신화에서 곰과 호랑이, 산신도에서 호랑이가 등장하는 것은 생
태학적으로 아주 중요하다. 단군신화나 산신도에 호랑이가 등장한다
는 것은 한반도에 호랑이가 존재했다는 것을 의미한다. 한반도에 호랑
이가 조선 후기 혹은 일제강점기까지 존재했다는 기록은 쉽게 찾아볼
수 있다. 한반도의 호랑이 존재는 호랑이가 살 만큼 숲이 울창했다는
것을 의미한다. 그러나 한반도의 인구 급증과 산림 훼손은 호랑이가
살 수 없도록 만들었다. 호랑이는 인간과의 싸움에서 견디지 못하고
한반도를 떠날 수밖에 없었다. 그래서 우리는 호랑이를 닮은 한반도에
서 호랑이를 보지 못하고, 겨우 산신도에서 호랑이를 만날 수 있다. 한
민족과 인류의 미래는 호랑이가 살 수 있는 숲을 조성하는 것이다. 그
래야만 기후의 위기에서 생존할 수 있는 조건을 만들 수 있다.

적천사에 은행나무의 잎이 노랗게 물들 즈음, 산사음악회가 열린
다. 그러나 산사음악회에서 은행나무를 위한 노래는 없다. 산사음악회
는 은행나무 덕분에 열고 있지만 은행나무의 건강을 기원하는 축제는
아니다. 적천사 은행나무가 천수를 누리지 못하면 인간의 미래도 없
다. 적천사석조아미타불좌상(磧川寺石造阿彌陀佛坐像) 앞에서 나무
아미타불을 외면서 '나무, 아미타불'을 기원한다. '나무아미타불'은 서
방정토의 '아미타불'에게 '나무(南無)', 즉 '귀의(歸依)'한다는 뜻이지만
'나무, 아미타불'은 나무가 곧 아미타불이라는 뜻이다.

4. 공민왕과 영동 영국사 은행나무

충북 영동군 천태산 영국사의 은행나무는 가을에 금동불로 변한다. 영국사로 가는 길은 크게 두 곳이지만 산사의 아름다움을 만끽하려면 사찰 주차장에서 산길을 따라 걸어가는 게 좋다. 이 길은 꽤 길지만 발걸음마다 극락의 순간을 체험할 수 있다. 내가 이 길을 찾는 또 다른 이유는 굽이굽이 걸어서 사찰 입구 근처 언덕에 도착하면 은행나무를 가슴 벅찬 감동을 맛볼 수 있기 때문이다. 가을에 이 자리에 도착하면 마치 금을 입힌 불상을 보는 듯하다. 아마도 세상에서 가장 아름답고 귀한 금동불상일지도 모른다. 왜냐하면 금동불상을 만드는 데 인간이 지불하는 돈이 한 푼도 없는 데다 금동불을 만드는 데 그 누구의 희생도 필요하지 않기 때문이다.

영국사 은행나무 금동불은 아주 거대하지만 주변의 산 높이 탓에 실제보다 낮게 보인다. 그러나 산속에 안겨 있는 덕분에 넘어질 위험성은 훨씬 낮다. 영국사 은행나무는 높이 31m, 둘레는 11m이다. 이곳 은행나무의 나이는 500살 혹은 1,000살로 추정하고 있다. 용문사 은행나무 나이 계산법에 적용하면, 영국사 은행나무의 나이는 용문사 은행나무 둘레와 같아서 1,018살이고, 높이는 용문사 은행나무 높이보다 7m 낮지만 둘레만 계산하면 같다. 따라서 영국사 은행나무의 나이를 1,000살로 추정할 수 있다. 영국사 은행나무는 누가 심었는지 알 수 없다. 다만 은행나무의 나이를 감안하면, 영국사를 중창한 승려 원각국사(圓覺國師) 덕소(德素, 1119~1174)일 가능성이 있다.

은행나무 금동불을 가슴에 품고 천태산(天台山, 해발 714.3m)을 바라보면, 성문(聲聞), 연각(緣覚), 보살(菩薩)만이 아니라 누구나 성불할 수 있다는 석가모니의 가르침이 진실이라는 것을 알 수 있다. 우리나라에는 영국사가 위치한 천태산 외에도 여러 곳에 같은 이름의 산이 있지만 모두 중국 절강성의 천태산과 맞닿아 있다. 중국 절강성 천태산은 지의(智顗)가 《妙法蓮華經(묘법연화경)》즉, 《法華經(법화경)》을 중심으로 천태교학(天台教學)을 완성한 곳이고, 천태종도 천태산에서 유래했다. 지의가 죽은 후 수나라 양제의 재정 지원과 편액 하사로 탄생한 사찰이 국청사(國淸寺)였다. 영국사의 이전 이름이 국청사였다. 신라 문무왕 8년(668)에 창건된 사찰을 고려 명종 때 중창한 원각국사는 천태학의 권위자였다. '영국사원각국사비(寧國寺圓覺國師碑)'는 원각국사의 위상을 증명하는 문화재다.

　　국청사가 영국사로 바뀐 것은 홍건적의 난 때 마니산성(馬尼山城)으로 피신한 공민왕이 이 절에서 국가의 안녕을 기원하며 불사를 올린 데서 유래한다는 설과 조선 태조 때 세사국사(洗師國師)가 국청사에서 영국사로 명칭을 바꾸었다는 설이 있지만 모두 설에 지나지 않는다. 다만 중국의 홍건적이 원나라 군대에 패하자 1361년 잔재 세력 20만 명이 고려에 쳐들어와 개경이 함락되자 공민왕이 경북 안동까지 피신한 것은 역사적인 사실이다. 현재 안동 낙동강 변의 영호루(映湖樓)는 공민왕이 군사를 지휘한 곳이고, 공민왕은 1367년 현판을 하사했다. 현재 영국사는 조계종 법주사의 말사이고, 우리나라 천태종의 총본산은 충북 단양군 소백산 자락의 구인사이다.

영국사에는 일주문이 없지만 은행나무는 금동불이자 일주문이다. 은행나무 일주문은 아주 독특하다. 작은 계곡 옆에 자라 잡은 은행나무는 서쪽으로 뻗은 가지 가운데 한 개가 땅에 닿아 뿌리를 내리고 독립된 나무처럼 자라고 있다. 이곳 은행나무는 영국사를 '양산팔경(陽山八景)' 중 제1경으로 평가하게 만든 주인공이다. 영국사 은행나무는 금강 상류의 풍경 중 으뜸이다. 양산팔경처럼 '팔경' 문화는 중국 호남성 동정호(洞庭湖) 주변의 '소상팔경(瀟湘八景)'에서 유래했다.

영국사 은행나무는 품이 좁은 우리나라 최고(最古)의 용문사 은행나무와 달리 아주 품이 넓다. 우리나라 은행나무 중 영국사 은행나무처럼 품이 넓은 경우는 거의 찾아볼 수 없다. 영국사 은행나무의 품은 넓은 이유는 주변의 넓은 공간과 더불어 대승(大乘)의 '수성(樹性)' 때문일지도 모른다. 영국사 은행나무는 힘들 때 수십 명이 들어가도 남을 만큼의 그늘을 만든다. 아울러 잎이 모두 떨어지면 비단길을 만들어 찾는 사람에게 감동을 선사한다.

영국사 은행나무를 감상하는 또 다른 방법은 계절마다 찾는 것이다. 여름의 영국사 은행나무는 자귀나무의 별칭 청상(靑裳), 즉 푸른 치마를 닮았다. 그런데 치마의 한쪽이 찢어진 듯 가지가 많이 부러져 상처가 꽤 심하다. 이는 세월의 무게를 이기지 못해서 생긴 상처지만 연로하신 부모를 보는 듯 마음이 아프다. 그러나 은행나무는 상처 난 자리에서 다시 새 가지를 만들어 새 삶을 꿈꾼다. 영국사 은행나무는 암그루지만 용문사 은행나무만큼의 열매를 맺지는 않는다.

은행나무를 지나 영국사 대웅전 앞 만세루(萬歲樓)에 올라 바라보

인류의 미래 은행나무

면 또 다른 매력을 느낄 수 있다. 여름에 만세루에 오르면 배롱나무 꽃
과 함께 바라볼 수 있다. 배롱나무의 붉은 꽃과 푸른 은행나무 잎의 조
화가 무척 아름답다. 영국사처럼 만세루가 있으면 불이문(不二門)을
생략할 수 있다. 만세루는 부산 금정산 범어사처럼 보제루(普濟樓), 합
천 가야산 해인사 구광루처럼 같은 의미의 다른 명칭을 사용한다. 대

영국사 승탑

웅전 앞 보물 '삼층석탑'을 돌면서 은행나무를 바라보면 곧 성불할 수 있다. 아울러 삼층석탑 옆에 사는 한 그루 보리수 아래 앉으면 석가모니처럼 깨달음에 이를 수 있다. 그러나 이곳의 보리수는 피나무이다.

영국사 경내는 넓지 않지만 왼쪽 산길로 가서 보물 '영국사원각국사비'와 국가유산포털에는 '영국사 승탑'에 도착하면 조용하다. 두 보물은 찾는 사람 드물지만 늘 소나무 향기에 젖어 있다. 보물 탑 모양의 부도 아래 구형승탑과 종형승탑도 무척 아름답다. 이곳에 앉아서 다시 공룡이 살았던 시대부터 지금까지 살아온 은행나무의 역사를 떠올리면, 은행나무가 곧 미래불인 미륵불인지도 모른다. 영국사 천태산의 또 다른 이름 지륵산(智勒山)도 미륵불과 관련이 있다.

5. 원효와 거창 고견사 은행나무

고견사와 원효 전생

우두산(牛頭山) 고견사(古見寺)는 깊숙한 산속에 자리 잡고 있다. 주차장에서 사찰 일주문까지의 1.1㎞는 누구든 산길을 따라 걸어가야 하는 '평등한' 사찰이다. 그러나 내가 처음 찾았을 때 없던 최신 주차장 시설과 치유산림센터, 우두산 출렁다리, 곤돌라 등이 생겼다. 그래서인지 요즘에는 찾는 사람들도 아주 많고, 등산객을 위한 나무 계단도 계속 준비하고 있다. 그러나 관광객 유치를 위한 각종 시설은 결국 생태계의 위기를 만들어 인간의 삶을 한층 어렵게 할 것이다. 벌써 그런 후유증은 나타나고 있었다. 주차장에서 고견사 초입으로 들어가는 길 왼쪽 나뭇가지에 빼곡히 매단 산악회 리본들은 산을 마치 등산객들의 소유처럼 여긴 결과이다. 나뭇가지에 리본을 묶는 것은 나무의 목을 조르는 것과 같다. 왜 등산객은 산악회를 홍보하기 위해 자신에게 도움을 주는 나무들을 괴롭힐까? 산의 주인은 산인데도 인간은 자신이 주인인 줄 착각하면서 나무를 서슴없이 학대하고도 죄책감조차 없으니 안타깝다.

고견사가 자리 잡은 소머리 산을 뜻하는 '우두산'은 사찰 뒤편 의상봉의 모양에서 따온 이름이지만 가야산을 뜻하기도 한다. 정상이 소의 머리를 닮았다고 알려진 인도의 가야산의 이름을 딴 우두산은 불교 사상에서 '마음'을 비유한 '소'와 관련이 있다. 고견사는 신라 시대 원효(元曉, 617~686)가 창건했다는 설이 있지만 의상(義湘, 625~702)이

수도한 의상봉에서 보듯이 두 사람이 함께 창건했다는 설도 있다. 그러나 고견사는 신라 애장왕 때 순응(順應)과 이정(理貞)이 창건했다는 것이 통설이다. 그런데도 원효와 의상을 얘기하는 것은 사찰의 권위를 높이기 위한 홍보 전략일 가능성이 높다.

고견사는 원효가 이곳을 찾았을 때 마치 전생에 보았던 것과 같아서 붙인 이름이라고 한다. 이 같은 얘기는 사실 여부와 관계없이 사찰의 이름에 불교 사상을 드러내는 데 큰 효과가 있다. 주차장에서 고견사까지의 거리는 평지라면 짧은 시간에 편하게 갈 수 있지만 산길은 힘든 과정이다. 게다가 고견사까지의 산길은 온통 돌길이기 때문에 자칫 방심하면 넘어질 가능성이 아주 높다. 그래서 산길을 갈 때는 중국 송나라 선승 불안(佛眼) 청원(淸遠, 1067~1120)의 조고각하(照顧脚下), "발밑을 잘 살펴라"는 말을 기억할 필요가 있다. 힘든 산길을 조금 힘들지 않게 가는 방법 중 하나는 쉬엄쉬엄 걷는 것도 좋지만 길가의 식물을 관찰하는 것이다. 가는 길 오른 편에서 만나는 견암(見巖) 폭포, 일명 '고견 폭포'를 바라보는 것도 좋은 방법이다. 백악기 이전에 형성된 화강암 견암폭포는 약 30m 절벽 아래로 흐른다. 조선 후기 서화가 능호관(凌壺觀) 이인상(李麟祥, 1710~1760)은 〈牛頭山記(우두산기), 우두산을 기록하다〉에서는 견암폭포를 '10여 장(丈)'이라 표현했다. 1장을 3m로 계산하면 거의 정확하다. 아울러 그는 견암폭포에 대해 깊은 물인 담(潭)이 없다고 하면서 '비류동(飛流洞)'이라 불렀다. 이인상은 고견사를 '고견암(古見菴)'이라 불렀다. 연경재(研經齋) 성해응(成海應, 1760~1839)의 〈記嶺南山水(기령남산수), 영남 산수를 기

인류의 미래 은행나무

록하다〉에서도 고견사를 '고견암'으로 기록했다. 이런 점으로 보면 19세기 중엽까지 고견사는 '고견암'으로 불렸다. 그 이유는 사찰의 크기가 지금보다 작은 암자 정도였기 때문일 것이다. 고견사는 1630년(인조 8) 임진왜란으로 폐허가 된 사찰을 설현(雪賢), 금복(金福), 종해(宗海) 등이 중건 후 사용한 이름이다.

잎이 떨어진 겨울을 제외하면 견암폭포는 전체를 볼 수가 없지만 폭포의 시작 지점을 쉽게 볼 수 있다. 견암폭포처럼 폭포의 근원을 한눈에 쉽게 보기란 쉽지 않다. 다만 폭포 아래의 반대편으로 가면 나무데크를 통해 폭포 전체를 관찰할 수 있다. 소나무 숲 사이로 폭포를 바라보면 이인상의 《松下觀瀑圖(송하관폭도)》가 떠오른다.

고견사로 가는 산길은 온통 소나무 숲이지만 재선충(材線蟲)으로 죽음에 이른 소나무도 적지 않다. 그런데 소나무 숲 사이에 드문드문 자작나뭇과 갈잎큰키나무 오리나무[*Alnus japonica* (Thunb.) Steud.]와 마주하는 시간도 큰 즐거움이다. 학명 중 종소명 '자포니카(*japonica*)'에서 보듯, 오리나무는 일본 원산이다. 오리나무는 '5리' 마다 가로수로 심어서 붙인 이름이다. 이는 20리마다 심었던 느릅나뭇과 갈잎큰키나무 시무나무[*Hemiptelea davidii* (Hance) Planch.]처럼 오리나무를 이정표로 삼았다는 뜻이다. 그러나 우리나라에서는 일본에서 수입해서 이정표로 심은 것이 아니라 민둥산의 녹화 사업에 이용했다. 그래서 한때 모래를 막아 주는 '사방(砂防)오리나무'라고 부르기도 했다. 지금은 오리나무와 사방오리나무를 오리나무로 통일했다.

소나무를 한 그루 한 그루 감상하면서 길을 걷다 보면 힘든 것을 잊고 어느새 금강문에 도착한다. 원효는 신라의 요석공주와 혼인하여 설총을 낳았다. 그는 지금의 경북 경산시 자인면(혹은 압량면)의 압량군(押梁郡) 불지촌(佛地村) 북쪽 밤골 사라수(娑羅樹) 아래에서 태어났다. 고견사에는 의상봉으로 올라가는 길목에 원효가 태어난 것을 기념하는 듯, 한 그루 밤나무가 있다. 그런데 원효는 밤나무 사라수에서 태어났지만 석가모니는 사라수, 즉 이엽시과 늘푸른큰키나무 살나무 밑에서 열반했다.

숙종이 원효 대사를 기려 내린 강생원(降生院) 현판은 고견사가 원효와 밀접한 관계가 있다는 것을 보여 주는 증거이다. 강생원은 고견사의 승려가 거처한 곳이다. 이인상과 성해응의 글에 따르면 강생원 뒤에는 큰 바위가 있었다. 시루를 닮은 바위가 좌측을 비추는데 그 앞에 작은 늪이 있었다. 늪의 이름은 '반귀(盤龜)'라 불렀다.

최치원의 지팡이와 은행나무 및 전나무

고견사는 원효와 의상 및 최치원 등 신라 시대 최고의 지식인이 동시에 등장하는 유일한 사찰이다. 많은 사람들이 고견사의 세 가지 자랑거리로 석불, 동종, 강생원 현판을 꼽는다. 그리고 고견폭포, 은행나무, 쌀굴도 자랑한다. 그러나 소나뭇과 늘푸른큰키나무 전나무(*Abies holophylla* Maxim.)도 빼놓을 수 없는 볼거리다. 고견사 은행나무는 워낙 유명해서 고견사를 찾는 이유이기도 하지만 고견사의 전나무는 최치원과 밀접한 관련이 있기 때문에 아주 중요한 나무이다. 더욱이 고견사처럼 우리나라 사찰 중 상징 나무로서 은행나무와 전나무를 동시에 보유한 경우는 고견사가 유일하다.

고견사의 은행나무는 2,000년 보호수 지정 당시 기록에 의하면, 높이 28m, 둘레 6.1m, 나이 1,000살이다. 그러나 내가 처음 찾았을 때의 2,000년 보호수 지정 안내문에는 은행나무의 나이를 700살로 기록했다. 고견사 은행나무는 암그루이다. 이곳 은행나무의 중요한 특징은 용문사 은행나무처럼 원줄기가 위로 쭉 뻗어 가지가 많지 않다는 점이다. 고견사 은행나무의 이러한 모습은 은행나무 본성과 다른 점이다. 은행나무는 공간에 문제가 없다면 가지를 옆으로 뻗는 특성이 있다. 그런데도 고견사 은행나무의 가지는 왜 중심부에서 먼 곳부터 뻗었을까? 게다가 이곳 은행나무는 곧게 생장하지 못하고 사찰 방향으로 약간 기운 모습이다.

고견사 은행나무 모습의 비밀은 은행나무 바로 옆의 두 그루 전나무 그루터기이다. 죽은 전나무 그루터기는 나이테가 선명하지 않아 정확한 나이를 알 수 없다. 내가 처음 이곳을 찾았을 때까지만 해도 두 그루의 전나무가 은행나무와 함께 있었다. 전나무는 소나뭇과지만 10살 이후부터는 소나무보다 생장 속도가 빠르다. 은행나무는 전나무와 햇볕 경쟁은 물론 공간까지 경쟁할 수밖에 없었다. 그래서 은행나무는 가지를 자유롭게 뻗지도 못하고 몸도 전나무 반대 방향으로 기울 수밖에 없었던 것이다. 전나무가 언제 죽었는지 알 수 없지만 아마도 태풍으로 쓰러졌을 가능성이 높다. 다만 전나무도 은행나무처럼 뿌리를 깊게 내리는 심근성(深根性)인데도 쓰러진 이유는 아마도 은행나무보다

고견사 전경

바람에 취약한 위치 때문일지도 모른다. 이런 점에서 현재의 은행나무
는 전나무가 살아 있었을 동안에는 서로 경쟁하느라 힘든 부분도 있었
지만 지금은 바람을 막아 줄 상대가 없어서 위험에 노출되어 있다.

    고견사 은행나무의 나이를 1,000살로 추정한 이유는 아마도 최치
원이 898년 이후 해인사로 들어온 시기를 계산했을 것이다. 그런데 조
사 당시 둘레 6.1m를 용문사 은행나무 나이 계산법에 적용하면 555
살 정도이지만 내가 직접 측정한 둘레는 7.3m 정도이다. 따라서 고견
사 은행나무의 현재 나이는 대략 664살이다. 이는 최치원이 직접 심지
않았다는 뜻이다. 고견사 은행나무의 나이는 기록이 없어서 단정할 수

없지만, 1360년 달순(達順)과 소산(小山)이 김신좌(金臣佐)와 함께 중건 후에 심었을 가능성이 높다. 만약 1360년에 심었다면 고견사의 은행나무는 664살이다. 다만 묘목을 심었는지, 열매를 심었는지 등에 관한 고려가 필요하다.

1360년 고견사 중수에 대해서는 1379년 6월에 쓴 목은(牧隱) 이색(李穡, 1328~1396)의 〈巨濟縣牛頭山見菴禪寺重修記(거제현우두산현암선사중수기)〉에 자세하다. 이색이 고견사의 소속을 '거제현 우두산'이라 표현한 것은 1271년 거제현이 삼별초란(三別抄亂)을 피하여 이곳에서 정사를 보았기 때문이다. 조선 세조 때 거제를 거제도로 돌려보내고 가조현(加祚縣)도 그 전처럼 거창군의 속현으로 예속시켰다. 중수기에 따르면, 고견사는 고려 말까지 '견암선사'라 불렸다. 1360년에 중수한 달순은 나옹선사(懶翁禪師, 1320~1376)가 존경한 인물이었다. 소산은 풍수학에 밝았으며, 김신좌는 당시 시주한 판사(判事)였다. 판사는 고려 시대 최고의 관직이었다. 당시 산속에는 원효, 의상, 자명(慈明)의 유적 도정암(道正菴)과 자명암(慈明菴)이 있었다. 고견사 은행나무에 관한 기록은 남아 있지 않지만, 매월당(梅月堂) 김시습(金時習, 1435~1493)의 아래 시에서 약간의 정보를 얻을 수 있다.

〈見庵寺(견암사)〉

古木千年地(고목천년지) 고목이 서 있는 천 년 된 이 땅에

禪宮何代開(선궁하대개) 선궁은 어느 시대에 세웠던가

고견사 은행나무

인류의 미래 은행나무

竹房僧掛錫(죽방승괘석) 죽방엔 스님이 석장 걸어 두었고

松蓋鶴留胎(송개학유태) 우산 같은 소나무엔 학이 새끼를 기르네

慰客新煎茗(위객신전명) 손님을 위해서 새로 차를 끓이면서

添香自撥灰(첨향자발회) 향기를 더하려고 잿불을 뒤적이니

浮生安足道(부생안족도) 뜬구름 인생을 어찌 다 말하랴

个是出塵埃(개시출진애) 그렇다면 바로 속세를 벗어난 모습인걸

김시습이 언급한 '고목'이 은행나무를 지칭한 것인지는 알 수 없지만 당시 견암사(고견사)에 노거수가 있었다는 것은 분명하다.

고견사는 우리나라 사찰 중에서도 전나무가 많은 사찰이다. 우리나라 사찰의 유명한 전나무는 강원도 월정사와 전라북도 내소사를 꼽지만 양산 통도사의 전나무도 빼놓을 수 없고, 속리산 법주사 금강문과 팔상전 사이 두 그루 전나무도 정말 멋스럽다. 다만 우리나라 유일의 천연기념물 전나무는 전라북도 '진안 천황사 전나무'이다. 천연기념물 '합천 해인사 학사대 전나무'는 2019년 태풍 링링으로 뿌리째 뽑혀 2020년 2월 3일 해제되었다. 다만 해인사 일주문과 봉황문 사이에 전나무가 있다.

현재 고견사에는 나이 많은 전나무가 열 그루이다. 특히 고견사에 최치원과 관련한 전나무 숲이 있다는 것은 '수목문화사(樹木文化史)'에서 아주 중요한 부분이다. 이곳 전나무는 왜 심었는지 알 수 없지만 대개 두 가지 측면에서 이해할 수 있다. 하나는 사찰의 목재용이다. 우리나라 산사는 모두 목재로 짓지만 자체에서 공급하지 않으면 구할 수

가 없다. 게다가 고견사처럼 목조 건물은 화재에 취약하다. 그래서 중건할 때 목재를 구한다는 것은 쉽지 않다. 특히 고견사처럼 다른 곳에서 운반할 수 없는 위치의 사찰은 목재 수급이 필수다. 그래서 사찰에서는 목재용으로 전나무를 심었다. 물론 고견사에는 소나무 숲이 울창해서 소나무를 사용할 수 있지만 소나무는 조선 시대 국가에서 병선용과 궁궐에 사용하기 위해 아주 엄격하게 관리했기 때문에 함부로 사용할 수 없었다. 전나무는 소나무보다 심재는 약하지만 소나무보다 빨리 자랄 뿐 아니라 아주 크게 자라는 장점이 있어서 소나무 대용 건축자재로 안성맞춤이었다.

다른 하나는 최치원의 상징 나무로 심은 것이다. 해인사 학사대 전나무는 최치원의 지팡이로 심은 나무라는 신화가 있다. 고견사의 은행나무가 최치원의 지팡이로 탄생한 것과 같은 신화이다. 현재 천연기념물에서 해제된 해인사 학사대 전나무는 몇 년간의 노력 끝에 그 자리에 최치원의 상(像)으로 재탄생했다. 최치원은 경남 함양군의 천연기념물 상림(上林)을 조성할 만큼 우리나라 수목 역사와 문화에 아주 중요한 인물이다. 따라서 고견사의 은행나무와 전나무는 그가 직접 심은 것은 아닐지라도 문화사 차원에서 해석할 필요가 있다.

고견사는 작은 규모의 사찰이지만 생태학적으로 아주 중요한 문화유산이다. 사찰 가는 길에 새롭게 조성한 느티나무 가로수는 고견사의 희망이자 우리나라 사찰의 미래다. 우두산 고견사처럼 우리나라 사찰의 이름 앞에 반드시 산 이름을 붙이는 이유도 사찰과 산의 불가분의 관계 때문이다.

3부

성리학과 은행나무

1. 행단과 은행나무

⑴ 행단 기원과 해석

　행단(杏壇)은 조선 시대의 역사와 문화를 이해하는 지표다. 보리수가 석가모니의 수행처였다면, 행단은 공자의 교육 공간이었다. 중국 불교에서 보리수 대신 은행나무를 수행처로 여겼듯, 조선의 행단은 살구나무 대신 은행나무를 교육 공간으로 삼았다. 행단의 '단'은 가르치는 공간을 높인 말이다. 그러나 조선 시대 행단에 관한 연구는 제대로 이루어지지 않았다. 행단의 용어가 처음 등장하는 문헌은 중국 전국시대 장주(莊周)가 편찬한 《莊子(장자)》 잡편(雜編) 중 〈漁父(어부)〉이다.

　　공자가 치유(緇帷)의 숲에 노닐고 행단(杏壇) 위에 앉아 쉴 적에 제자들은 글을
　　읽고 공자는 노래하며 거문고를 연주했다.

《장자》의 내용은 대부분 우화로 이루어져 있어서 행단의 내용이 사실과 거리가 있지만 우화도 실상 없이는 탄생할 수 없다. 따라서 공자(기원전 551~기원전 479)가 치유의 숲 행단에서 제자들과 함께 했는지를 확인할 방법은 없지만 공자가 죽은 지 1세기 정도 지난 뒤 장주(기원전 369~기원전 289?)가 기록한 것이라면 공자의 유풍을 가장 가까운 시기에 기록한 내용이라는 점에서 어느 정도 신뢰할 수 있다. 특히《장자》의 행단 기록은 사실 여부에 관한 증명을 떠나 중국과 우리나라에 적지 않은 영향을 주었다.

《장자》의 행단 기록은 몇 가지 점에서 주목할 필요가 있다. 우선 행단이 '치유의 숲'에 있다는 점이다. 당나라 도사 성현영(成玄英)의 소(疏)에 따르면, 치유는 숲이 햇볕을 가릴 만큼 어두운 상태를 말한다. 치유는 검은 천막을 두른 것처럼 어둡다는 뜻이며, '치유지림(緇帷之林)'이라 부른다. 숲이 울창한 곳에 있는 행단은 공자의 교육이 숲에서 이루어진 것을 의미한다. 따라서 행단은 숲의 교육적 가치를 잘 보여주는 사례이다.

행단에서 주목할 또 하나는 공자가 노래하고 연주한 '현가고금(絃歌鼓琴)'의 영향이다. '현가'는 세계유산에 등재된 서원 중 하나인 전라북도 정읍 무성서원(武城書院)의 '현가루(絃歌樓)'에서 발견할 수 있다. 이는 공자의 교육 사상을 계승한 것이다.

《장자》에서 언급한 행단은 공자의 후계자들도 수용했다. 그래서 공자를 모신 산둥성(山東省) 곡부(曲阜) 공부(孔府)의 행단(杏壇)이 그 증거이다. 청나라 때 세운 행단 앞에는 장미과 갈잎떨기나무 살구나무

(*Prunus armeniaca* L.)가 있다.

중국 송나라 때 3대 서원 중 하나인 허난성(河南省) 등봉현(登封縣) 숭양서원(崇陽書院) 앞의 300살 살구나무도 행단의 사례를 계승한 것이다. 조선에서 행단을 살구나무 대신 은행나무로 대체한 이유에 관한 연구는 없다. 조선 시대의 행단이 은행나무라는 사실은 국립 교육기관인 성균관과 향교, 사립 교육기관인 서원과 서당 및 정자 등에서 확인할 수 있다. 조선에서 행단의 나무로 살구나무 대신 은행나무를 선택한 것은 불교 사찰에서 인도보리수 대신 은행나무를 선택한 것처럼 '문화변용'이다. 문화변용은 문화를 수용하는 쪽의 사정 때문에 생기는 것이다. 따라서 조선에서 행단의 나무를 살구나무 대신 은행나무를 선택한 것도 나름의 사정이 있었던 것이다.

살구나무 대신 은행나무를 선택한 배경을 이해하기 위해서는 은행나무를 선택한 조선왕조에 주목할 필요가 있다. 조선왕조는 불교를 지배 이념으로 삼은 고려와 달리 성리학을 지배 이념으로 삼았다. 성리학은 남송의 주희, 즉 주자가 선배의 철학을 기초로 집대성한 학문이었다. 성리학은 공자를 시조로 하는 춘추전국시대의 유가(儒家)와 한나라에서 지배 이념으로 삼았던 유교(儒敎)에 기초하고 있지만 다른 차원의 학문이었다. 성리학은 위진남북조 및 수당 시대의 지배층이었던 귀족 대신 송나라의 지배층이었던 사대부의 지배 이념이었다. 조선왕조의 양반은 곧 성리학을 지배 이념으로 삼았던 지배층이었다. 조선왕조는 성리학을 지배 이념으로 삼으면서 송나라에서 사용한 은행나무를 행단의 나무로 삼았을 가능성이 높다.

조선 시대 행단의 나무로 살구나무를 심은 사례는 찾아볼 수 없지
만 조선의 성리학자들은 중국의 행단이 살구나무라는 사실을 잘 몰랐
다. 왜냐하면 그 누구도 중국 현장에 가서 확인하지 않았기 때문이다.
그래서 조선의 성리학자들은 중국 행단의 나무 종류에 대해 의견이 분
분했다. 남명(南冥) 조식(曺植, 1501~1572)은 〈杏壇記(행단기)〉에서
행단을 공자가 태어난 노나라 대부였던 장문중(臧文仲)이 쌓은 것이
고, 회맹 장소였다고 지적했다. 행단의 '행'을 은행나무로 이해한 사례
는 미수(眉叟) 허목(許穆, 1595~1682)의 《記言(기언)》에서 엿볼 수
있다.

운은행(雲銀杏). 백과(白果)라고도 하고, 또 압각(鴨脚)이라고도 하는데, 잎 모
양이 오리발을 닮았기 때문이다. 공자의 묘단(墓壇)에 이 나무가 있으므로 그
곳을 행단(杏壇)이라 한다. 오래 사는 나무다.

다산(茶山) 정약용(丁若鏞, 1762~1836)은 은행나무를 '평중'으로
표현한 대표적인 인물이면서 행단에 대해서도 아주 긴 글을 남겼다.

〈杏壇吟(행단음), 행단의 노래〉

南皐無屋可庇躬(남고무옥가비궁) 남고 노인 제 몸 덮을 집 한 채도 없어서
始附人家作寄公(시부인가작기공) 처음부터 남의 집에 더부살이 신세였지
翰如兄弟樂施舍(한여형제낙시사) 한여 형제 두 분께서 베풀기를 좋아하여

인류의 미래 은행나무

挈孥移宅與其空(설노이택여기공) 처자 끌고 집을 옮겨 그 가난을 나눴다네

爲賦鵲巢開小宴(위부작소개소연) 작소시를 지어 볼까 술자리를 마련하니

眼前突兀得帲幪(안전돌올득병몽) 눈앞에 우뚝 보금자리 얻었구나

草屋三間澹蕭洒(초옥삼간담소쇄) 조촐한 초가삼간 맑고도 깨끗하고

桑麻桃李頗成叢(상마도리파성총) 뽕나무 삼대 복사나무 자두나무 그런대로
우거졌네

上有一株平仲木(상유일주평중목) 위쪽에는 한 그루 은행나무 서 있는데

交柯密葉浮蔥蘢(교가밀엽부총롱) 얽힌 가지 빽빽한 잎 푸르고도 성하다면

西臨斷壑百餘仞(서임단학백여인) 서쪽에는 깊은 골짝 백여 길이 넘는데

曠無礙阻吹長風(광무애조취장풍) 막힘없이 툭 트여 긴 바람 불어든다

文人狡獪好夸誕(문인교회호과탄) 문인은 간사하여 황당한 걸 좋아해

强飾清標掩所短(강식청표엄소단) 맑은 이름 애써 꾸며 단점 덮어 숨기나니

文之美名爲杏壇(문지미명위행단) 아름다운 이름 꾸며 행단이라 붙이고서

日坐其陰作蓋傘(일좌기음작개산) 날마다 그 그늘에 앉아 일산으로 삼는다네

壇亦天成非築成(단역천성비축성) 단 또한 아니 쌓고 천연으로 이루어져

不曾除地令夷坦(불증제지령이탄) 땅을 깎아 평탄하게 만든 적이 없다네

只緣南皐才且賢(지연남고재차현) 다만 남고 재주 있고 어질다는 이유로

薦紳大夫頻來款(천신대부빈래관) 조정 안의 사대부들 자주 와서 정 나누니

錦帶平生喜詼譃(금대평생희회학) 평소 해학 즐기는 금대공 계신다면

五沙垂老投閒散(오사수로투한산) 늘그막에 벼슬 떠난 오사 노인 오신다네

遂把山阿一散木(수파산아일산목) 마침내 산언덕의 쓸모없는 한 나무를

視若珊瑚海底産(시약산호해저산) 바다에서 나오는 산호처럼 간주하니

古人愛烏今復看(고인애오금부간) 고인의 까마귀 사랑 오늘 다시 보았노라

不惜杖屨時盤桓(불석장구시반환) 즐겁게 걸어 찾아와 어정어정 맴돈다네

杏壇大名於是播(행단대명어시파) 이리하여 큰 이름 행단 소문 퍼져서

人去人來簇馬鞍(인거인래족마안) 가는 사람 오는 사람 말안장이 즐비하다

淸泉爲沼百花照(청천위소백화조) 맑은 샘물 못이 되어 온갖 꽃이 비치는

我家還有竹闌干(아가환유죽란간) 내 집이라 그곳에는 대난간도 있어서

若比杏壇殊絶勝(약비행단수절승) 행단에다 견준다면 그 경치 뛰어난데

柰無錫號如冕冠(내무석호여면관) 사대부들 어찌하여 이름 아니 지어주나

是知人高物亦貴(시지인고물역귀) 인품 높으면 물건도 함께 귀함 알겠거니

召棠蜀柏名俱完(소당촉백명구완) 소당 촉백 그 이름 다 함께 완전하다

陶元亮有栗里宅(도원량유율리택) 도원량의 율리 집 세상에 이름 있고

嚴子陵有桐江灘(엄자릉유동강탄) 엄자릉의 동강 여울 지금도 전해오네

정약용을 비롯한 조선 후기의 실학자는 성리학자 중에서도 행단에 대해 큰 관심을 가진 자들이었다. 이덕무의 손자 오주(五洲) 이규경(李圭景, 1788~1856)의 〈杏壇辨證說(행단변증설)〉은 행단에 관한 논란을 종합적으로 정리한 것이다.

《淸一統志(청일통지)》에 "행단은 곡부현(曲阜縣)의 성묘전(聖廟殿) 앞에 있다."고 했다.《幸魯盛典(행로성전)》에 다음과 같이 행단을 설명했다.

"행단은 곧 선성(先聖 : 공자)이 제자들을 가르친 강당의 유지(遺址)인데, 후세에 와서 이를 전(殿)으로 만들었다. 송(宋)나라 천성(天聖 : 인종의 연호) 연간

(1023~1032)에 공도보(孔道輔)가 조묘(祖廟)를 감수(監修)하면서 전정(殿庭)을 더 넓히고, 대전(大殿)을 뒤 강당(講堂)의 옛터로 옮긴 다음, 무너지고 헐어질까 염려하여 벽돌로 단(壇)을 쌓고 빙 둘러 행(杏)을 심었는데, 금(金)나라 학사(學士) 당회영(党懷英)이 행단(杏壇) 두 글자를 전서(篆書)로 비(碑)에 새겨 정내(亭內)에 세웠다."

내가 일찍이 그 비석에서 탁본해 놓은 행단 두 글자를 좌소산인(左蘇山人) 서유본(徐有本)의 집에서 보았는데, 글자의 직경이 한 자쯤 되며, 획(劃)이 매우 둥글고 고왔다. 정림(亭林) 고염무(顧炎武)의《日知錄(일지록)》에 다음과 같이 설명했다.

"지금 부자(夫子)의 묘정(廟庭)에 단(壇)이 있는데, 돌에다가 행단(杏壇)이라 새겨 놓았다.《闕里志(궐리지)》에 의하면 '행단은 전(殿) 앞에 있는데, 부자가 옛날부터 살던 곳이다'고 했으나 잘못된 말이다. 행단이란 이름은《莊子(장자)》에서 비롯되었다.《장자》에 말하기를 '공자가 치유의 숲에서 노닐고 행단에 앉아 쉬었다가……' 했고, 또 '어떤 어부(漁父)가 배에서 내려왔는데……'라고 했는데, 사마표(司馬彪)가 말하기를 '치유(緇帷)는 흑림(黑林)의 이름이요, 행단(杏壇)은 연못 가운데의 높은 곳이다'고 했다.《장자》에서 대체로 공자에 관한 사실을 기술한 것은 모두가 우언(寓言)이므로 어부라는 그 사람이 꼭 있었을 리 없고 행단이라는 그 땅도 꼭 있었을 리가 없다. 설령 있었다 하더라도 갈대 우거진 호숫가에나 있었을 것이요, 노(魯)나라의 중심부에는 있지 않았을 것이 분명하다. 지금의 행단은 곧 송(宋)나라 건흥(乾興 : 진종의 연호)의 연간에 공자의 45세손 도보(道輔)가 조묘(祖廟)를 증수(增修)하여 대전(大殿)을 뒤편에 옮기는 한편, 강당의 옛 터전에 벽돌을 쌓아 단을 만들고 빙 둘러 행을 심고서 행단이란 이름을 취했을 뿐이다."

규경이 다시 상고하건대, 공도보가 조묘(祖廟)를 감수(監修)한 데 대해《幸魯盛典(행로성전)》에는 송 인종 천성 연간에 있었던 일이라 했고, 고염무는 송 진종(宋眞宗) 건흥(乾興) 연간에 있었던 일이라 하였으니, 건흥은 1년뿐이고 그해가 바로 임술년(壬戌年)인데, 진종이 그해에 죽었으니, 건흥이라고 한 까닭을 알 수 없다. 만일 천성 연간에 있었던 일이라면, 건흥과 천성과의 기간이 그리 멀지 않으니, 혹 건흥 연간에 그 일을 시작했다가 천성연간에 일을 준공했기에 말이 각기 다른 것이 아닌가 싶다. 행(杏)은 '도행(桃杏)'의 행이 아니라, 바로 '문행(文杏)'의 행인데, 속칭 은행(銀杏)이라는 것으로 압각수이다. 우리나라도 성묘(聖廟) 뒤 명륜당(明倫堂) 앞뜰에 빙 둘러 문행을 심어 놓고 행단이라 일컫는다.

《家語(가어)》에 다음과 같이 말했다.

"공자가 노나라 동문(東門)을 나가 옛 행단을 지나면서 '이것은 장문중(臧文仲)이 맹세하던 단(壇)이다'하고는, 물건을 보고서 사람이 생각나자, 거문고를 타라 하고 노래를 했다."

또《장자》에 다음과 같이 말했다.

"공자가 행단에서 노닐 때 제자들은 글을 읽고 부자는 거문고를 타서 가곡을 연주했다."

"공자가 치유의 숲에서 노닐고 행단에서 휴식하면서 글을 읽고 거문고를 탔다."

이규경은 〈행단변증설〉에서 우선 행단의 위치에 대해 언급하고 있다. 이규경의 행단에 관한 관심은 변증설에서 언급하고 있듯이 아마도 좌소산인(左蘇山人) 서유본(徐有本, 1762~1822)의 집에서 본 '행단' 탁본이었을 것이다. 서유본은 서호수(徐浩修, 1736~1799)의 맏아들이자 서유구의 친형이지만 숙부 서철수(徐澈修)의 양자였다. 이규경은 서울 마포(麻浦)의 강루(江樓)에 살 때 서유본에게 책을 빌려 보았다. 이규경의 〈행단변증설〉은 주로 현재 공부의 행단에 관한 내용이지만 행단의 '행'을 '도행' 즉 '복사나무'와 '살구나무'의 '행'이 아니라 '문행'의 '행', 즉 은행나무의 '행'으로 이해했다.

이규경에게서 보듯 조선 후기 실학자조차도 중국 행단의 '행'을 은행나무로 이해하고 있었지만 이유원(李裕元, 1814~1888)의 〈杏壇圖辨(행단도변), 행단도에 대한 논변〉은 중국 행단의 '행'을 살구나무로 해석했다.

> 행단의 '행(杏)'을 세인들은 압각수라고 한다. 내가 일찍이 문회서원(文會書院)에서 중국의 행단도를 보았는데, 바로 '감행(甘杏)'이었다. 공자가 여러 제자를 거느리고 나무 아래에서 강학하는데, 꽃이 선명하고 예쁘게 피었고, 수백 그루나 되어 강단도 그에 따라서 넓었으므로 과연 장관이었다. 뒤에 문정공(文定公) 손가감(孫嘉淦)의 《南遊記(남유기)》를 보니, "곡부(曲阜)에 들어가 행단에 오르니 붉은 꽃이 한창 피었다."라고 했다. 이것을 가지고 본다면 '감행'이라는 것은 의심할 여지가 없다. 그런데 우리나라 반궁(泮宮 : 성균관)에 심어 놓은 것은 은행나무이니, 어째서인가.

이유원이 행단의 나무를 살구나무로 판단한 근거는 청나라 산서성(山西省) 분주부(汾州府) 흥현(興縣) 출신 손가감(孫嘉淦,

1683~1753)의 《남유기》이다. 《남유기》는 저자가 직접 현장을 보았던 여행기이기 때문에 곡부 행단 나무에 관한 언급은 믿을 만하다. 아울러 이유원이 살구나무를 '감행'으로 표현한 것은 조선 시대는 물론 현재도 찾아볼 수 없을 만큼 아주 드문 사례다. '감행'의 '감'은 살구나무의 열매가 익으면 단맛을 내기 때문에 붙인 것이다.

행단의 나무 종류와 관련해서 정선(鄭歚, 1676~1759)의 《杏壇鼓瑟圖(행단고슬도)》는 정선이 '행단'을 어떻게 해석했는지를 보여 준다. 작품에 등장하는 큰 나무는 무슨 나무인지 정확하게 알 수 없지만 나무의 모습으로 보면 살구나무일 가능성은 아주 낮고, 은행나무일 가능성이 아주 높다. 이런 점으로 보면 정선도 행단의 '행'을 은행나무로 이해했다고 볼 수 있다. 그림 속에는 스승과 제자가 등장하지만 스승은 악기를 연주하지 않고 팔장을 끼고 제자의 음악을 듣고 있다. 이는 공자가 악기를 연주하고 있는 《장자》의 기록과 반대다. 정선이 '행단'을 스승이 제자의 음악 연주를 듣는 것으로 해석한 이유는 공자가 제자의 음악을 듣는 《논어》의 내용을 참고했기 때문일 것이다.

정선이 《행단고슬도》에서 '행'을 살구나무 대신 은행나무로 묘사한 것과 유사한 사례를 그의 《夫子廟老檜圖(부자묘노회)》에서도 확인할 수 있다. 이 작품은 공자의 사당이 있는 중국 곡부 공부(孔府) 대성전(大成殿) 앞의 향나무를 묘사한 것이다. 그러나 정선은 중국에서 향나무를 의미하는 '회(檜)'를 '노회(老檜)'로 표현함과 동시에 전나무로 묘사했다. 조선 시대에 향나무 '회'를 전나무로 이해한 것도 문화변용 사례이다. 전나무의 한자는 종(樅)이다.

인류의 미래 은행나무

1777년 북경을 다녀온 이압(李押)의 연행록《聞見雜記上(문견잡기상)》에도 대성전의 '회'나무를 소개하고 있다.

이곳의 '회'는 공자가 직접 심었다. 그런데 홍치(弘治) 12년(1499)에 문(門)과 전(殿)이 화재를 당할 때 회나무도 가지와 잎이 타고 떨어져서 한 줄기만이 외롭게 남아 있다. 그런데 지금 또 수백 년이 되었지만 마르지도 않고 피어나지도 않은 채 단단하기가 쇠 같으므로 세속에서 '철수(鐵樹)'라고 불렀다.

조선 시대에 행단을 살구나무로 심은 사례는 한 곳도 찾아볼 수 없다. 다만 강원도 강릉 오죽헌에는 아직 나이는 어리지만 몇 그루의 살구나무를 발견할 수 있다. 오죽헌의 살구나무는 율곡 이이를 모신 문성사(文成祠) 왼쪽, 자경문(自警門) 앞과 왼쪽 안내문 근처 등에 있다. 오죽헌의 살구나무를 살구나무의 행단으로 해석할 수 있을지에 대해서는 연구가 필요하지만. 다른 성리학 공간에서 쉽게 찾아볼 수 없다는 점에 주목할 필요가 있다.

⑵ 은행나무 행단의 사례

조선의 성리학자들은 이유원을 제외하면 중국의 행단을 살구나무가 아닌 은행나무로 이해했다. 그 이유는 살구나무 행단의 살구나무를 직접 보지 못한 탓에 송나라 이후 본격 사용한 은행나무의 '행'을 행단의 나무로 오해했기 때문일 것이다. 이유원의 〈행단도변〉은 그 증거

중 하나이다. 만약 송나라 때 은행을 본격적으로 사용하지 않았다면 조선의 성리학자들도 행단을 살구나무로 이해했을 가능성이 높다. 왜냐하면 은행나무의 용어가 등장하기 전까지 '행'은 살구나무만 뜻했기 때문이다.

조선 시대에는 중국의 행단을 은행나무로 이해했을 뿐 아니라 조선의 성리학 관련 공간의 은행나무를 '행단'이라 불렀다. 은행나무가 행단인 현장은 중국의 행단과 조선의 행단을 문화사적으로 이해하는 데 아주 중요하다. 왜냐하면 행단의 사례를 통해 조선의 다른 성리학 공간의 은행나무도 행단으로 이해할 수 있기 때문이다.

은행나무를 행단으로 사용한 대표적인 사례는 경북 경주시 안강읍에 있는 옥산서원(玉山書院)이다. 옥산서원은 조선 시대의 세계유산에 등재된 9개 서원 중 하나이다. 세계유산에 등재된 9개 서원 중 은행나무 행단이 있는 곳은 옥산서원을 비롯하여 경북 영주의 소수서원, 대구 달성군의 도동서원, 전북 정읍의 무성서원, 전남 장성의 필암서원 등 총 다섯 곳이고, 경북 안동의 도산서원과 병산서원, 경남 함양의 남계서원, 충남 논산의 돈암서원 등은 은행나무 행단이 없다.

옥산서원의 은행나무를 행단으로 기록한 것은 1757년~1765년에 편찬한 읍지 《輿地圖書(여지도서)》의 "세심대(洗心臺)는 옥산서원 행단 아래에 있다."라는 기록과 권뢰(權土+耒, 1800~1873)의 《龍耳窩集(용이와집)》 〈東征日記(동정일기)〉의 "비각 옆에 행단이 있고, 행단 아래 반석이 있으며, 세심대라는 석 자를 새겼다."는 기록이다.

세심대는 퇴계의 후손 이가순(李家淳, 1768~1844)이 옥산서원을

옥산서원

방문한 후 이언적이 명명한 지점을 중심으로 설정한 옥산구곡(玉山九
曲) 중 제3곡이다. 세심대는 옥산서원 역락문(亦樂門) 앞 너럭바위의
작은 바위이고, 퇴계 이황의 글씨이다.

三曲心臺月一船(삼곡심대월일선) 삼곡이라 세심대는 달을 실은 배 한 척

眞傳精一自千年(진전정일자천년) 진실로 정성스럽게 전한 지가 천 년이네

體仁會得先天學(체인회득선천학) 인을 체득해 선천학(역학)을 알았으니

風月無邊更可憐(풍월무변갱가련) 무변루의 바람과 달 더욱 어여쁘네

성리학과 은행나무

이언적(李彦迪)의 학덕을 기리기 위해 건립된 옥산서원은 사액서원이자, 유네스코 세계 문화유산에 등재되었다. 그리고 옥산서원은 우리나라 서원 중 성리학의 상징나무인 은행나무, 콩과 갈잎큰키나무 회화나무[*Styphnolobium japonicum* (L.) Schott], 향나무(*Juniperus chinensis* L.)만이 아니라 옥산구곡(玉山九曲)까지 갖춘 유일의 서원이다. 아울러 옥산서원에는 조선 시대 최고의 서예가들의 편액 글씨를 보유하고 있다. 즉 1574년 받은 강당의 편액은 아계(鵝溪) 이산해(李山海, 1539~1609)의 글씨이다. 그러나 이산해의 편액은 1839년 화재로 추사(秋史) 김정희(金正喜, 1786~1856)의 편액 글씨로 바뀌었다. 그래서 현재 강당 전면의 옥산서원 편액은 김정희의 글씨이고, 강당 안쪽의 또 다른 옥산서원 편액은 후대에 다시 쓴 이산해의 글씨이다. 옥산서원의 강당 외에 '무변루(無邊樓)', '구인당(求仁堂)', '암수재(闇修齋)' 등은 석봉(石峯) 한호(韓濩, 1543~1605), 즉 한석봉의 글씨다. 또한 옥산서원의 사당 체인묘(體仁廟) 정문 오른편에 있는 '문원공회재이언적신도비(文元公晦齋李彦迪神道碑)'의 비문은 고봉(高峯) 기대승(1527~1572)이 짓고, 글씨는 이산해가 썼다. 그러나 이언적의 묘소는 신도비 뒷산이 아니라 경북 포항에 있다. 게다가 이언적이 만년에 머물렀던 옥산서원과 인접한 독락당은 구곡의 하나이기도 하면서 경주 양동과 더불어 세계유산에 등재된 곳이다.

특히 독락당 옆 종택의 콩과 갈잎큰키나무 조각자나무(*Gleditsia sinensis* Lam.)는 천연기념물이다.

우리나라에서 이언적처럼 한 인물과 관련한 곳이 다양한 문화재

옥산서원 은행나무

를 보유한 곳은 없다. 특히 이언적은 탄생과 죽음에 이르기까지 모두 세계유산에 등재된 우리나라 유일의 인물이다. 즉 이언적이 외가에서 태어난 경주 양동마을은 독락당과 함께 옥산서원보다 먼저 세계유산에 등재되었다. 이언적과 유사한 사례가 서애(西厓) 류성룡(柳成龍, 1542~1607)이다. 그는 외가인 경북 의성에서 태어났다. 그가 태어난 사촌은 '의성 사촌리 가로숲' 천연기념물이 있다. 그가 만년에 《懲毖錄 (징비록)》을 쓴 하회마을과 그를 모신 병산서원은 세계유산이다. 아울러 '하회별신굿탈놀이'는 유네스코 인류무형문화유산으로 등재되었으며, '안동 하회마을 만송정 숲(소나무 숲)'은 천연기념물이다.

옥산서원 은행나무 행단은 세심대 바로 위쪽 언덕 '문원공회재이언적신도비'로 들어가는 아주 작은 '세심문(洗心門)' 앞에 있다. 그러나 아직 옥산서원 은행나무 행단에 관한 정확한 정보는 없다. 옥산서원 은행나무는 보호수로 지정되지도 않았다. 직접 측정한 이곳 은행나무 둘레는 5.5m이며, 용문사 은행나무 나이 계산법을 적용하면 500살 정도이다. 이곳 은행나무의 나이는 1572년 옥산서원 설립보다 빠르지만 대체로 서원 설립 때 심은 것으로 추정할 수 있을 것이다. 현재 행단 은행나무는 한 쪽 줄기에 큰 상처를 입어 수술을 받았다. 게다가 옥산서원 무변루(無邊樓) 쪽의 큰 가지 두 개가 잘려 버렸다.

옥산서원 행단과 아주 가까운 거리에 있는 독락당 옆 여강이씨 종택 안에도 두 그루의 은행나무가 있다. 종택의 은행나무는 출입이 불가능해서 자세하게 살필 수 없지만 두 그루는 암수딴그루의 의미로 심었을 것이다. 그런데 한 그루는 담장 밖 나뭇가지 아래 지난해 열매가

옥산서원 종택 은행나무

있는 것으로 보아 암그루지만 다른 한 그루는 가지에 열매도 보이지 않고 나무 아래 지난해 열매도 보이지 않았다. 옥산서원은 행단 외에 '송단(松壇)'을 갖춘 곳이다. '송단'은 이가순의 옥산구곡 중 제1곡이다. 중국 남송 주희의 푸젠성(福建省) 무이산(武夷山)의 무이구곡(武夷九曲)에서 유래한 조선의 구곡문화 중 '송단'을 설정한 사례는 옥산구곡이 유일하다. 옥산서원의 송단은 서울 창덕궁 규장각 송단처럼 선비를 상징하는 소나무를 기린 것이다. 옥산서원은 송단과 더불어 소나무 마을 숲을 가진 곳이기도 하다.

행단의 또 다른 사례는 단성(丹城)의 문산(文山)이다. 단성은 지금의 경남 산청군(山淸郡)에 속한다. 단성 문산의 행단 사례는 정재규(鄭

載圭, 1843~1911)의 《老柏軒先生文集(노백헌선생문집)》〈文山杏壇記(문산행단기)〉에서 확인할 수 있다.

단성의 문산 마을 입구에 행단이 있었다. 행단에는 '행'이 있었는데, 높이는 백심(百尋 : 1심은 8자)이며, 크기는 여러 둘레이며, 5무(畝)를 덮을 수 있다. 길을 가다가 더위에 지친 사람은 행으로써 기운을 차릴 수 있으며, 땅을 빌려 일하다 지친 사람은 쉴 수 있으며, 문인 중 마음을 화창하게 하는 자는 시를 읊는다. 눈썹이 짙고 머리카락이 희어 몸이 피곤해서 쉬는 자에게는 지팡이와 신이다. 나무의 이익과 혜택은 사람에게 미치는 것이 넓다. 만약 도에 뜻을 두고 학업에 힘쓰는 선비는 함께 이곳에 노닐면서 강학할 만하다.

내가 일찍이 그 아래를 지나다가 잠시 쉬었다가 갔는데, 당시에는 누가 거처한 곳인지 알지 못했다. 훗날 다시 지나가다가 권씨가 머물렀다는 것을 알았다. 권씨의 선조인 권사오(權思五)가 처음 이곳에 살면서 '문행(文杏)'을 심었으며, 스스로 '문산주인(文山主人)'이라 불렀다.

권사오가 심은 '행'은 '문행'이라 했으니, 살구나무가 아니라 은행나무이다. 이곳을 직접 찾았던 정재규는 이곳을 '행단'이라 불렀다. 실제 이곳 행단에서는 권사오의 후손들이 강학한 곳이기도 했지만 권사오를 비롯한 인물의 정보는 확인할 수 없다. 문산의 행단 은행나무는 정재규의 표현대로라면 800자이다. 800자는 240m이다. 그러나 은행나무의 높이가 240m일 수가 없다. 따라서 정재규가 언급한 은행나무의 높이는 상당히 높다는 문학적인 표현이다. 또한 정재규가 언급한 은행나무의 둘레 '5무'도 아주 무성하다는 의미의 문학적인 표현이다. 정재규의 문산 행단 은행나무에 관한 설명은 나무의 높이와 둘레가 대단했다는 것을 보여 준다.

충남 '아산맹씨행단(牙山孟氏杏壇)'은 현장의 은행나무를 '행단'으로 사용하고 있는 유일한 곳이다. '맹씨행단'은 은행나무이기도 하지만 맹사성(孟思誠, 1360~1438)의 고택이기도 하다. 이곳은 1330년 무민공(武愍公) 최영(崔瑩, 1316~1388)의 아버지 최원직(崔元直, ?~1331)이 지었다. 맹사성이 최영 집안의 고택에서 산 것은 최영이 손녀사위인 그에게 주었기 때문이다. 맹사성의 아버지 맹희도(孟希道)도 1388년 이성계의 위화도 회군 때 난을 피해 이곳에서 살았다. 이곳 세덕사(世德祠)에는 맹사성의 할아버지 맹유(孟裕)의 위패를 모시고 있다. 맹유는 최영과 친구였다.

맹씨행단의 은행나무는 두 그루라서 '쌍행수(雙杏樹)'라 부른다. 두 그루의 은행나무는 맹사성과 맹사성의 아버지가 심었다는 설이 있지만 1338년 맹사성이 심은 것으로 보고 있다. 맹씨행단의 두 그루 은행나무는 모두 암그루이다. 그중 한 그루는 높이 45m, 둘레 8.5m이며, 다른 한 그루는 높이 40m, 둘레 5.8m이다. 두 그루 중 45m는 우리나라에서 가장 큰 키로 평가하고 있는 용문사 은행나무의 38.8m보다 높다. 따라서 맹씨행단 은행나무의 높이는 다시 측정할 필요가 있을듯하다. 높이 45m 둘레 8.5m의 은행나무를 용문사 은행나무 나이 계산법을 적용하면, 약 773살이다. 이 나이는 맹사성이 심은 해보다 많고, 고택을 지은 최원직 이전에도 존재했다. 높이 40m 둘레 5.8m의 은행나

맹씨행단 은행나무

인류의 미래 은행나무

무를 용문사 은행나무 나이 계산법을 적용하면, 약 530살이다.

아산맹씨행단은 나무의 높이와 둘레 등을 감안하면 천연기념물로서의 가치를 충분히 갖추고 있지만 아직 보호수이다. 더욱이 맹씨행단은 은행나무의 생물학적인 가치 외에도 최영과 맹사성 등 인문학적인 가치도 적지 않다.

아산맹씨행단 옆의 구괴정(九槐亭)은 맹사성이 황희(黃喜, 1363~1452) 및 권진(權軫, 1357~1435)과 함께 각각 세 그루의 느티나무를 심은 데서 유래한다. 세 사람 모두 정승을 역임한 사람들이다. '구괴정'의 '괴'는 중국에서는 회화나무를 의미하지만 조선에서는 느티나무를 의미하기도 한다. 중국의 회화나무를 느티나무로 수용한 것도 문화변용 사례에 속한다. 세 사람의 정승이 각각 세 그루의 느티나무를 심은 이유는 중국 주나라에서 세 그루의 회화나무, 즉 '삼괴(三槐)'를 태사(太師), 태부(太傅), 태보(太保)의 '삼공(三公)'으로 불렀기 때문이다. 조선의 궁궐을 비롯한 교육기관이나 성리학자의 공간에 회화나무를 심은 것도 중국에서 유래했다. 게다가 주나라 때는 선비의 무덤에 회화나무를 심었기 때문에 조선의 양반도 회화나무 혹은 느티나무를 즐겨 심었다. 그러나 구괴정에는 당시 심은 느티나무는 없다. 다만 꽤 나이가 많은 한 그루가 있고, 나머지 느티나무는 아직 나이가 어리다.

2. 조선의 국공립학교와 은행나무

⑴ 서울 성균관 은행나무

서울 종로구에 있는 조선 시대 국립대학인 성균관의 은행나무는 대성전(大成殿)과 명륜당(明倫堂) 앞에 각각 두 그루씩 있다. 현재 천연기념물인 은행나무는 명륜당 앞 두 그루 은행나무 중 왼쪽(명륜당 기준)의 은행나무이다. 1962년 성균관의 은행나무를 천연기념물로 지정하면서 붙인 이름은 '서울 문묘 은행나무'이다. 그러나 '문묘(文廟)'는 중앙의 공자를 중심으로 좌우에 중국과 우리나라의 명현 위패를 봉안한 대성전을 의미한다.

공자의 사당을 '문묘'라 부르는 이유는 당나라 현종(玄宗)이 개화(開化) 27년(736)에 '문선왕(文宣王)'이라 추증했기 때문이다. '문묘'는

'문선왕묘'의 줄임이다. 당나라 현종이 왕위에 올랐던 적이 없는 공자를 왕으로 추증한 것은 그동안 왕과 같은 평가를 받고 있었기 때문이다. 후한(後漢) 왕충(王充, 27~104)의 《論衡(논형)》〈超奇篇(초기편)〉에서 "공자는 왕을 하지 않았으니, 소왕(素王)의 업은 《春秋(춘추)》에 있다."라고 했다. '소왕'은 '왕관이 없는 왕'이라는 뜻이다. 오경(五經) 중 하나인 《춘추》는 공자의 고국인 노나라의 편년체 역사책이다. 성균관은 제사 공간인 사당인 '묘'를 앞에 두고, 강학 공간인 '학'을 뒤에 둔, 이른바 '전묘후학(前廟後學)'의 구조이다.

명륜당 앞에 두 그루 은행나무를 심은 이유는 이곳이 공자의 사상을 가르치는 강학 공간이기 때문이다. 따라서 현재 '서울 문묘 은행나무'는 '서울 성균관 명륜당 은행나무'로 표기하는 것이 옳을 것이다. 성균관 명륜당 앞의 동쪽 은행나무는 조선 시대 국공립학교 중 유일한 천연기념물이다. 아울러 두 그루 은행나무는 조선 시대 학교를 비롯한 성리학 공간에서 은행나무를 심는 기준이었다. 성균관의 은행나무는 조선 시대 다른 성리학 공간의 은행나무와 달리 심은 주인공과 시기를 대략 알 수 있는 기록이 남아 있는 거의 유일한 나무이다.

1782년 편찬한 《國朝寶鑑(국조보감)》에 따르면, 1519년 윤탁(尹倬, 1472~1534)이 두 그루를 마주 보게 심었다. 윤탁은 대학(大學) 뜰 가운데 문행(文杏 : 은행나무) 두 그루를 심고 배우는 자들을 경계하기를, "뿌리가 깊으면 가지와 잎이 반드시 무성하게 된다."고 했다. 이는 은행나무의 생장과 함께 학생들도 나무처럼 크게 성장하라는 뜻이었다.

당시 윤탁은 동지성균관사(同知成均館事)였다. 윤탁이 은행나무를 마주나게 두 그루를 심은 이유는 분명 은행나무가 암수딴그루였기 때문일 것이다. 윤탁이 은행나무를 암수딴그루로 심은 단서는 이유원의 《임하필기》 〈太學銀杏樹不實(태학은행수부실), 태학의 은행나무는 열매를 맺지 않는다〉에서 찾을 수 있다.

옛날 사람들이 행단의 제도를 모방하여 문묘 앞에 두 그루의 은행나무를 마주하여 심었는데, 그 열매가 땅에 떨어지면 냄새가 나서 가까이 갈 수가 없었다. 그래서 어떤 반관(泮官 : 성균관 관원)이 나무에 제사를 지냈는데 그 후로 다시는 나무에 열매가 맺히지 않았다. 그래서 세상 사람들이 이를 이상한 일이라고 했다.

인류의 미래 은행나무

이유원의 기록대로라면 성균관의 두 그루 은행나무는 각각 암그루와 수그루였고, 암그루에 열매가 맺었다. 그러나 관원이 제사를 지낸 후 암그루에서 은행이 열리지 않았다. 지금 성균관의 두 그루 은행나무에는 열매가 열리지 않는다. 그러나 이유원이 언급한 은행나무는 문묘 앞이지만 윤탁이 심은 은행나무는 '대학' 뜰 가운데이다. 윤기(尹愭, 1741~1826)의 《無名子集(무명자집)》〈泮中雜詠 二百二十首(반중잡영 220수)〉에서도 명륜당 앞 은행나무를 묘사했다.

碧松亭下明倫堂(벽송정하명륜당) 벽송정 아래 명륜당 앞에는
槐杏雙雙儼作行(괴행쌍쌍엄작행) 회화나무와 은행나무가 짝지어 가지런히 늘어섰네
黃金大字留華扁(황금대자류화편) 황금빛 큰 글자가 아름다운 편액에 남았으니
筆法森嚴仰紫陽(필법삼엄앙자양) 엄정한 필법 보며 자양부자(紫陽夫子 : 주희) 우러르네

윤기가 시에서 언급한 벽송정은 시의 주(注)에 따르면, 명륜당 뒤 언덕의 만 그루 소나무가 울창해서 붙인 이름이다. 윤기의 시에서 주목할 것 중 하나는 은행나무와 함께 회화나무를 언급한 점이다. 현재 명륜당 앞에는 한 그루 회화나무가 있지만 윤기가 언급한 당시의 회화나무인지는 불분명하다. 성균관의 은행나무, 즉 '문행'은 점필재(佔畢齋) 김종직(金宗直, 1431~1492)의 시에서 보듯 성균관의 다른 이름으로 사용했을 만큼 권위가 있었다.

〈和元參奉槩李生員承彦諸子韻(화원참봉개리생원승언제자운), 참봉 원개와
생원 이승언 등 제자의 운에 화답하다〉

蠹簡已窮文杏館(두간이궁문행관) 성균관에서 옛 글들을 이미 다 연구했으니
仙娥應剪綠雲衣(선아응전록운의) 선아가 응당 녹운의를 만들어 놓았으리
平生堯舜君民志(평생요순군민지) 평생의 뜻이 요순 임금 백성 만드는 건데
肯羨車輕馬亦肥(긍선차경마역비) 어찌 경쾌한 수레와 살찐 말을 부러워하리

　　성균관의 은행나무가 지금까지 살아남을 수 있었던 이유는 다른 사
람들이 쉽게 들어갈 수 없는 국가의 교육기관이었기 때문이다. 게다가
성균관의 은행나무에 남아 있는 '유주'도 당시 백성이 접근할 수 없는
공간에 살았기 때문이다.

　　명륜당 동쪽(명륜당 기준) 은행나무 천연기념물의 나이는 윤탁이
심은 1519년을 기준으로 계산하면 현재 505살이다. 명륜당 천연기념
물 은행나무는 높이 21m, 둘레 7.3m이다. 명륜당 천연기념물 은행나
무의 나이를 용문사 나이 계산법에 적용하면 664살 정도이다. 성균
관 천연기념물 지정 당시의 나이와 용문사 은행나무 나이 계산법과는
160년 정도 차이가 있다.

　　만약 성균관의 은행나무를 성균관을 완성한 1398년에 심었다고 가
정하면 현재 626살이다. 다만 윤탁이 은행나무의 씨앗을 심지 않고 묘
목을 심었을 가능성도 없지 않다. 한편 명륜당 천연기념물 은행나무
옆의 또 다른 은행나무의 가슴높이는 4.2m 정도이고, 용문사 은행나

무 나이 계산법을 적용하면 381년 정도이다. 두 그루 은행나무의 나이
는 283년 차이가 난다. 따라서 현재 명륜당 두 그루 은행나무는 같은
날 심은 것이 아니라 각각 다른 시기에 심은 것이다. 그러나 두 그루의
은행나무의 나이에 차이가 난다고 해서 명륜당 은행나무를 윤탁이 심
지 않았다는 것을 증명하는 것은 아니다. 왜냐하면 윤탁이 두 그루의
은행나무를 심은 후 죽어서 다시 심었을 가능성이 있기 때문이다. 이

러한 가정은 기록이 없어 증명할 수 없지만 그간의 수없이 많은 변화를 고려하면 충분히 가능한 것이다.

명륜당 은행나무의 나이를 예측할 수 있는 또 하나의 자료는 이덕무의 시이다. 이덕무는 시의 제목에서 보듯 은행나무를 사용한 대표적인 실학자였다. 그의 시에서 언급한 은행나무는 대구시 달성군의 하목정(霞鶩亭, 보물 제2053호)에 사는 것이었다. 이덕무처럼 조선의 성리학자 중 특정 지역의 은행나무를 시로 남긴 사례는 아주 드물다. 이덕무의 시 〈老銀杏歌(노은행가), 나이든 은행나무를 노래함〉은 조선시대 은행나무를 이해하는 데 아주 귀한 자료이다.

祖兒孫老猶一科(조아손로유일과) 할아버지 아들 손자 세대 늘도 줄도 않는다오

文宣廟前杏亦古(문선묘전행역고) 공자 사당 앞 은행나무도 묵었지만

比之於此年未過(비지어차년미과) 연륜이 이보다 더하지는 못할걸

新秋又有奇絶處(신추우유기절처) 더구나 가을철엔 신기한 구경거리

終見天年影婆娑(종견천년영파사) 마침내 아무 탈 없이 제 명대로 살지 않나

我性本是好奇物(아성본시호기물) 나는 본래 성품이 기물을 좋아하지만

淸詞愧非如懸河(청사괴비여현하) 시가 폭포수와 같지 못해 부끄럽소

이덕무는 역참을 관리하는 경남 함양의 찰방(察訪 : 종6품) 시절 대구부사(大邱府使)를 찾아가는 길에 하목정의 은행나무를 보았다. 이덕무가 언급한 하목정의 은행나무는 언제 죽었는지 모르지만 현재 존재하지 않는다. 이덕무가 당시 보았던 은행나무의 나이는 정확하게 알

수 없지만 그가 시에서 언급한 은행나무에 관한 표현으로 보면 상당히 나이가 많았던 것으로 보인다. 특히 이덕무가 하목정의 은행나무를 '문성왕 사당', 즉 서울 성균관의 대성전 공자 사당 앞의 은행나무에 비해 나이가 많다고 한 지적은 하목정 은행나무의 나이를 이해하는 데 중요한 정보다.

명륜당 두 그루 은행나무의 특징 중 하나는 죽은 원줄기 주변에서 새로운 줄기가 탄생한 것이다. 이러한 특징은 나무의 일반적인 특징이라서 전혀 새로운 것은 아니지만 이곳 은행나무의 치열한 삶을 보여주는 것이다.

아울러 이러한 특징은 나무가 아픔을 딛고 극복하는 삶의 지혜이다. 나무를 비롯한 모든 생명체는 스스로 상처를 치료하는 능력이 있다. 나무는 생명체 중에서도 자가 치유 능력이 아주 뛰어나서 다른 생명체보다 오래 살 수 있다.

현재 성균관 대성전 앞에도 두 그루 은행나무가 있다. 대성전 앞 은행나무에 대해서는 월사(月沙) 이정구(李廷龜, 1564~1635)의《月沙集(월사집)》에서 확인할 수 있다.

〈次正使恭謁聖廟韻(차정사공알성묘운), 정사의 삼가 성묘에 배알하다 시에 차운하다〉

杏壇濃綠匝庭梧(행단농록잡정오) 행단은 짙푸르고 뜰엔 오동이 둘러섰으니
聖廟元同大國模(성묘원동대국모) 성묘는 원래 대국의 것과 모습이 같아라

一域絃歌當盛際(일역현가당성제) 온 나라 현가 소리 성대(盛代)를 만났으니

百年涵養幾眞儒(백년함양기진유) 백 년토록 기른 인재 진유가 그 몇이런고

斯文未墜天將鐸(사문미추천장탁) 유학이 멸망하지 않아 하늘이 목탁으로 삼으려 했고

吾道其衰海欲桴(오도기쇠해욕부) 오도가 쇠미하자 바다에 뗏목을 띄우려 하셨느니

何幸兩仙留綺語(하행량선류기어) 얼마나 다행인가 두 분 신선 아름다운 시 남기어

壁間輝映摠嘉謨(벽간휘영총가모) 벽에 빛나는 구절들이 모두 훌륭한 말씀이니

이정구가 성묘, 즉 대성전의 은행나무에 관한 시는 정확하게 언제 지었는지 알 수 없지만 아마도 그가 1601년 34세 때에 동지사의 서장관으로 명나라에 갈 즈음이거나 대제학에 오른 뒤 1604년 세자책봉주청사로 명나라에 갈 때 즈음일 것이다.

이는 윤탁에 성균관 명륜당 앞에 은행나무를 심은 지 80여 년 뒤의 일이다. 대성전의 은행나무에 대해서는 윤기의《무명자집》〈반중잡영 220수〉중에서 엿볼 수 있다.

聖殿殿庭東廡前(성전전정동무전) 대성전 뜨락의 동무 앞에는

屹然碑閣杏陰邊(흘연비각행음변) 은행나무 곁에 비각이 우뚝한데

龜頭鳳篆無刓缺(구두봉전무완결) 귀부와 두전이 모두 온전하고

絶妙月沙筆下篇(절묘월사필하편) 월사의 음기가 절묘하네

　　　　　　　　　　　　인류의 미래 은행나무

윤기의 시에 따르면 대성전 앞의 은행나무는 동무, 즉 왼쪽에 있었다. 시에서 언급한 묘정비각은 대성전 동무 끝자락 신삼문 근처에 있다. 현재 대성전 앞 두 그루 은행나무 중 동쪽의 은행나무는 윤기가 보았던 나무임에 분명하다. 대성전 앞 두 그루 은행나무는 현재 서울특별시 지정 기념물이며, 모두 수그루이다. 두 그루의 나이는 2014년 서울특별시 기념물 지정 당시 400~450살 혹은 450~500살로 추정했다.

성균관의 성리학 상징 나무 : 회화나무, 느티나무, 팥배나무

성균관에는 행단의 은행나무 외에도 성리학을 상징하는 나무가 적지 않다. 성균관의 나무는 모두 조선 시대 성리학자의 사상과 문화를 이해하는 데 아주 중요하다. 따라서 성균관의 나무들은 성균관의 건물과 더불어 반드시 보존해야 하고, 그 의미를 이해할 필요가 있다.

성균관 명륜당 마당에는 은행나무와 더불어 콩과 갈잎큰키나무 회화나무와 느릅나뭇과 갈잎큰키나무 느티나무[*Zelkova serrata* (Thunb.) Makino]가 살고 있다. 명륜당 마당에 회화나무와 느티나무가 동시에 있는 사례는 아주 드물다. 명륜당 마당의 회화나무와 느티나무는 나이가 많지 않다. 따라서 두 종류의 나무는 아마도 느티나무가 회화나무의 문화변용이라는 것을 이해하지 못한 채 심었을 것이다. 우리나라 성리학 공간에 회화나무 대신 느티나무를 상징 나무로 심은 사례, 즉 경북 영주의 소수서원과 순흥향교 및 경북 성주군 회연서원에서 찾아볼 수 있다.

명륜당 회화나무 줄기

명륜당 느티나무

인류의 미래 은행나무

명륜당 팥배나무 그루터기

성균관 명륜당 앞마당 은행나무 근처 담 쪽에는 장미과 갈잎떨기나무 팥배나무[*Aria alnifolia* (Siebold & Zucc.) Decne.]가 있었다. 그러나 2015년경 말라 죽어 현재는 그루터기만 남아 있다. 〈유교신문〉에 따르면, 이곳 팥배나무가 말라 죽은 이유는 대성전 방범 장치와 소화전을 설치하면서 나무 밑을 무분별하게 파헤쳤기 때문이었다. 성균관에 팥배나무를 심은 이유는 이 나무가 선정(善政)을 상징해서다. 팥배나무의 선정 사례는《詩經(시경)》〈召南(소남)〉〈甘棠(감당)〉에서 유래했다. 이는 주나라 소공(召公) 석(奭)이 여러 지역을 순행하면서 선정한 사실에 감격한 백성들이 감당나무를 소중히 여겼다는 고사이다.

蔽芾甘棠(폐불감당) 작고 무성한 자작잎배나무

勿翦勿伐(물전물벌) 자르지도 말고 베지도 말라

召伯所茇(소백소발) 소백의 초막이니라

蔽芾甘棠(폐비감당) 작고 무성한 자작잎배나무

勿翦勿敗(물전물패) 자르지 말고 해치지 마라

召伯所憩(소백소게) 소백께서 쉬시던 곳이었으니

蔽芾甘棠(폐비감당) 작고 무성한 자작잎배나무

勿翦勿拜(물전물배) 자르지 말고 뽑지 마라

召伯所說(소백소세) 소백께서 머물었던 곳이라네

《시경》은 주나라의 민요이다. 현존하는 《시경》은 공자가 305편으로 모은 것이다. 공자는 305편의 시경 내용을 한마디로 '마음에 간사한 생각이 없다'는 뜻의 '사무사(思無邪)'로 표현했다. 왜 《시경》을 읽으면 마음속에 사악한 생각이 나지 않을까? 사악한 생각은 어떤 사물을 직접 만나지 않고도 일어날 수 있지만 어떤 구체적인 대상을 접하면 제거할 수도 있다. 공자가 《시경》을 '사무사'로 해석한 이유도 《시경》 속에 사악한 생각이 일어나지 못하도록 하는 힘을 가지고 있기 때문이다. 당시 백성의 삶을 노래한 《시경》의 내용은 사악한 생각을 다스리는 힘이 있다. 특히 민요 속에 절대다수를 차지하는 식물과 동물은 사람의 마음을 움직이는 힘이 있다.

인류의 미래 은행나무

《시경》〈감당〉의 주인공 '소공(召公)'은 희석(姬奭)이다. '희석'은 주나라의 성이 '희'이고, 이름이 '석'이라는 뜻이다. 그런데도 통상 소공이라 부르는 이유는 주나라 봉건제도 때문이다. 즉 주나라는 상(은)나라 말 장자 상속제를 계승하여 왕위뿐만 아니라 각 가정의 상속을 장자(長子) 중심으로 바꾸었다. 그래서 주나라 천자의 아들 중 큰아들이 최고 권력의 자리를 계승하고, 나머지 자식은 각 지역에 땅을 주어 다스리게 했다. 천자의 자리에 오르지 못한 자식은 '제후'이다. 제후는 자신의 자식들에게 천자와 똑같은 방식으로 자식에게 땅을 나누어 주고 그 지역을 다스리게 했다. 제후의 자식은 '사'이다. 그러나 사는 자식에게 땅을 나눠 주지 못한다. 사의 자식은 평민이다.

소공은 '소 땅의 공'이라는 뜻이다. '소'는 주나라가 똬리를 튼 지금의 섬서성(陝西省) 기산(歧山)에 땅을 받아서 붙인 이름이고, '공'은 제후 중 가장 높은 '공작(公爵)'이라는 뜻이다. 아울러 소공은 무왕(武王)을 도와 상(商)나라를 멸망시키고 주나라를 건국하는 데 큰 공을 세워 연(燕 : 지금의 허베이 북부, 북경 지역) 땅을 받았다. 그래서 소공은 전국시대(戰國時代) 칠웅(七雄) 중 하나였던 연(燕)나라의 시조이다.

소공은 주나라 문왕(文王)의 아들 주공(周公)과 함께 각각 주나라를 동서로 나누어 다스렸다. 주공은 낙읍(洛邑 : 지금의 하남성 낙양)에 머물면서 동쪽 지역을, 소공은 서쪽 지역을 다스렸다. '감당'의 고사는 이때 탄생했다. 그는 감당 아래에서 백성의 송사를 듣고 공정하게 해결했다. 그래서 생긴 고사가 감당지애(甘棠之愛), 감당유애(甘棠遺愛) 등이다.

성균관의 팥배나무는 유생들이 관직에 나아가서 선정을 베풀길 바라는 뜻에서 심은 것이지만 성균관의 관리 소홀로 나무와 함께 정신도 사라지고 말았다. 그러나 더 심각한 것은 죽은 나무 이후 다시 관련 나무를 심지 않았다는 사실이다. 무지의 소산으로 나무가 사라진 것은 어쩔 수 없다지만 감당의 의미를 안다면 다시 심어야 한다. 더욱이 다시 나무를 심고 그 의미를 방문객들에게 교육해야만 성균관의 가치도 유지할 수 있다.

　선정과 관련한 '감당'의 나무 종류는 논란이 있다. 그간 '감당'은 팥배나무로 해석했다. 그러나 최근에는 팥배나무가 아니라 장미과 갈잎떨기나무 콩배나무[*Pyrus calleryana* Decne. var. *fauriei* (C.K. Schneid.) Rehder] 혹은 장미과 갈잎떨기나무 자작잎배나무(*Pyrus betulifolia* Bunge)로 해석하기도 한다. '감당'을 팥배나무로 해석한 것은 오역일 수도 있지만 '행(杏)'을 은행나무로 수용한 것처럼 수목문화(樹木文化)의 문화변용에 해당할 수도 있다. 앞으로 '감당'도 연구자들의 논쟁을 거치면 점차 바른 해석으로 정착될 수 있을 것이다.

　성균관의 중심은 정전(正殿)인 대성전이다. 대성전의 '대성'은 공자가 쇠퇴한 주나라의 문물을 '집대성'한 공적의 칭송이다. 대성전 앞마당에는 여러 종류의 나무가 있다. 그중에서도 두 그루의 측백나뭇과 늘푸른큰키나무 측백나무[*Platycladus orientalis* (L.) Franco]가 대성전 입구에 자리 잡고 있다. 대성전 앞 측백나무는 공자와 현인을 상징하는 나무다. 문제는 왜 측백나무를 심었는가이다. 중국의 경우 공자의 무덤과 맹자의 사당에서 측백나무를 만날 수 있다. 그러나 공자를

악록서원 대성전과 향나무

성균관 대성전 앞 측백나무

모신 산둥성 공부 대성전 앞에는 향나무가 살고 있다. 중국의 예에 따르면 문묘 대성전 앞에 측백나무보다는 향나무가 어울린다. 송나라 때 세운 후난성 악록서원(嶽麓書院) 대성전 앞의 나무도 공부 대성전의 예에 따라 향나무이다. 아마도 향나무(*Juniperus chinensis* L.)도 측백나뭇과 늘푸른큰키나무이니 큰 고민 없이 심었을 가능성도 있다. 아니면 향나무를 구하기 어려워서 유사한 측백나무를 심었을 수도 있다. 다만 중국의 경우 송나라 3대 서원 중 하나인 하남성 숭산 남쪽의 숭양서원 입구에 좌우에 각각 한 그루씩 심은 측백나무를 만날 수 있다. 대성전 앞의 측백나무가 숭양서원의 사례를 보고 심었다고는 볼 수 없다. 왜냐하면 이곳 측백나무는 대성전 앞 측백나무보다 어리기 때문이다. 두 그루를 심은 이유는 알 수 없지만 음양의 조화를 위해서일 수도 있다. 악록서원 대성전 앞에는 향나무를 좌우에 각각 한 그루씩 심고, 아래에 가로수처럼 심었다.

성균관 성리학 상징나무 : 주목(朱木)

성균관 서쪽 재학당(載學堂)의 주목과 늘푸른큰키나무 주목(*Taxus cuspidata* Siebold & Zucc.)도 성균관의 나무 중 주목할 나무이지만 큰 관심을 끌지 못하고 있다. '재학'은 '배움을 도와준다'는 뜻이다. 이곳에 거처하는 남자들은 성균관의 궂은일을 담당한다. 사실 이런 사람들이 아니면 성균관은 제대로 운영할 수 없다. 이곳 주목은 나이가 많아서 성균관의 많은 얘기를 가슴 깊이 품고 있다.

재학당 주목의 붉은 줄기는 이 나무의 이름이 왜 생겼는지를 증명하고 있다. 주목의 경우 아주 어릴 때는 붉은 줄기가 아니다. 주목은 점차 자라면서 붉은 줄기를 볼 수 있다. 주목은 마치 어린 이팝나무처럼 줄기의 껍질이 벗겨지면서 붉은 속을 드러낸다. 붉은색은 악한 기운을 물리치는 벽사와 변치 않는 단심의 인문학적 기능이 있다. 주목의 열매는 익으면 줄기보다 붉다. 앙증맞은 붉은 열매는 구멍을 통해 씨앗까지 볼 수 있다. 사람의 눈이 씨앗과 마주치면 씨앗은 부끄러워 눈을 감는다. 그러면 괜히 미안해서 떠나야 한다.

　　현재 경북 영주 소수서원처럼 문화재 공간에서도 흔하게 주목을 만날 수 있지만 재학당처럼 나이 많은 주목을 만나기란 쉽지 않다. 따라서 재학당의 주목은 아주 귀한 존재이다. 그러나 이곳 주목은 재학당 건물 방향으로 상당히 기울어 있어 삶이 무척 고단하다. 게다가 속은 거의 비어 있고, 옆에는 목이 잘린 줄기가 기울어진 살아 있는 주목을 받치고 있는 듯하다. 나이 들면 삶이 힘들다지만 이곳 주목의 몸 상태는 보는 것조차 힘겹다. 그런데 주목의 줄기를 보니 한쪽 줄기는 붉은데 다른 한쪽은 붉지 않다. 붉지 않은 줄기는 아마도 죽은 상태일 것이다. 붉은 줄기를 보니 아주 촘촘한 세로줄이 선명하다. 게다가 줄기는 마치 서어나무처럼 근육질이다. 이곳 주목은 가지와 잎도 많지 않아 영양분을 얻는 데도 불리하다. 그러니 앞으로 얼마나 살지 걱정이 아닐 수 없다.

　　재학당 주련(柱聯) 중 아지화일(莪沚化溢)과 행단풍여(杏壇風餘)가 눈에 띈다. '아지화일'은 물가의 무성한 지칭개, 즉 선비의 교화가 넘친다는 뜻이고, '행단풍여'는 공자의 가르침이 남아 있다는 의미다. 지칭개[*Hemisteptia lyrata* (Bunge) Fisch. & C.A.Mey.]는 국화과 해넘이 한해살이풀이다. 엉겅퀴와 닮았다. 지칭개는 한 포기만으로도 풍성해서 많은 선비를 뜻한다. 재학당 주련에서 행단을 만나니 무척 반갑다. 주련의 행단은 성균관이 곧 대성전에 모신 공자의 가르침을 배우는 곳임을 알려 주는 단어이다.

대성전 재학당 주목

주목 열매

인류의 미래 은행나무

⑵ 전북 전주향교 은행나무

전주시 완산구의 전주향교는 조선 시대 향교 중에서도 행단 은행나무를 가장 완벽하게 갖춘 곳이다. 조선의 향교는 이성계가 1392년 즉위하자마자 지배 이념을 교육하기 위해 부(府), 목(牧), 군(郡), 현(縣)에 각각 하나씩 건립하도록 했다. 그래서 지금도 각 군 단위마다 향교가 남아 있고, 향교가 있는 곳은 교동(校洞)이거나 강당인 명륜당을 따서 명륜동이다. 그러나 전주향교는 조선왕조 이전부터 존재했으며, 지금의 위치에 자리 잡기까지 우여곡절이 적지 않았다.

전주향교는 처음 현재 전주의 중심지인 한옥마을, 경기전, 전동성당 등이 위치한 풍남동에 있었다. 그러나 태조 이성계의 어전을 모신 어용전(御容殿), 즉 세종 24년(1442)에 고친 경기전(慶基殿)이 건립되면서 다른 곳으로 옮겼다. 당시 전주부(全州府) 성내에 있었던 전주향교는 세종 23년(1441) 성 서쪽 6리로 옮겼다. 세종 때 전주향교를 옮긴 이유에 대해서는 사가(四佳) 서거정(徐居正, 1420~1488)의 〈全州鄕校重新記(전주향교중신기)〉에 자세하다.

> 전주부의 학교는 예전에는 치소(治所) 안에 있었는데, 신유년(1441, 세종 23)에 태조의 영정을 경기전(慶基殿)에 봉안하니, 경기전과 너무 가까운 탓에 시서(詩書)를 외는 소리, 회초리를 치는 소리 등이 시끌벅적 끊임이 없어서 성령(聖靈)을 편안히 모실 수가 없었다. 이에 성곽 서쪽 6, 7리 되는 곳에 옮겨 지었다. 성전(聖殿)과 강당과 재사(齋舍)와 부엌이 차례대로 지어졌다. 다만 그 지역이 깊고 주변이 비어 있는 곳으로 전주 마을과는 멀리 떨어져 있어서, 도둑과 짐승

들의 피해에 관한 걱정이 없을 수 없었다. 그래서 담장을 두르고 자물쇠를 굳게 잠가 오직 단단히 지키는 데에 신경을 쓸 뿐이었다.

서거정이 전주향교의 기문을 지은 사실은 〈寄全州崔敎授(기전주최교수) 삼수(三首), 전주 최교수에게 부치다 3수〉 중 2번째 시에서도 확인할 수 있다.

鄕校一樓曾作記(향교일루증작기) 향교 한 누각엔 일찍이 기문을 지었고
甄都十詠又題詩(견도십영우제시) 견도 십영의 시도 내가 지었으니
爲報先生須和得(위보선생수화득) 선생께 알리노니 화답의 시를 꼭 짓게나
和來宜復報吾知(화래의부보오지) 화답하거든 마땅히 다시 내게 알려 주오

전주향교의 처음 모습과 성 밖으로 옮긴 뒤의 구체적인 모습은 알 수 없지만 성 밖으로 옮긴 전주향교의 만화루(萬化樓)에 대해서는 김종직의 시에서 어느 정도 짐작할 수 있다.

〈全州鄕校萬化樓次韻(전주향교만화루차운) 전주향교의 만화루에서 차운하다〉

庠序依俙闕里堂(상서의희궐리당) 학교는 공자의 궐리 학당과 비슷하고
藏修盡是楚材良(장수진시초재량) 유생들은 모두 초나라 인재 진량(陳良)이로다
鳶魚活活分天地(연어활활분천지) 솔개와 물고기는 활발하게 하늘과 땅을 나누었고

인류의 미래 은행나무

絃誦洋洋殷堵墻(현송양양은도장) 현가 소리는 양양하게 담 밖으로 퍼지누나

水瀲芳池襟抱淨(수렴방지금포정) 물이 아름다운 연못에 출렁이니 가슴속은
맑아지고

風搖文杏笑談涼(풍요문행소담량) 바람이 은행나무를 흔드니 담소는 시원하
여라

一年鼓舞吾無術(일년고무오무술) 일 년 동안 내 유생을 고무시킬 꾀 없으니

慚負樓前游夏行(참부루전유하항) 누 앞의 자유(子游)와 자하(子夏)처럼 어린
생도들에게 부끄럽구나

　　김종직의 시는 전주향교의 누와 은행나무를 이해하는 데 아주 중요
한 정보를 제공하는 귀한 사료이다. 우선 전주향교의 누 이름이 현재
의 이름처럼 '만화루'였다는 점을 알 수 있다. '만화'는 '모든 백성을 조
선의 지배 이념으로 교화한다'는 뜻이다. 만화루는 학교의 교육 이념이
무엇인지를 가장 직접적으로 표현하고 있는 이름이다. 조선 태조 때
설립한 경북 성주향교와 태종 때 설립한 충남 태안향교도 만화루이다.
또 하나는 연못을 갖추고 있다는 점이다. 시에서는 연못의 연꽃을 언
급하지 않았지만 성리학의 이념을 정확하게 구현했다면 연꽃을 심었
을 것이다. 그러나 현재 전주향교에는 연못이 없다. 마지막으로 중요
한 것은 '문행', 즉 은행나무를 언급한 사실이다.

　　전주향교는 1656년 실학자 반계(磻溪) 유형원(柳馨遠, 1622~1673)
이 편찬한 《東國輿地志(동국여지지)》에 따르면, 다시 성 동쪽 2리로
옮겼다. 그러나 전주향교는 임진왜란과 정유재란을 거치면서 다시 한

번 옮긴 것이 지금의 위치이다. 전주향교를 지금의 자리로 옮긴 이유
는 당시 향교의 구조가 '좌사우묘(左社右廟)', 즉 '좌 쪽에 사직단, 우측
에 사당'을 둔 것이 맞지 않았기 때문이었다. 당시 전주향교는 한쪽으
로 편중되어 있었다. 이 문제점을 지적한 사람은 1603년 전라도 관찰
사 장만(張晚, 1566~1629)이었다.

대성전과 명륜당의 두 그루 은행나무

전주향교는 나주, 정읍, 영광, 함평, 경주 향교와 더불어 조선 시대
향교 중에서 전묘후학의 전형을 보여 주고 있다. 전주향교의 구조는
서울 성균관의 예를 따랐다. 평지에 자리 잡고 있는 전주향교는 공자
를 모신 중국 곡부의 지형과 같다. 조선 시대 대부분의 향교와 서원이

전주향교 대성전 내 공자 상과 신위

평지가 아닌 경사면에 있는 이
유는 위계질서를 위한 것이기
도 하지만 산이 많은 한반도의
지형 때문이기도 했다.

현재의 전주향교에서 처
음 마주하는 것은 김종직이 언
급한 만화루다. 현재의 만화
루는 대성전 앞 내삼문(內三
門)인 일월문(日月門) 밖에 있
다. 현재 전주향교 만화루에 관

인류의 미래 은행나무

한 가장 오래된 묘사는 아마도 조선 후기 사애(沙厓) 민주현(閔胄顯, 1808~1882)의 김종직 만화루에 관한 차운 시일 것이다.

〈萬化樓(만화루), 謹次佔畢齋先生韻(근차점필재선생운), 全州鄉校門樓(전주 향교문루), 만화루, 삼가 점필재 선생에 차운하다, 전주향교문루〉

杏樹壇西闢一堂(행수단서벽일당) 행단 서쪽의 집 하나 보니
煥輪頗覺衆工良(환륜파각중공량) 아름답고 큰 집 장인의 솜씨 알 만하네
虛空如卧堯夫閤(허공여와요부합) 허공은 마치 누워 있는 요부의 집이요
美富宜窺孔氏墻(미부의규공씨장) 아름답고 화려한 모습 마땅히 공자의 옛집
담장을 보는 듯하네
溶溶林月秋來好(용용임월추래호) 넘실넘실 숲속 달 가을이면 좋을 터
獵獵溪風夏坐凉(렵렵계풍하좌량) 팔락팔락 사내바람 여름에 앉아도 서늘하네
寄語衿紳須共勉(기어금신수공면) 선비들에게 전하노니 반드시 함께 힘써서
當行不止豆籩行(당행불지두변행) 마땅히 정진하여 쉬지 말고 예를 다하시길

민주현이 김종직의 만화루 시에 차운한 글자는 둘째 연의 '량(良)', 넷째 연의 '장(墻)', 여섯째 연의 '량(凉)', 여덟째 연의 '행(行)'이다. 민주현의 시에서 주목할 것은 '행수단(杏樹壇)'이다. 행수단은 곧 은행나무를 뜻하며, 행단을 다르게 표현한 사례이다. 민주현의 전주향교 은행나무에 관한 언급은 현 위치의 전주향교 은행나무에 관한 최초의 기록이다. 민주현의 생애는 그의 문집 《沙厓集(사애집)》에 수록된 '연보'와

최익현(崔益鉉, 1833~1906)이 지은 행장(行狀)에 상세하다. 전라남도 화순군 남면 동복현(同福縣) 사평리(沙坪里)에서 태어난 민주현은 평생 향촌에 머물며 독서와 시를 지으면서 〈完山歌(완산가)〉를 비롯해 전주와 관련한 작품을 남겼다.

민주현의 시에서 언급한 '요부(堯夫)'는 북송 소옹의 자(字)이다. 소옹(邵雍, 1011~1077)은 낙양에 살 때 공중누각(空中樓閣)을 지어 스스로 '무명공(無名公)'이라 했다. '공씨장(孔氏墻)'은 한나라 무제(武帝) 때 노(魯) 공왕(恭王)이 궁궐을 수리하기 위해 공자의 옛집을 헐다가 벽장 속에서 과두문자(蝌蚪文字)로 쓰인 문헌을 다수 발견한 일을 말한다. 공자 집 벽에서 나온 고문 경전이 나옴에 따라 한나라에서 진나라 분서갱유로 다시 만든 금문의 경전 간의 논쟁이 일어났다.

전주향교 내의 은행나무는 전국의 향교는 물론 서원까지 포함해서 가장 많다. 다만 그중에서 대성전과 명륜당을 중심으로 구분할 필요가 있다. 향교와 서원의 핵심은 제사 기능을 가진 사당이지만 건물 이름은 다르다. 예컨대 국공립학교인 성균관과 향교의 제사 기능을 가진 '대성전'에서 보듯 건물의 가장 건물 등급이 높은 '전(殿)'을 사용하지만 사립학교 서원의 경우 제사 기능 공간은 주로 '묘(廟)'와 '사(祠)'를 사용한다. 국공립 및 사립학교 모두 강학 공간은 명륜당에서 보듯 '전'보다 낮은 등급인 '당(堂)'을 사용한다. 따라서 전주향교의 중심은 대성전이고, 은행나무도 대성전 앞의 은행나무가 중심이다.

맞배지붕 대성전 앞의 은행나무 중 대성전을 기준으로 오른쪽 은행나무는 수그루이며, 1982년 보호수 지정 당시 높이 30m, 둘레

10.4m, 나이 350살이었다. 보호수 지정 당시 이곳 은행나무의 나이를 350살로 추정한 이유는 1603년 대성전을 건립한 시기에 심었다고 추정했기 때문이다. 그러나 서무 근처 은행나무의 둘레를 감안하면 나이 추정은 맞지 않다. 서무 근처 은행나무의 나이는 용문사 은행나무 나이 계산법을 적용하면 대략 960살 정도이다. 왜 이런 차이가 발생하는 것일까? 몇 가지 가정을 통해 추측할 수 있다.

우선 우리나라 은행나무의 나이는 실제 과학적인 방법을 사용하지 않을 경우, 신화를 제외하면 대부분 건물을 지을 당시를 기준으로 삼아 계산한다. 그러나 건물을 완성한 후 이른바 기념식수로 은행나무를 심었다면, 당시의 은행나무는 1살이 아니라 꽤 나이 든 나무일 가능성이 아주 높다. 왜냐하면 요즘의 기념식수는 씨앗을 심은 것이 아니라 묘목이나 어느 정도 성장한 나무를 심었을 것이기 때문이다. 당시 기념식수도 요즘의 기념식수와 크게 다르지 않을 것이다. 따라서 전주향교 대성전의 은행나무도 씨앗이 아닌 나무를 기념으로 심었다면 나이 계산을 달리해야 한다.

다음으로 전주향교 은행나무와 관련해서 반드시 고려할 것은 향교를 지금의 자리로 옮긴 점이다. 김종직의 시에서 보듯 전주향교를 처음 성 밖으로 옮긴 후 분명 은행나무가 있었다. 물론 김종직이 언급한 은행나무가 어디에 있었는지, 나이는 몇 살인지는 알 수 없지만 김종직이 언급할 정도면 어느 정도 나이가 있었을 것이다. 김종직의 시가 언제 작품인지 정확하게 알 수 없지만 아마도 1487년 5월 그의 나이 57세 때 예문관 제학에서 전라도관찰사 겸 순찰사전주부윤에 임명되었던 시기였을 것이다. 그는 호남의 여러 읍을 순찰하면서 권과강독(勸課講讀)과 향음주의(鄕飮酒儀)와 향사례(鄕射禮)를 거행했다. 김종직이 보았던 만화루는 당시 전주 부윤 강징(姜澂, 1466~1536)이 세웠다. 따라서 김종직이 보았던 전주향교의 은행나무는 성 밖으로 옮긴 1441년과 관련해서 계산할 필요가 있다. 왜냐하면 김종직이 언급한 은행나무는 향교를 현재의 위치로 이전할 때 옮겨 심었을 가능성이 있기 때문이다.

전주향교는 화재나 전쟁으로 소실된 것이 아니라 부득이한 사정으로 옮긴 것이기 때문에 당시의 향교 건물의 자재를 그대로 이용했을 가능성이 높고, 이때 은행나무도 옮겨 왔을 것이다. 만약 당시의 은행나무를 이곳으로 옮겨 심었다면, 은행나무의 나이는 1441년과 1982년 기준으로 541살이다. 다만 1441년 당시의 은행나무가 어느 정도 나이를 가진 나무라는 점을 고려해야 한다. 그렇다면 이곳 은행나무의 나이는 600살 정도일 것이다. 그러나 1982년 당시 측정한 둘레와 비교하면, 서무 은행나무의 나이는 내가 계산한 것보다 많다. 다만 한 가지 고려할 것은 1982년 당시 나무의 둘레를 정확하게 측정했는가의 여부이다. 현재 서무 앞 은행나무는 줄기에 상처가 심해서 외과수술을 받아 둘레 측정이 쉽지 않다. 내가 대략 측정한 결과 10.6m에 훨씬 미치지 못했다. 따라서 서무 앞 은행나무의 둘레를 좀 더 정확하게 측정하면 내가 계산한 나이와 비슷하게 나올 가능성도 있다.

대성전 동무 앞의 은행나무는 1982년 보호수 지정 당시 높이 30m, 둘레 5.5m, 나이 350살이고, 암그루이다. 그런데 동무 앞의 은

전주향교 대성전 앞 두 그루 은행나무

행나무는 서무 앞의 은행나무와 둘레가 다른데도 나이는 같다. 이 현
상이 일어난 이유는 둘레를 제외하고 대성전을 세운 시기만 계산했기
때문이다. 동무 앞의 은행나무는 서무 앞의 은행나무와 달리 큰 상처
가 없어서 둘레 측정이 정확하다. 따라서 동무 앞의 은행나무 나이는
용문사 은행나무 나이 계산법을 적용하면 대략 600살이다.

　대성전 앞 두 그루 은행나무는 대성전과 상당히 떨어진 곳에 있다.
이는 두 그루의 은행나무가 대성전 건물을 방해하는 것을 사전에 방지
하기 위한 것이다. 대성전 앞 두 그루 은행나무의 모습은 조금 다르다.
대성전 동무 앞 은행나무는 원줄기의 얼마 되지 않은 위치에서 세 갈
래 줄기를 만들었으며, 약간 기울긴 했지만 곧게 위로 자랐다. 서무 앞

은행나무는 원줄기의 상당한 위치에서 두 갈래의 줄기를 만들었으며, 한쪽으로 기울었다. 기운 은행나무의 경우에는 원줄기에 심한 상처를 입었다. 아마도 깊은 상처가 나무를 기울게 한 원인일 수도 있다. 왜냐하면 기운 은행나무 주변에는 다른 나무들이 없어서 기울만 한 요인이 없기 때문이다. 대성전 앞에는 은행나무처럼 소나무도 좌우에 각각 한 그루씩 심었다. 이러한 형식은 나주향교에서도 볼 수 있다.

전주향교는 대성전만이 아니라 명륜당에도 각각 암수의 은행나무가 있다. 명륜당 앞의 은행나무가 각각 암수인 경우도 조선 시대 향교 중 전주향교가 유일한 사례이다. 그런데 명륜당의 은행나무는 서쪽(명륜당 기준)의 수그루 은행나무는 1982년에 보호수로 지정했지만 왼쪽 암그루는 보호수가 아니다. 보호수 지정 당시 수그루 은행나무는 높이 32m, 둘레 6.6m, 나이 380살이었다. 명륜당 수그루 은행나무의 나이도 대성전과 마찬가지로 1603년 건립 시기를 기준으로 계산한 것이다. 그러나 현재 명륜당 수그루의 나이는 용문사 은행나무 나이 계산법을 적용하면 대략 600살이다. 명륜당 수그루 은행나무는 아마도 1441년 당시의 은행나무를 옮긴 것일지도 모른다. 다만 명륜당 왼쪽의 암그루 은행나무는 둘레가 3m이니, 용문사 은행나무 나이 계산법을 적용하면 대략 270살이다. 따라서 명륜당 암그루 은행나무는 수그루와 함께 심은 것이 아니고, 훗날 따로 심었다. 다만 수그루와 함께 심은 나무가 죽어서 심었는지는 알 수 없다.

전주향교 대성전과 명륜당 앞의 각각 암수 은행나무를 심은 사례는 조선 시대 국공립 및 사립학교 중 유일하다. 이러한 사례는 중국에서도 찾아볼 수 없다. 물론 전주향교 대성전과 명륜당의 은행나무의 나이는 다르지만 은행나무의 특성을 통해 음양의 조화를 구현한 사례이다. 다만 한 가지 아쉬운 것은 암수의 위치가 대성전과 명륜당 기준으로 음양 사상에서 홀수인 수그루가 동쪽에 있지 않고 짝수인 서쪽에 있다는 점이다. 만약 의도적으로 암수의 조화를 고려해서 심었다면 은행나무의 방위를 사람 중심으로 착각한 결과일 수도 있다. 그러나 조선 시대의 방위는 신분을 중심으로 설정하므로 대성전과 명륜당을 중심으로 방위를 결정한다.

전주향교에는 대성전과 명륜당 앞 외에도 은행나무가 있다. 우선 대성전 동쪽에는 1982년 지정한 또 한 그루의 보호수 은행나무가 있

전주향교 명륜당 앞 두 그루 은행나무

다. 이곳 은행나무는 높이 20m, 둘레 3.7m, 나이 250살이며, 암그루이다. 이곳 은행나무의 나이는 용문사 은행나무 나이 계산법을 적용하면 335살 정도이다. 이곳 나무도 상처가 거의 없는 상태로 둘레 측정은 정확하다. 대성전 서무 서쪽 끝자락 담장 옆에도 한 그루 은행나무가 있다. 이곳의 은행나무는 옆의 느티나무 때문에 잘 보이지 않는다. 이곳 은행나무는 수그루이며, 둘레는 1.8m, 용문사 은행나무 나이 계산법을 적용하면 나이는 대략 163살이다.

명륜당 오른쪽 계성사(啓聖祠) 앞에도 은행나무가 있다. 계성사의 '계성'은 '성인을 열었다'는 뜻이다. 이는 성인을 낳은 어머니가 아닌 아버지를 모시는 곳이다. 전주향교의 계성사는 서울 문묘의 사례를 참고한 것이다. 전주향교의 계성사는 나주향교 및 제주향교의 계성사와 더불어 전국 향교 중 아주 드물다. 현재의 계성사는 명륜당의 동쪽에 있던 것을 1929년 철도 건설로 현재의 자리로 옮긴 것이다. 사당에는 공자의 아버지 계성공(啓聖公) 공량흘(叔梁紇)을 중심으로 안자(顔子)의 아버지 곡부후(曲阜侯) 안무유(顔無繇), 자사(子思)의 아버지 사수후(泗水侯) 공리(孔鯉), 증자(曾子)의 아버지 내무후(萊蕪侯) 증점(曾點), 맹자(孟子)의 아버지인 주국공(邾國公) 맹격(孟激)을 모신다. 계성사는 주위를 담장으로 둘러 명륜당과 완전히 다른 영역으로 조성했다. 그래서 앞쪽에는 따로 신삼문이 있고, 명륜당에서는 작은 문을 만들어 출입할 수 있도록 했다.

계성사 오른쪽 담장 쪽의 수그루 은행나무는 둘레가 3.4m이니, 용문사 은행나무 나이 계산법을 적용하면 대략 310살이다. 그런데 계성사 은행나무는 1929년 계성사를 명륜당 서쪽으로 옮길 때 함께 옮긴 나무일 것이다. 왜냐하면 1929년에 200살 이상의 은행나무를 기념식수하지 않았다면 지금의 은행나무 나이보다 훨씬 어릴 것이기 때문이다.

전주향교에는 만화루와 일월문 사이에 여섯 그루의 은행나무, 즉 일원문을 기준으로 동쪽에 두 그루, 서쪽에 네 그루가 있다. 그중 동쪽 만화루 안 담장 쪽의 은행나무는 암그루이며, 1982년 보호수 지정 당시 높이 25m, 둘레 3.3m, 나이 250살이었다. 이곳 은행나무 나이는 용문사 은행나무 나이 계산법을 적용하면 300살이다. 이곳 보호수 은행나무 맞은편 담장 쪽 은행나무는 암그루이며, 둘레는 1.65m이다. 서쪽의 네 그루 은행나무는 시계 방향으로 두 그루는 암그루이며, 둘레는 각각 1.8m와 1.4m, 나머지 두 그루는 각각 수그루이며, 둘레는 모두 1.5m이다. 만화루와 일월문의 여섯 그루 은행나무는 보호수를 제외하면 아직 나이가 어린 나무들이다. 다만 조선 시대 국공립 및 사립학교에서 이처럼 많은 은행나무를 심은 사례는 찾아볼 수 없다.

전주향교 내에는 행단으로서의 은행나무 외에도 적지 않은 나무가 있지만 학자수인 회화나무는 없다. 다만 대성전 서무 쪽 느티나무가 회화나무의 문화변용으로 볼 수 있다. 대성전 서무 동편의 층층나뭇과 갈잎떨기나무 산수유(*Cornus officinalis* Siebold & Zucc.)는 명륜당에서 계성사로 들어가는 문 좌우에서도 만날 수 있다. 이곳 산수유 옆에는 장미과 갈잎떨기나무 모과나무도 돋보인다. 대성전 앞 동쪽 은행나무 옆의 부처꽃과 갈잎떨기나무 배롱나무는 중국에서 궁궐에 심은 사례를 참고한 것이다. 만화루와 일월문 사이 동쪽 담장 쪽의 노박덩굴과 늘푸른떨기나무 사철나무(*Euonymus japonicus* Thunb.)는 성리학 공간에서 흔히 만날 수 있지만 전주향교처럼 여러 그루를 심은 사례는 아주 드물다. 사철나무는 소나무처럼 선비의 절개를 상징한다.

전주향교를 조금만 벗어나도 주변 가로수가 온통 은행나무이다. 전주향교의 은행나무는 조선 시대에도 전주를 상징하는 나무였듯, 지금도 전주를 대표하는 나무이다. 따라서 전주향교의 은행나무를 중심으로 전주에서도 은행나무와 관련한 축제를 마련한다면, 전주의 특성을 알리는 데도 큰 역할을 담당할 것이다.

나주향교와 나주객사의 은행나무

전주향교 대성전의 은행나무와 유사한 사례는 전주향교처럼 전묘후학 구조인 나주향교 대성전 앞의 암수 은행나무를 들 수 있다. 특히 대성전 앞 동무 근처의 은행나무는 조선을 건국한 이성계가 심었다는 신화가 전한다. 1982년 보호수 지정 당시의 나이는 600살이지만 높이와 둘레에 관한 정보는 없다. 이곳 은행나무는 수그루이며, 내가 직접 측정해보니 나무의 둘레는 7.5m이다. 나주향교 동무 근처 은행나무의 나이는 용문사 은행나무 나이 계산법을 적용하면 대략 680살이다. 만약 이성계가 조선을 건국한 1392년에 심었다면, 632살이다. 나주향교 동무의 은행나무는 나주향교를 건립한 1398년에 기념식수했을 가능성이 아주 높다.

나주향교 대성전 서무 근처의 은행나무는 두 그루이고, 모두 암그루이다. 그런데 직접 측정해 보니, 한 그루는 둘레 3m이고, 다른 한 그루는 둘레 1.4m이다. 서무의 두 그루 은행나무는 동무의 은행나무와 나이 차이가 아주 많다. 따라서 서무의 은행나무 중 큰 나무는 동무의 은행나무와 같은 시기에 심은 것이 아니라 수그루와 짝을 위해 1750년 대에 심었을 것이다. 또 다른 암그루는 왜 심었는지 알 수 없지만 자연스럽게 발아해서 탄생한 나무일지도 모른다. 나주향교 대성전 앞에는 소나무가 있다. 이러한 사례도 향교에서 흔한 것은 아니다.

나주향교 명륜당 앞에는 은행나무가 아닌 500살의 비자나무 암그루와 어린 회화나무 두 그루가 있다. 명륜당 앞의 비자나무는 아주 독

나주객사 금성관 전경

특한 기념식수이지만 비자나무가 잘 살 수 있는 전라도의 기후와 밀접한 관계가 있을 것이다. 회화나무는 궁궐에 심는 중국의 사례를 참고한 것이다. 다만 명륜당에는 뒤편에 세 그루의 은행나무가 있다. 세 그루 모두 수그루이고, 동쪽 방향을 기준으로 2m, 2.35m, 1.96m이다. 서무 뒤편의 은행나무는 명륜당 서쪽 연못 기준으로 15.5m의 은행나무는 암그루이고, 나머지 은행나무는 각각 3.2m, 3.7m이며, 두 그루 모두 수그루이다. 나주향교 명륜당 오른쪽 연못에는 연꽃이 없다.

나주향교와 가까운 거리에 있는 나주객사, 즉 금성관(錦城館) 뒤쪽의 두 그루 은행나무는 조선 시대 객사의 행단 은행나무 사례를 보여준다. 현재 전국에는 조선 시대 객사가 적잖이 남아 있지만 현재 두 그루 은행나무를 보유한 곳은 나주객사가 유일하다. 다만 농암 이현보의 진위객사 시에서 두 그루 은행나무를 언급한 점을 생각하면, 객사에도 두 그루 은행나무를 심은 사례는 나주객사 이후에도 존재했다.

금성관 뒤쪽의 두 그루 은행나무는 모두 암그루이고, 1982년 보호수로 지정할 당시 나무의 나이는 두 그루 모두 650살이지만 다른 정보는 없다. 직접 두 그루 은행나무의 둘레를 재어 보니, 두 그루 모두 둘레 6.3m이다. 금성관 두 그루 은행나무는 용문사 은행나무 나이 계산법을 적용하면, 대략 573살이다. 따라서 보호수 지정 당시의 나이는 내가 계산한 것과 비교하면 많은 편이다. 나주객사는 대략 조선 성종 6년~10년(1475~1479) 사이에 나주 목사 이유인(李有仁)이 세웠다. 만약에 이유인이 객사 건립과 함께 심었다면 은행나무의 나이는 550살 정도이다. 따라서 어느 정도 자란 나무를 심었다는 것을 가정하면

나주객사 금성관 뒤쪽 은행나무

현재 둘레와 비슷한 나이다. 그런데 금성관은 임진왜란 때 모두 불에 타 1617년에 나주 목사 김개(金闓)가 중수했고, 1775년에 다시 화재로 모두 불타 다시 중수했다. 그러나 은행나무의 나이를 고려하면 금성관이 두 번 불에 탔을 때도 큰 피해가 없었던 것으로 보인다.

금성관에는 뒤편 은행나무 옆과 동쪽 벽오헌(碧梧軒) 옆에 몇 그루의 은행나무가 있지만 아직 어리다. 금성관 서쪽 담 쪽 벽오동나뭇과 갈잎큰키나무 벽오동나무[*Firmiana simplex* (L.) W.Wight]는 벽오헌을 상징하는 나무이다. 금성관 서쪽 담장 밖 주차장에는 두 그루 느티나무가 있다. 금성관에도 왼쪽에 큰 연못이 있지만 수련이다.

(3) 전북 장수향교 은행나무

1592년 임진왜란은 우리나라 역사에 엄청난 상처를 안겼다. 임진왜란으로 인적, 물적 피해는 이루 말할 수 없이 많았다. 상흔은 430년이 지난 지금도 고스란히 남아 있다. 임진왜란 당시 나라를 위해 목숨을 바친 분들을 기억하는 것은 현재 우리의 존재를 확인하는 과정이다. 논개는 그중 한 분이지만 아주 오랜 기간 제대로 평가를 받지 못했다. 가장 큰 문제는 논개를 기생으로 알고 있는 부분이다. 논개를 기생으로 이해한 까닭은 그녀가 진주 촉석루에서 기생을 가장해서 왜장을 끌어안고 남강에 투신했기 때문이다. 그러나 논개는 신안주씨이며, 장수군 임내면 주천마을 양반가에서 태어났다. 신안은 중국 안휘성 신안이며, 남송 성리학을 집대성한 주희도 신안이 본(本)이다. 우리나라 신안주씨의 시조인 주잠(朱潛)은 주희의 증손이다.

논개를 기생으로 이해한 조선 정부의 공식 기록은 임진왜란 중에 충신, 효자, 열녀를 수록한 《東國新續三綱行實圖(동국신속삼강행실도)》였다.

논개는 이 자료에 기생이라는 이유로 수록되지 못했다. 1621년 유몽인(柳夢寅, 1559~1623)이 저술한 《於于野談(어우야담)》에서도 '진주의 관기(官妓)'로 표현했다. 조선 후기 실학자 다산 정약용도 〈晉州義妓祠記(진주의기사기)〉에서 말하기를 논개를 기녀로 이해했다. 논개가 국가에서 공식적으로 대우를 받은 것은 영조 16년(1739)부터였으며, 국가의 지원을 받아 의암 부근에서 제를 올렸다. 장수군에서는 논개가 태어난 음력 9월 3일을 군민의 날로 정해 추모제를 지내고 있다. 그러나 김택영(金澤榮, 1850~1927)의 문집 《韶濩堂集(소호당집)》과 황현(黃玹, 1855~1910)의 《梅泉集(매천집)》에서도 기생으로 이해하고 있다.

논개는 아버지가 사망한 후 집안 형편이 좋지 않아 당시 장수 현감이었던 최경회(崔慶會)의 후처가 되었다. 논개가 진주로 간 까닭은 남편인 최경회가 의병장이었기 때문이었다.최경회는 왜군이 경상도의 진주성을 공격하자 지원군으로 진주에 갔다. 이때 논개도 남편을 따라 진주까지 갔다. 최경회는 제1차 진주성 전투에서 승리했다. 그는 1593년 경상우병사로 임명되었으나 진주성이 함락되자 남강에 투신자살했다. 논개는 남편이 죽자 기생으로 신분을 속여 일본군 장수를 끌어안고 남강에 투신했다. 결국 논개는 남편을 따라 죽었던 것이다. 논개가 왜장을 끌어안고 죽은 바위가 바로 의암(義巖), 즉 '의로운 바위'다. '의'는 중국 전국시대 맹자가 언급한 것처럼 '수오지심(羞惡之心)'의 실마리다. 논개는 죽은 남편을 위해서 뿐만 아니라 조국 조선을 위해서 몸을 바치지 않으면 부끄러워서 살 수가 없다고 생각했다. 조선 시대에 최경회와 논개처럼 부부가 나라를 위해 목숨을 바친 사례는 거의 찾아볼 수 없다.

논개를 추모한 글은 적지 않지만 그중에서도 김택영과 황현의 글은 비장하다. 김택영은 직접 진주 촉석루 옆 사당에 찾아가서 3편의 5언시를 남겼다.

江水羅裙碧(강수라군벽) 강물은 비단 치마처럼 푸르고

江花魂氣遲(강화혼기지) 강 꽃은 혼령이 깃든 듯하네

願收江裏骨(원수강리골) 바라건대 강물 속의 시신을 거두어

千歲傍要離(천세방요리) 천추의 요리 곁에 있게 하리라

孤石春風厲(고석춘풍려) 외로운 바위에는 봄바람이 거세고

荒祠蘇色滋(황사선색자) 황량한 사당에는 이끼가 무성하네

至今江上女(지금강상녀) 지금은 강가의 여인들

照水正蛾眉(조수정아미) 강물에 얼굴 비춰 눈썹을 단장하네

愛娘眞珠舞(애낭진주무) 낭자의 진주무를 사랑하고

愛娘錦纏頭(애낭금전두) 낭자의 금전두를 사랑하네

인류의 미래 은행나무

我來問芳怨(아래문방원) 내 찾아와 꽃다운 한을 묻나니

江水無聲流(강수무성류) 강물은 소리 없이 흘러만 가네

황현의 〈義妓論介碑(의기논개비), 의기 논개의 비석 앞에서〉는 그
가 1910년 경술국치에 자살한 점을 상기하면 더욱 비장하다.

楓川渡口水猶香(풍천도구수유향) 신내 나루는 냇물이 지금도 향기로워

濯我須眉拜義娘(탁아수미배의낭) 깨끗이 세수하고 의낭에게 절을 하네

蕙質何由能殺賊(혜질하유능살적) 향초 같은 몸으로 어찌 적장을 죽였을까

藁砧已自使編行(고침이자사편행) 낭군이 이미 항오에 들게 했기 때문이라

長溪父老誇鄕産(장계부로과향산) 장계의 노인들은 제 고향 출신임을 자랑하고

矗石丹靑祭國殤(촉석단청제국상) 촉석루 단청에는 나라 위한 죽음을 제사하네

追想穆陵人物盛(추상목릉인물성) 생각해 보면 선조 때에는 인물이 많았는지라

千秋妓籍一輝光(천추기적일휘광) 기적에도 한 줄기 빛이 천추에 발하였네

황현 시 중 첫 구의 한자는 빠져 있지만 내용 파악에는 큰 문제가
없다. 시 내용 중 '신내'는 장수군의 하천 이름이다. 단풍나무가 많아
서 붙인 이름이다. 그런데 만약 김택영이나 황현이 당시 논개를 기생
이 아니라는 사실을 알았다면 시의 내용도 달랐을 것이다. 양반의 측
실이 남편과 함께 전투에 참가한 사례도 드물거니와 나라를 구하기 위
해 적장을 끌어안고 남편을 따라 죽은 것도 인류사에서 아주 드물 일
이다. 논개가 남편을 따라 죽은 것은 조선 시대 남편이 죽으면 따라 죽

었던 열녀 문화와 차원이 다르다. 임진왜란이 끝난 후 조선 정부에서 논개를 열녀로 평가하지 않은 것도 문제지만 그 이후에도 논개를 제대로 평가하지 않은 것도 문제가 아닐 수 없다.

의암송과 은행나무

장수 군청 앞 의암송은 진주 촉석루 아래 의암에서 빌린 소나무 이름이다. 의암송은 논개가 직접 심어서 붙였다기보다 그녀의 고향이 장수라서 붙인 이름일 것이다. 이 같은 명명은 인문학적 측면에서 보면 아주 자연스럽다. 황현의 지적대로 장수군에는 논개가 장수 출신이라는 사실에 큰 자부심이 있다. 현재 의암송은 논개의 고향인 장계면 주촌리와 관련이 없다. 그런데도 이곳의 소나무를 '의암송'이라 붙인 것은 그만큼 장수군에서 논개를 상징 인물로 평가하고 있다는 방증이다. 한 그루 나무에 관한 이 같은 방식은 나무의 삶은 물론 문화사적으로 아주 바람직하다.

현재 조선 시대의 기록은 많이 있지만 식물에 관한 기록은 임금과 관련한 부분이나 일부 성리학자를 제외하면 거의 찾아볼 수 없다. 특히 당시 수도 한양을 제외하면 각 지역의 식물에 관한 기록은 전무한 실정이다. 의암송도 심은 기록 자체가 없으니 답답하다. 아마도 장수 현감이었던 최경회와 관련이 있을 지도 모른다.

의암송은 약 400살 정도이고, 높이는 9m이다. 10m 이하라서 식물학적으로 떨기나무에 속한다. 의암송은 전국의 소나무 천연기념물 중

장수 군청 앞 의암송

에서도 키가 상당히 작은 편이다. 의암송의 키가 작은 이유는 똬리를 튼 땅이 소나무가 자라기에 적합하지 않기 때문이다. 의암송이 살아가기에 힘든 상황은 나무의 모습을 통해서도 짐작할 수 있다. 한 줄기로 자란 의암송은 땅에서 1m 부분에서 줄기가 시계 방향으로 소라 모양으로 뒤틀렸다. 사람들은 나무의 이러한 모습을 용에 비유한다.

장수 군청 앞 은행나무

성리학과 은행나무 151

소나무가 용트림을 한다는 것은 위로 뻗지 못해 그만큼 힘들다는 뜻이다. 그러나 의암송의 이러한 모습은 인문학적으로 강인한 정신으로 해석할 수 있다. 특히 붉은 색깔에서는 논개의 정신처럼 불굴의 의지나 변치 않는 단심(丹心)을 읽을 수 있다. 의암송을 중심으로 한 바퀴 돌면서 관찰하면 이 나무의 위용을 충분히 느낄 수 있다. 아울러 나무 윗부분은 줄기가 여러 개로 갈라져 우산 모양이다.

의암송을 관찰하다 보면 근처에 살고 있는 은행나무가 눈에 들어온다. 안내문에 따르면, 암그루 은행나무는 높이 22m, 둘레 7m, 나이 400살이며, 1570년 최경회가 장수현감 시절에 청사 뒤 우물을 보호하고 주변을 정비하기 위해 심었다. 이곳 은행나무의 나이는 용문사 은행나무 나이 계산법에 적용하면, 635살 정도이다. 최경회는 논개의 남편이니 의암송도 논개의 절개를 상징한다. 장수향교 앞 의암호의 의암공원에는 논개를 기리는 의암사(義巖祠)가 있다. 장수는 논개를 기리는 명칭이 적지 않다.

장수 군청 뒤편에 있는 장수향교는 조선 시대 이 지역 관학의 상징이다. 장수향교는 우리나라 향교 역사에서도 아주 중요하다. 왜냐하면 장수향교는 1407년(태종 7)에 창건했을 뿐 아니라 임진왜란 때도 소실되지 않았기 때문이다. 우리나라 향교 중 장수향교처럼 임진왜란 때 피해를 입지 않은 경우는 아주 드물다. 장수향교는 장수면 선창리에 창건했지만 1686년(숙종 12)에 현재의 위치로 이전했다. 장수향교는 강학 공간인 명륜당이 앞에 있고, 사당인 대성전이 뒤에 있는 '전학후묘(前學後廟)'의 구조이다.

강학 공간인 명륜당은 정면 4칸과 측면 2칸의 8칸 건물이고, 팔작지붕이다. 명륜당은 성리학자들이 성리학을 공부하는 공간이다. 주로 과거 시험에 대비한 공부였다. 그래서 명륜당의 천정에는 등용문을 상징하는 용을 그렸다. 지금 남아 있는 향교나 서원의 경우 용 그림을 쉽게 만날 수 있다. 명륜당 뒤쪽에 자리 잡고 있는 대성전은 정면 3칸 측면 칸의 9칸 건물이고, 맞배지붕이다. 대성전의 구조는 5성(五聖), 송조 4현(宋朝四賢), 우리나라 18현(十八賢)의 위패를 봉안하고 있는 곳이라서 명륜당과 다르다. 특히 성현을 모시는 공간은 대부분 경건한 분위기를 자아내는 맞배지붕을 선호한다. 대성전은 1963년 보물로 지정되었다.

장수향교 대성전 앞 두 그루 은행나무

대성전 앞에는 두 그루의 은행나무가 살고 있다. 물론 이곳의 두 그루 은행나무는 당시에 심은 것은 아니지만 공자의 정신을 상징하는 '행단(杏壇)'이다. 이곳 은행나무의 나이는 아직 어리지만 두 그루 모두 열매가 열릴 나이다.

장수향교 대성전 앞의 은행나무는 우리나라 향교 중에서 두 그루를 심은 드문 사례이다.

장수향교는 다른 향교에서 볼 수 없는 특별한 것이 있다. 그것은 바로 '정충복비(丁忠僕碑)'다. 정충복비는 정유재란 때 왜적의 침입 때 장수향교를 보존한 충복(忠僕) 정경손(丁敬孫)의 업적을 기린 비이다. 당시 원노(院奴)였던 정경손은 정유재란 때 왜장 고바야가와(小早川隆景)의 부장 안코쿠시(安國寺惠瓊)가 장수에 침입했을 때, 향교 옷을 입고 대성전 앞에 꿇어앉아 경서를 외우며 다음과 같이 말했다.

"만약 향교에 들어오려거든 먼저 내 목을 베고 들라."

왜군은 정경손의 기개에 감복하여 '향교의 성역을 범하지 말라(本聖域勿犯)'는 쪽지를 주고 물러났다. 그 덕분에 왜군의 후속 부대도 장수향교를 공격하지 않았다.

정경손의 기개는 죽을 각오를 하면 산다는 명언을 떠올리게 한다. 사마시(司馬試)에 급제한 사람들이 학문을 연마하고 후진을 양성하던 사마재(司馬齋) 앞의 소나뭇과 늘푸른큰키나무 전나무도 정경손처럼 옳은 일에 목숨을 건 사람들의 정신을 상징한다.

3. 조선의 사립학교와 은행나무

(1) 경북 영주 소수서원 은행나무

소수서원은 조선 시대 최초의 서원 및 사액서원이자 세계유산이다. 최초의 이름은 백운동서원(白雲洞書院)이고, 설립자는 풍기군수(豊基郡守)에 취임한 신재(慎齋) 주세붕(周世鵬, 1495~1554)이었다. 주세붕은 1541년 풍기군수에 취임하여 1542년에 안향(安珦, 1243~1306)의 사당을 세우고, 1543년 서원을 완성했다. 사액서원의 이름은 소수서원(紹修書院)이고, 청원자는 당시 풍기군수였던 퇴계(退溪) 이황(李滉, 1501~1570)이었다.

주세붕이 서원을 설립한 목적은 그가 죽은 해인 1544년 편찬한 《竹溪志(죽계지)》의 서문에서 확인할 수 있지만 설립 과정에서 지역 인사들의 반대도 적지 않았다. 먼저 서문에서 언급한 반대 내용을 살피면 그의 설립 취지가 한층 분명하게 드러난다.

> 심하도다. 그대의 세상 물정에 어두움이여. 향교를 옮긴 것은 그렇다 해도 문성공(文成公 : 안향)의 사당과 서원을 세우는 일은 그만둘 수 없었는가? 문성공은 이미 국학(國學)에 종사(從祀)되어 고을마다 사당이 있는데 어찌하여 굳이 사당을 세우며, 이미 학교가 있는데 어찌 꼭 따로 서원을 세울 필요가 있는가? 흉년을 당했으니 그럴 시기가 아니며, 낮은 지위에 있으니 사람들이 믿지 않을 것이다. 그리고 우리나라에 일찍이 없었던 사당과 서원을 자신부터 시작하려고 하니 너무 지나친 데에 가깝지 않겠는가?

당시 풍기 지역 인사들이 주세붕의 서원 설립에 반대한 이유는 안향이 성균관 문묘에 배향하고 있을 뿐 아니라 각 지역에서도 그의 사당이 있고, 향교나 서당 등 학교가 있는데 굳이 자신이 나서서 세울 필요가 없다고 생각했기 때문이다. 아울러 풍기 지역 인사가 서원 설립을 반대한 또 다른 이유는 안향의 사당과 서원 설립 시기의 기근으로 백성이 고통을 받고 있었기 때문이었다. 그러나 주세붕은 이런 반대를 무릅쓰고 안향의 사당과 서원을 설립했다. 그가 설립을 강행한 이유는 다음과 같다.

글쎄. 내가 보건대 주자(朱子)가 남강(南康)을 다스린 일 년 사이에 백록동서원(白鹿洞書院)을 중수했고, 선성(先聖)과 선사(先師)의 사당과 다섯 분 선생의 사당, 그리고 세 분 선생의 사당을 세웠고, 또한 유둔전(劉屯田)을 위하여 장절정(壯節亭)을 지었다. 그 당시엔 금(金)나라가 중국을 함락하여 천하가 피비린내로 가득했고, 남강은 계속된 큰 흉년으로 벼슬을 팔아 곡식으로 바꿔 굶주린 백성을 구제했다. 그 당시 위태로움과 곤궁함이 그토록 심했는데도 그가 세운 서원과 사당이 한둘이 아니었던 것은 무엇 때문인가?

하늘이 뭇 백성들을 낳음에 사람이 사람다운 이유는 바로 교육이 있기 때문이다. 사람에게 교육이 없었다면, 아비는 아비답지 못하고 자식은 자식답지 못하고 지아비는 지아비답지 못하고 지어미는 지어미답지 못하고 어른은 어른답지 못하고 어린이는 어린이답지 못하게 되어, 삼강(三綱)과 구법(九法)이 없어져서 인류가 멸망한 지 이미 오래 되었을 것이다.

교육이란 반드시 현인을 높이는 것에서 비롯되므로 사당을 세워 덕 있는 이를

인류의 미래 은행나무

숭상하고 서원을 세워 학문을 돈독히 하는 것이니, 실로 교육은 난리를 막고 기근을 구제하는 것보다 급한 것이다. 그 말에 보면 '세속으로 말하면 긴요함이 없는 듯하나, 지금 실정으로 보면 인심과 정사의 체모에 관계되는 바가 가볍지 않다. 오늘날 흉년을 구제하는 정사는 바로 교육과 더불어 서로 표리가 되는 것이다'고 했다.

아, 회옹(晦翁 : 안향)이 어찌 나를 속이겠는가. 죽계(竹溪)는 바로 문성공의 궐리(闕里)이다. 교육을 세우려고 한다면 반드시 문성공을 높이는 것에서 시작해야 한다.

주세붕의 서원 설립의 배경과 목적은 모두 주자의 백록동서원의 설립에 기초하고 있다. 그래서 백운동서원은 백록동서원을 떼놓고 설명할 수 없다. 주세붕이 안향을 서원의 주인공으로 삼았던 이유는 서원의 터가 안향의 고향이었기 때문이었다. 그러나 주세붕이 안향을 위해 서원을 설립하고자 한 이유는 그의 고향 때문만이 아니라 조선의 위상 때문이기도 했다. 안향은 성균관 문묘에 배향되었을 만큼 조선이 성리학을 지배 이념으로 삼는데 크게 기여했다. 안향은 1289년 왕을 모시고 원나라에 갔을 때 '주자서(朱子書)'를 필사하고 주자의 화상(畵像)을 그려왔다. 주자의 호인 회암(晦庵)에서 빌린 그의 회헌(晦軒)만 봐도 그가 주자를 얼마나 흠모했는지를 짐작할 수 있다. 포은(圃隱) 정몽주(鄭夢周, 1338~1392)가 조선 성리학의 시조로 평가받을 수 있었던 것도 안향이 주자학을 수입한 덕분이었다.

주세붕은 안향의 정신을 이어받아 주자의 학문과 철학을 조선에 펼

치기 위해 안향의 사당과 서원을 설립했다. 안향과 주세붕 등 조선의 성리학자들은 주자를 중국의 공자와 맞먹는 인물로 평가했다. 주세붕이 주자를 얼마나 흠모했는지는 그의 고향 경남 함안군 무릉리(武陵里)의 무릉사(武陵祠)의 명칭에서 엿볼 수 있다. 주세붕을 기리는 사당인 '무산사'의 '무산'은 '무릉도원'의 '무'와 관련이 있지만. 주자의 고향 푸젠성 '무이산(武夷山)'의 '무'와 연결해서 생각할 수 있다.

주세붕은 서원의 이름도 주자가 지금의 장시성(江西省) 여산(廬山) 아래 세운 '백록동서원(白鹿洞書院)'에서 빌렸다. 백록동서원의 '백록동'은 당나라 이발(李渤, 773~831)이 이곳에 은거하여 흰 사슴을 기르면서 보낸 곳이어서 생긴 이름이다. 주자는 5대 10국 때 이곳에 설립한 '여산국학(廬山國學)'을 중수하고, 이름을 백록동서원이라 했다. 다만 백운동서원은 백록동서원에서 빌린 것이지만 《죽계지》 서문에서 풍기의 지명 '백운동'을 사용하고 있는 점으로 보면, 반드시 백록동에서 '백'을 따왔다고 보기는 어렵다. 풍기의 백운동은 풍기가 소백산(小白山) 자락에 자리 잡고 있기 때문에 생긴 것이다. 주세붕이 편찬한 《죽계지》의 '죽계'는 서원 옆의 계곡이 소백산의 '죽령(竹嶺)'에 근원해서 생긴 것이다. 다만 안향이 《주자전서》를 수입한 것을 고려하면 '백운동'의 '운'도 주자의 호 중 하나인 '운곡노인(雲谷老人)'을 참고했을 가능성도 없지 않다.

백운동서원의 또 다른 특징은 숙수사(宿水寺) 터에 설립했다는 점이다. 주세붕은 왜 절터에 서원을 지었을까? 백운동서원이 절터였다는 증거는 현재 남아 있는 '숙수사지당간지주(宿水寺址幢竿支柱)'(보물)이다. 주세붕이 이곳을 선택한 이유 중 하나는 안향과 자제가 사찰에서 공부한 배경 때문이었다. 그러나 통일신라시대의 숙수사가 언제 없어졌는지 알 수 없지만, 안향이 공부한 것과 고려 시대 노여(魯璵)의 시 〈順興宿水寺樓(순흥숙수사루)〉 등을 참작하면 적어도 고려 말까지 존속한 것만은 분명하다. '숙수사'의 '숙수'은 '죽계의 물이 아주 맑고 좋다'는 뜻이다. 주세붕이 절터를 선택한 또 다른 이유는 이곳이 풍기에서 가장 풍광이 좋다는 점과 더불어 극적인 효과를 거둘 수 있었기 때문일 것이다. 즉 사찰 터에 서원을 설립하면 고려 시대의 지배 이념인 불교 대신 주자학을 실현한다는 강렬한 인상을 줄 수 있다. 당시 불교를 믿고 있는 지역민의 풍속을 바꾸는 데 사철 터에 서원을 건립하는 것만큼 효과적인 방법은 없었을 것이다.

백운동서원은 완성된 지 5년 뒤인 1548년 풍기군수로 부임한 이황이 1549년 1월에 사액(賜額)을 요청한 결과 조선 시대 최초의 사액서원이라는 영광을 얻었다. '사액'은 '임금이 이름을 지어 그것을 새긴 편액(扁額)을 내리던 것'을 뜻한다. 그러나 '사액'의 중심은 편액이지만 서원을 운영하는 데 필요한 인력과 재정에 필요한 토지까지 하사했다. 서원의 이름은 임금이 직접 짓기도 하지만, 신하에게 짓도록 하는 경우도 있다. '소수(紹修)'의 이름은 명종 때 대제학(大提學 : 정2품) 신광한(申光漢, 1484~1555)이 임금의 명을 받아 지은 것이다. '소수'는 "기폐지학 소이수지(旣廢之學 紹而修之), 이미 무너진 학문을 이어 닦는다."는 뜻이다. 이는 주자가 당나라 때 무너진 '여산국학'을 이어 닦았듯이, 백운동서원도 주자학을 널리 보급하길 바라는 뜻을 담고 있다.

주돈이와 경렴정

소수서원은 조선 최초의 서원이라는 점에서 이후의 서원 설립에 적잖은 영향을 주었다. 그러나 소수서원은 이후 설립한 서원의 구조와 다른 특징이 있다. 소수서원은 서원의 일반적인 구조, 즉 '전묘후학'과 '전학후묘'의 구조와 다르다. 소수서원은 강당(명륜당)이 앞에 있는 '전학후묘'의 구조이지만, 명륜당 뒤편에는 사당이 아니라 '직방재(直房齋)'와 '일신재(日新齋)' 등 원장과 교수의 거주 공간이 자리 잡고 있다. 소수서원의 구조는 병렬식이다.

안향을 모신 문성공묘(보물 제1042호)는 명륜당의 오른쪽(서쪽)에 있다. 문성공묘에는 1544년 문정공(文貞公) 안축(安軸, 1287~1348), 문경공(文敬公) 안보(安輔, 1302~1357)를 추가로 모셨고, 이후 문민공(文敏公) 주세붕을 추가로 모셨다.

소수서원의 경렴정(景濂亭)은 조선 시대 세계유산에 등재된 9개 서원 중 유일한 정자이다. 소수서원을 제외한 8개 서원, 즉 함양 남계서원(藍溪書院) 영풍루(詠風樓), 경주 옥산서원(玉山書院) 무변루(無邊樓), 대구 도동서원(道東書院) 수월루(水月樓), 안동 병산서원(屛山書院) 만대루(晚對樓), 정읍 무성서원(武城書院) 현가루(絃歌樓), 논산 돈암서원(遯巖書院) 산앙루(山仰樓), 장성 필암서원(筆巖書院) 학연루(廓然樓) 등에는 '누'가 있고, 안동 도산서원(陶山書院)에는 '누'가 없다.

주세붕이 백운동서원과 함께 경렴정을 지은 이유는 《죽계지》의 서문에서 언급한 '장절정기(壯節亭記)'에서 찾을 수 있다. 주자의 '장절정

인류의 미래 은행나무

기'에 따르면, 장절정은 주자가 1179년 남강태수(南康太守) 시절 폐허가 된 상서(尙書) 둔전외랑(屯田外郞) 유응지(劉凝之)의 무덤 앞에 세운 것이다. '장절'은 북송(北宋) 구양수(歐陽脩, 1007~1072)의 글에서 따온 것이다. 그러나 장절정은 그 뒤 보존이 되지 않아 10년 뒤인 1191년 주자가 다시 세웠다. 주자는 정자를 더욱 튼튼하게 세운 뒤 큰 돌을 다듬어서 두둑을 북돋우고 이름난 나무를 심어 경관을 넓혔다.

주세붕은 주자가 장절정을 세운 사례에 따라 경렴정을 세웠다. 주세붕이 세운 경렴정과 경렴정 옆의 은행나무는 최초의 서원이자 사액서원인 소수서원의 의미를 이해하는 데 아주 중요하다. 경렴정의 '렴'은 북송의 철학자 주돈이(周敦頤, 1017~1073)의 호인 '염계(濂溪)'의 '염'이다. 따라서 '경렴'은 '주돈이를 흠모한다'는 뜻이다. 그런데 주세붕은 왜 하필 주돈이를 정자의 주인공으로 삼았을까? 유네스코 세계유산 9개 서원 중 사람을 대상으로 누각의 이름을 지은 사례는 소수서원이 유일하다.

주세붕이 경렴정을 소수서원 지도문(志道門) 앞 죽계 변에 세운 이유는 그가 존경한 주자 사상의 기초가 주돈이의 철학에서 비롯되었기 때문이다. 성리학을 집대성한 주자가 주돈이의 철학에 기초하고 있다는 증거는 여조겸(呂祖謙, 1137~1181)과 함께 편찬한 《近思錄(근사록)》 첫 부분에 수록한 《太極圖說(태극도설)》에서 확인할 수 있다. 우주론을 담고 있는 주돈이의 《태극도설》은 성리학의 철학적 기반이고, 중국 송, 명, 청의 성리학자와 조선 성리학자들의 기본서였다. 아울러 《근사록》은 중국과 한국 성리학자의 필독서였다. 따라서 경렴정은 백

소수서원 경렴정 옆 은행나무

운동서원 즉 소수서원이 조선 성리학의 중심이라는 것을 상징하는 것
이다. 《태극도설》은 우주론만이 아니라 존재론과 인식론까지 담고 있
다. 그래서 《태극도설》은 인간과 다른 생명체 간의 관계 및 성리학자의
인식론을 이해하는데 아주 중요하다.

무극이 태극이다. 태극이 움직여 양을 낳으니, 움직임이 극에 달하면 고요하고,

고요하면 음을 낳으니, 고요함이 극에 달하면 다시 움직이기 시작하는 것이다.

한 번 움직이고 한 번 고요해지는 것이 서로 그 뿌리가 되면서 몸으로 나눠지

인류의 미래 은행나무

고, 양으로 나뉘어져서 양의가 서게 되는 것이다.

양이 변하고 음이 합쳐져서 수, 화, 목, 금, 토를 낳으니, 이 다섯 가지 기운이 순조로이 퍼져 사계절이 운행되는 것이다. 오행은 하나의 음양이고, 음양은 하나의 태극인 것이니, 태극은 본래 무극이다. 오행이 생겨남에 각각 한 가지씩 그 성품을 타고난다.

무극의 진리와 음양오행의 정기가 오묘하게 합쳐지고 엉겨서 건(乾)의 도는 남자를 이루고, 곤(坤)의 도는 여자를 이루고, 두 기운이 서로 느껴서 만물을 변화 생성시키니, 만물은 끊임없이 서로 생성하면서 무궁히 변화하는 것이다. 오직 사람만은 빼어남을 얻어 가장 신령스러우니, 형체가 생성되고 나서는 정신이 앎을 발휘한다. 다섯 가지 성품이 느끼고 움직여서 선함과 악함이 나눠지고 만사가 출현한다.

성인께서 충정과 인의로써 안정시키고 고요함을 위주로 사람의 법도를 세웠다. 그래서 서인은 천지와 그의 덕이 합치되고, 해와 달이 그의 밝음이 합치되며, 사철과 그의 질서가 합쳐지고, 귀신과 그의 길흉이 합치게 되나니, 군자는 이를 닦아 길하고, 소인을 이를 거스름으로 흉하다. 말하기를, "하늘을 서게 하는 도는 음과 양이고, 땅을 서게 하는 도는 부드러움과 강함이고, 사람을 서게 하는 도는 인과 의이다."라고 했으며, 또 말하기를, "사물의 시작은 거슬러 가서 끝으로 되돌아오는 것이다. 그러므로 죽고 사는 이론을 아는 것이다."고 했다. 위대하다! 역이여!

《태극도설》 첫 구절에서 언급한 태극이 곧 무극이고, 무극이 곧 태극이라는 것은 태극 곧 무극이 세상을 움직이는 가장 근원적인 개념이라는 뜻이다. 이는 성리학의 '성(性)'이 곧 '이(理)'라는 개념과 같다. 간단히 말하면 '태극'과 '무극', '성'과 '이'는 기독교의 하느님(하나님), 즉 유일신(God)과 같은 개념이다. 태극은 음양, 음양은 오행, 오행은 사계절, 사계절은 남과 여, 남녀는 만물을 낳는다. 이러한 존재의 탄생은 모두 끊임없는 변화 때문이고, 그 변화의 철학이 곧 '역'이다.

《태극도설》에서 주목할 것은 인간이 가장 빼어난 능력이 있다는 논리이다. 이러한 논리가 곧 '인간 만물 영장설'의 탄생 배경이다. 그러나 이 같은 논리는 '평등한 관계'로서 '생태(Eco)'와는 거리가 멀고, 식물을 본초학적으로 인식하는 성리학자의 식물관에도 악영향을 주었다. 더욱이 지금도 한국인들이 비생태적인 표현의 상징인 '식물인간'을 주저 없이 사용하는 철학적 배경이다.

서원 뒤편에서 박물관으로 가는 교량 이름 '제월교(霽月橋)'와 박물관으로 올라가는 언덕의 '광풍정(光風亭)'도 주돈이의 흔적이다. 광풍정의 '광풍'과 '청다리'라 부르는 제월교의 '제월', 즉 '광풍제월'은 모두 북송의 황정견(黃庭堅, 1045~1105)이 주돈이의 인품에 대해 "속이 시원스러워 비가 갠 뒤의 화창한 바람이나 밝은 달과 같다."고 한 데서 나온 것이다. 그런데 현재 제월교는 최근에 '백운교(白雲橋)'로 명칭을 바꾸어 다리 앞에 붙여 놓았다. 문제는 광풍정의 안내문에 제월교를 소개하고 있다는 점이다. 게다가 광풍정 안내문에는 광풍정과 더불어 광풍대(光風臺)를 소개하면서 이황이 이름을 붙였다고 적고 있으나, 안정구의 《梓鄕誌(재향지)》〈順興誌(순흥지)〉에는 광풍대의 이름을 붙인 사람을 주세붕으로 기록하고 있다. 이 같은 문제는 명칭이 서원과 어떤 관계가 있는지를 정확하게 모르기 때문에 발생하는 것이다. 소수서원의 '광풍제월'은 전남 담양 소쇄원의 제월당(霽月堂)과 광풍각 (光風閣)에서 보듯, 전국 성리학 공간에서 자주 만날 수 있다. 주세붕 의 고향 경남 함안군 무릉사에도 광풍각과 제월문이 있고, 연암 박지원 이 안의 현감을 지낸 경남 함양군 안의면에는 광풍루(光風樓)가 있다.

이익(李瀷, 1681~1763)의 《星湖僿說(성호사설)》 〈백운동서원 방 문기〉에 따르면, 경렴정 현판 중 해서(楷書)는 이황의 글씨이고, 초서 는 고산(孤山) 황기로(黃耆老, 1521~1575?)의 글씨이다. 신발을 벗고 경렴정에 올라서 은행나무를 바라보는 것도 무척 즐거운 일이다.

두 그루 은행나무와 느티나무 및 소나무 숲

소수서원의 은행나무 두 그루는 조선 시대 서원 은행나무의 기준이 다. 우리나라 세계유산에 등재된 9개 서원 중 은행나무가 성리학의 상 징 나무인 곳은 소수서원을 비롯한 옥산서원, 도동서원, 무성서원, 필 암서원 등이다. 도산서원, 돈암서원, 남계서원, 병산서원 등에는 나이 많은 은행나무가 없다. 그러나 9개 서원 중 수백 년 나이의 두 그루 은 행나무가 있는 곳은 소수서원이 유일하다. 다만 필암서원의 경우 확연 루(廓然樓) 앞 홍살문 좌우에 아직 나이 어린 은행나무 두 그루가 있 다. 1982년에 보호수로 지정된 왼쪽(확연루 기준) 은행나무는 높이 19m, 둘레 2m, 나이 200살이다. 확연루(廓然樓)와 청절당(淸節堂) 사이 좌우에 어린 은행나무가 각각 한 그루씩 있다.

소수서원의 은행나무 중 한 그루는 경렴정 맞은편 바위 언덕, 즉 소혼대(消魂臺) 아래에 있고, 다른 하나는 경렴정 왼쪽 죽계 변 언덕에 있다. 두 그루는 모두 수그루이다. 이처럼 소수서원에서 두 그루 은행나무를 심은 것은 아마도 성균관의 사례를 참고했을 가능성이 높다. 왜냐하면 서원 설립 당시 행단으로서의 은행나무를 참고할 곳은 성균관밖에 없었기 때문이다.

소혼대 아래 은행나무

　　　　　　　　　　　인류의 미래 은행나무

소수서원의 은행나무를 심은 주인공은 자료가 없어서 확인할 수가 없다. 소수서원 두 그루 은행나무 앞의 안내문에 따르면, 1982년 보호수 지정 당시 나이는 각각 500살이며 다른 정보는 없다. 만약 주세붕이 백운동서원을 완성한 후 은행나무를 심었다면, 나무의 나이는 2024년 기준으로 481살이다. 주세붕이 은행나무를 심었다고 가정하는 근거는 주자가 '장절정'을 지은 후 나무를 심었다고 언급한 주세붕의 글이다.

소수서원 은행나무 중 경렴정 옆의 은행나무는 언덕에 살기도 하지만 쇠로 만든 울타리 탓에 지자체의 도움을 받지 않으면 개인이 둘레를 측정할 수가 없다. 그래서 소혼대 아래의 은행나무에 관한 측정을 통해 추측할 수 있을 뿐이다. 소혼대 아래 은행나무의 둘레는 4.2m이다. 이것을 용문사 은행나무 나이 계산법에 적용하면, 소혼대 은행나무의 나이는 대략 380살 정도이고, 조선 인조연간에 해당한다. 이는 보호수 지정 당시의 나이와 주세붕이 심었다는 설과도 맞지 않다. 다만 소수서원 은행나무의 나이와 관련해서 고려할 사항은 소혼대 아래 은행나무의 경우 원줄기는 80%정도 썩은 상태이고, 원줄기에서 갈래진 두 줄기 중 하나는 완전히 썩은 상태라는 점이다. 아울러 당시 묘목을 심었는지의 여부에 따라 나이는 달라진다. 경렴정 옆의 은행나무는 소혼대 아래 은행나무보다 상대적으로 나은 편이지만 원줄기가 심하게 썩었다. 이런 점으로 보면 소수서원 두 그루 은행나무는 정상적으로 생장할 수가 없었을 것이다. 소수서원 두 그루 은행나무는 모두 암그루이다. 그런데 두 그루 모두 원줄기 주변에 새 나무가 탄생했다. 소혼대 아래 은행나무의 경우, 한 그루의 둘레는 1.25m, 다른 한 그루는 1.4m이다.

소수서원에는 서원과 직접 관련이 없는 사료관 동서에 각각 한 그루씩 은행나무가 있다. 그중 동쪽(사료관 기준) 은행나무의 둘레는 1.65m, 서쪽 은행나무의 둘레는 1.37m이다. 그러나 두 그루 모두 암수를 구분할 수 없다. 다만 두 그루를 심은 이유는 소수서원의 두 그루를 참고해서 심었을 것이다. 아울러 사료관 뒤편의 충효교육관 주변에 두 그루, 그리고 탁영지 주변에도 한 그루 은행나무가 있지만 아직 어리다.

소수서원 은행나무와 관련해서 주목할 것은 주세붕이 풍기향교에 심었다는 은행나무이다. 풍기향교의 은행나무는 현재 경북항공고등학교 교정에 있다. 주세붕은 정림사를 없애고 이곳에 향교를 설립하여 은행나무를 심었다. 소수서원의 은행나무와 같은 해 보호수로 지정한 '영주 교촌리 은행나무'의 나이는 400살, 높이는 20m, 둘레는 6.6m이다. 그러나 이곳 보호수 은행나무의 나이는 용문사 은행나무 나이 계산법에 적용하면 600살이다. 따라서 둘레를 좀 더 정확하게 재어 나이를 판단할 필요가 있다. 이곳 보호수 은행나무는 수그루이다. 그러나 현재 은행나무 뒤편 교사(校舍)의 대대적인 수리 과정에서 은행나무 옆에 공사 장비를 둔 탓에 직접 잴 수가 없다. 그런데 보호수 은행나무 옆에는 둘레 3.25m 정도의 은행나무 한 그루가 있다. 이곳 비보호수 은행나무의 나이는 대략 300살이고, 암그루이다. 이처럼 향교의 은행나무가 암수딴그루인 경우는 흔하지 않다.

인류의 미래 은행나무

소수서원은 워낙 유명한 곳이라서 조선 시대 문인들도 적잖이 찾았다. 그중 소나무를 사랑한 송암(松巖) 권호문(權好文, 1532~1587)도 경렴정에 올라 죽계의 아름다움을 감상했다.

〈景濂亭(경렴정)〉

夜憑生浩氣(야빙생호기) 밤에 정자에 기대니 호방한 기운 일고
秋賞散寒聲(추상산한성) 가을날에 흩어지는 물소리를 감상하네
君子香猶遠(군자향유원) 군자의 향기가 여전히 멀리 퍼져
淸潭影幔亭(청담영만정) 맑은 못에 정자 그림자가 비치네

소수서원의 상징 나무는 은행나무이지만, 느티나무와 소나무도 빼놓을 수 없는 상징 나무이다. 특히 매표소 앞 느티나무는 둘레 5.5m이다. 이곳 느티나무는 6km 정도 떨어진 곳에 있고, 둘레는 8.7m이고, 450살의 '영풍 태장리 느티나무(천연기념물)'와 둘레 7.25m이고, 500살의 '함양 학사루 느티나무(천연기념물)'와 비교해 보면, 300살 정도로 추정할 수 있다. 소수서원에는 숙수사당간지주 옆 한 그루 및 탁영지 주변 세 그루 등 여러 그루의 느티나무가 있다. 서원의 느티나무(槐)는 회화나무(槐)의 문화변용이다. 소수서원 내에는 '학자수(學者樹)'인 회화나무가 없다.

소수서원의 느티나무와 관련해서 덧붙일 것은 이황이 심었다는 '삼괴정(三槐亭)'이다. 삼괴정은 소수서원에서 3.8km 거리의 순흥면 배점

배정리 삼괴정 느티나무

리에 있다. 삼괴정의 '삼괴'는 중국 주나라 때 3정승을 의미하는 회화나무 세 그루를 뜻하는 '삼괴'에서 유래했지만, 조선 시대에는 회화나무 세 그루를 심기도 했지만, 느티나무 세 그루를 심어 '삼괴'라 불렀다. 삼괴정은 이황이 제자를 가르친 곳에 심은 나무로 알려져 있다. 삼괴정 느티나무도 소수서원 은행나무와 같은 해에 보호수로 지정했으며, 나이는 350~450살이다.

　삼괴정 옆에는 1614년 풍기군수 이준(李埈, 1560~1635)이 정려를 올려 만든 '배순정려비(裵純旌閭碑)'가 있다. 이는 배순(裵純, 1534~1614)을 기린 것이다. 대장장이를 업으로 삼았던 배순은 어린 시절 안동 예안에 살 때부터 이황을 흠모하여 이황이 풍기군수로 부임하자 풍기로 이사했다. 그는 이황이 소수서원에서 유생들에게 강론

할 때 무릎 꿇고 뜰아래에서 참가했다. 이황은 이를 기특하게 여겨 다른 제자들과 함께 그를 가르쳤다. 배순은 이황이 세상을 떠나자 자신이 가진 기술로 이황을 철상(鐵像)으로 만들어 삼 년 복을 입어 제자의 예를 다했다. 아울러 배순은 선조가 죽자 74세의 나이에 삼 년 복을 입었으며, 걸어서 3시간 이상 걸리는 소백산 봉우리에 올라 예를 갖추었다. 소백산의 '국망봉(國望峰)'도 배점과 관련한 명칭이다.

소수서원의 소나무 숲은 남계서원 뒤편의 소나무 숲과 더불어 9개 세계유산 서원 중에서도 아주 특별하다. 소수서원 경내의 소나무 숲은 대부분 서쪽에 자리 잡고 있다. 이곳의 소나무 숲은 모두 인공 숲이다. 소수서원의 현재 소나무 숲은 은행나무보다 나이가 어려서 주세붕이 심은 것은 아니다. 이곳의 소나무 숲은 '세한삼우(歲寒三友 : 소나

죽계 '경' 자 바위

함안 무릉사 '경' 자

인류의 미래 은행나무

무, 대나무, 매실나무)'로서의 의미와 함께 풍수로써 조성한 것이다. 만약 소수서원의 서쪽에 소나무 숲이 없다면, 무척 허전할 수밖에 없다. 그래서 늘푸른큰키나무 소나무로 마을 숲처럼 만들었던 것이다. 풍수로 서쪽을 숲으로 보완하는 비보풍수의 예는 류성룡이 태어난 경북 의성군 사촌리 가로숲 천연기념물이다.

소수서원의 소나무 숲은 경내만이 아니라 경렴정 건너편 '경(敬)' 자 바위 뒤편에 있는 취한대(翠寒臺) 주변에도 빽빽하다. 취한대는 이황이 풍기군수 시절 잣나무와 대나무를 심어 붙인 이름이지만, 지금은 아쉽게도 잣나무와 대나무는 없다. 이익의 〈訪白雲洞記(백운동서원 방문기)〉에 따르면, 취한대 아래 이른바 '경' 자 바위 위에 새긴 '백운동(白雲洞)' 세 글자는 이황의 글씨이고, '경' 자는 주세붕의 글씨이다. '경' 자 글씨는 주세붕의 고향 경남 함안 '무릉사' 앞의 돌과 주세붕을 모신 경남 함안의 덕연서원 강당에도 새겨 놓았다. 이는 소수서원 죽계의 '경' 자 바위 글씨가 주세붕의 글씨라는 것을 강조하기 위한 것이다. 후손들이 이렇게 한 이유는 '경'의 글씨가 이황의 글씨라는 주장이 있었기 때문이다.

주돈이의 애련설과 탁영지

소수서원은 조선 시대 교육 기관의 연못이 지닌 의미를 이해하는 데도 중요한 곳이다. 조선의 성리학자들이 강학 공간이나 놀이 공간에 연못을 조성한 이유는 경렴정의 주인공인 주돈이의 〈愛蓮說(애련설)〉

때문이었다. 〈애련설〉은 명문장이어서 《古文眞寶(고문진보)》(후집)에
도 수록되었다. 연꽃과 여러해살이풀 연꽃(*Nelumbo nucifera* Gaertn.)은
주돈이가 글을 쓴 이후 성리학자들이 모두 사랑했다.

> 물과 땅에 있는 초목의 꽃들 중에 사랑스러운 것이 매우 많다. 진(晉)나라의 도
> 연명(陶淵明)은 유독 국화를 좋아했고, 이 씨가 세운 당(唐)나라 이래로 세상
> 사람들이 매우 모란을 좋아했다. 나는 유독 연꽃을 사랑한다. 진흙에서 나왔으
> 나 때 묻지 않고, 맑은 물로 씻겼으나 요염하지 않고, 속은 비었으되 겉은 곧으
> 며, 덩굴은 뻗지 않고 가지를 치지 아니하며, 향기는 멀수록 더욱 맑아지고, 반
> 듯하고 맑게 서 있어 멀리서 바라볼 수는 있어도 차마 가까이 갈 수가 없네.
> 내가 말하건대, 국화는 꽃 중에 은둔하는 현자요, 모란은 꽃 중에 부귀한 자요,
> 연꽃은 꽃 중에 군자로다.
> 아! 국화를 사랑하는 자 도연명 이후로 들어본 바 드물고, 나와 같이 연꽃을 사
> 랑하는 자 누구인가? 모란을 사랑하는 이는 마땅히 많으리로다!

주돈이처럼 연꽃을 이토록 칭송한 자는 드물었다. 주돈이가 연꽃을
군자에 비유함에 따라 성리학자도 자신들이 군자라는 것을 증명이라
도 하듯, 앞다투어 연꽃을 가꾸었다. 이황도 연꽃을 좋아한 사람 중 빼
놓을 수 없다. 특히 《陶山雜詠(도산잡영)》 중 〈淨友塘(정우당)〉은 현
재 도산서당 앞에 남아 있는 '정우당'을 노래한 것이다. 정우당의 '정우'
는 연꽃의 별칭이다. '깨끗한 벗'을 뜻하는 '정우'는 '사군자'처럼 연꽃에
관한 인격화이다. 이황은 다음과 같이 연꽃을 노래했다.

〈淨友塘(정우당)〉

物物皆含妙一天(물물개함묘일천) 물건마다 한 하늘의 묘한 이치 품었거늘

濂溪何事獨君憐(렴계하사독군련) 염계는 무슨 일로 그대만을 사랑했나

細思馨德眞難友(세사형덕진난우) 향기로운 덕 생각하니 벗하기 어려운데

一淨稱呼恐亦偏(일정칭호공역편) 정(淨) 하나로 일컫는 것 편벽 될까 두려워라

이황보다 26살 적으면서도 당당하게 선배와 편지로 논쟁했던 기대
승(奇大升, 1527~1572)도 이황과 같은 제목의 시를 남겼다.

〈淨友塘(정우당)〉

淤泥不染解全天(어니불염해전천) 진흙에 물들지 않아 온전한 천연을 아는데

濯濯明姿更可憐(탁탁명자갱가련) 깨끗하고 밝은 모습 어여쁘기도 하여라

想得無言相對處(상득무언상대처) 생각해 보니 말없이 서로 대하는 곳에

一團淸興爲君偏(일단청흥위군편) 한 가닥 맑은 흥취 그대 위해 유난하리

도산서당 앞의 정우당에는 지금 연꽃이 살고 있지만 오래전 수련이
살았다. 다행히 문제를 알아차리고 다시 정우당을 조금 넓혀서 연꽃을
심었다. 그러나 소수서원 동쪽의 연못 탁영지(濯纓池)에는 연꽃이 아
니라 수련과 여러해살이풀 수련(*Nymphaea tetragona* Georgi)이다. 9개
세계유산 서원 중 연못이 없는 곳은 돈암서원, 필암서원, 무성서원, 도

소수서원 탁영지

동서원, 옥산서원이고, 연꽃 대신 수련을 심은 곳은 소수서원을 비롯한 병산서원과 남계서원 등이다. 아울러 문화재급 성리학 공간에도 비슷한 사례가 흔하다. 연꽃은 〈애련설〉에서 언급한 '향원익청(香遠益淸)'처럼, 연꽃의 향기는 멀리 갈수록 더욱 맑아진다. 군자의 덕도 마찬가지다. 그래서 성리학자들은 '향청정(香淸亭)'을 지어 수양했다. 경남 함안의 주세붕 묘소 앞에도 아주 큰 연못에 연꽃을 심었다.

소수서원의 또 다른 매력은 죽계구곡(竹溪九曲)을 갖춘 점이다. 《재향지》의 〈순흥지〉에서 언급한 죽계구곡은 다음과 같다.

부사(府使) 신필하(申弼夏)가 소백산을 유람할 때 초암사 금당(金堂) 앞에 큰 글씨로 '죽계제일수석(竹溪第一水石)'이라 써서 새겼다. 그리고 무이구곡(武夷九

인류의 미래 은행나무

曲)을 본떠 처음으로 반석에 1곡이라 새기고 시내를 따라 내려오면서 마지막으로 배점(梨店)에서 9곡을 새겼다. 그 사이의 거리가 5리쯤 된다. 계곡이 길고 굽이가 많아서 가장 볼 만한 데만 취한다 해도 이뿐 아닐 텐데, 새겨져 있는 9곡은 거리가 너무 짧지 않나 여겨진다. 중국의 무이구곡은 동구(洞口)에서 시작하여 거슬러 올라가면서 계곡 마지막까지 가는데, 동구가 1곡이 되고 계곡 마지막이 9곡이 되었으니 이곳의 9곡과는 반대인 셈이다. 지금에 본다면, 마땅히 백운동(白雲洞) 취한대(翠寒臺)가 처음 1곡이 되고, 금성(金城) 반석이 2곡이 되고, 백자담(柏子潭)이 3곡이 되고, 이화동(梨花洞)이 4곡이 되고, 목욕담(沐浴潭)이 5곡이 되고, 청련동애(靑蓮東崖)가 6곡이 되고, 용추(龍湫)가 7곡이 되고, 금당(金堂) 반석이 8곡이 되고, 중봉의 합류되는 곳이 9곡이 되어야 한다. 우선 이 설을 기록하여 후인들의 평가를 기다린다.

《재향지》〈순흥지〉 저자 안정구는 순흥부사 신필하의 죽계구곡 설정을 비판하면서 주자가 설정한 무이구곡처럼 계곡을 거슬러 올라가면서 구곡을 설정해야 한다고 주장했다. 조선 시대 구곡 중 최고로 꼽는 충북 괴산 우암 송시열과 관련한 화양구곡, 한강 정구가 설정한 경북 성주의 무흘구곡, 회재 이언적과 관련한 옥산구곡 등은 모두 무이구곡처럼 계곡을 거슬러 1곡을 시작한다. 따라서 죽계구곡의 제1곡은 소수서원 취한대이다. 그러나 조선 시대의 구곡은 대부분 무이구곡과 같은 방식으로 설정했지만, 핵심은 조금씩 다르다. 즉 무이구곡의 핵심은 제5곡 은병봉 아래의 무이정사(武夷精舍)이다. 그러나 조선의 구곡 중 제5곡 무이정사처럼 정자를 갖춘 곳은 옥산구곡 중 제5곡 독락

소수서원 취한대

당 옆 관어대의 계정(溪亭)이다. 송시열이 머물렀던 화양구곡의 암서
재는 제4곡 금사담 옆에 있다.

　소수서원은 세계유산답게 자연생태와 인문생태와 사회생태 등 생
태학적으로 다양한 가치를 갖추고 있다. 그러나 아직 세계유산답게 자
연생태에 관한 이해와 기록이 부족하다. 특히 소수서원은 다른 모든
서원의 기준이라는 점에서 찬란한 기록문화의 전통을 생태학 차원에
서 계승해야 한다. 아울러 소수서원의 은행나무와 영주 교촌리 은행나
무는 조선 시대는 물론 현재까지 영주를 대표하는 나무이다. 그래서
소수서원 주변과 경북항공고등학교 앞 가로수도 은행나무이니, 은행
나무와 관련한 축제라도 개최하면 큰 의미가 있을 것이다.

　　　　　　　　　　인류의 미래 은행나무

(2) 대구 달성 도동서원 은행나무

도동서원(道東書院)은 9개 세계유산 서원 중 예적 질서를 가장 잘 구현한 건축물이다. 그 이유는 예학 전문가였던 한강(寒岡) 정구(鄭逑, 1543~1620)가 설계했기 때문이다. 정구는 퇴계 이황과 남명 조식의 제자였을 뿐 아니라, 도동서원의 주인공인 한훤당 김굉필의 외증손이었다. 도동서원의 '도동'은 서원의 위상을 이해하는 데 아주 중요한 개념이다. '도동'은 '도가 동쪽에 왔다'는 뜻이다. 여기서 '도'는 중국 성리학의 다른 이름이다. '도'는 '길'이다. '길'은 인간이 하늘에게 받은 천성을 찾는 것이다. 누구나 하늘에게 받은 착한 본성을 구현하면 성인의 경지에 오를 수 있다. 성인의 경지에 오르기 위한 과정이 곧 공부(工夫)이다. 조선의 성리학자들은 모두 성인의 경지에 오르기 위해 공부했다. 그래서 성리학자를 '도학자'라고 한다. 김굉필은 평생 도학에 전념한 대표적인 성리학자였다. 도동서원은 도학자 김굉필의 위상을 보여 주는 명칭이다. 김굉필은 성균관 문묘에 배향된 동국(東國) 18현(설총, 최치원, 안향, 정몽주, 김굉필, 정여창, 조광조, 이언적, 이황, 김인후, 이이, 성혼, 김장생, 조헌, 김집, 송시열, 송준길, 박세채) 중 조선의 인물 중 가장 먼저 자리를 차지하고 있는 이른바 '수현(首賢)'이다. 그래서 도동서원은 2019년 세계유산에 등재된 9개 사액서원 중 '으뜸'이다.

도동서원이 조선의 서원 중 '으뜸'이라는 증거는 중정당(中正堂) 기둥의 흰 종이, 즉 '상지(上紙)'다. 세계유산 8개 서원의 강당 기둥에는 상지가 없다. 상지는 서원 앞의 '하마비'와 같은 역할을 한다. 그래서 상지를 보는 순간, 고개를 숙여 예를 표해야 한다. 예컨대 도동서원 앞 낙동강에서 배를 타고 서원 앞을 지나다가 서원의 상지를 보아도 예를 갖추었다. 현재도 매년 문중에서 상지를 교체한다. 그 이유는 시간이 지나면 종이가 빛을 받아 색이 변하기 때문이다.

정구는 김굉필을 모시는 도동서원을 설계했다. 도동서원은 비슬산 자락에 있던 사액서원 쌍계서원(雙溪書院)이 임진왜란으로 소실되어 현재의 자리에 다시 건립한 것이다. 정구가 건립한 서원의 이름은 보로동서원(甫勞洞書院)이었다. '보로동'은 당시의 행정명이었다. '도동'은 1607년 선조 친필 사액이다. 도동서원의 은행나무를 이해하기 위해서는 김굉필만큼 정구에 관한 이해가 아주 중요하다. 정구의 제자 미수(眉叟) 허목(許穆, 1595~1682)의 《寒岡先生文集(한강선생문집)》〈序(서)〉에서 대략 파악할 수 있다.

선생은 성주(星州) 사월향(沙月鄉)에서 태어났다. 선생은 어려서부터 예(禮)를 좋아하고 발분하여 독서했는데, 오덕계(吳德溪) 선생에게서 《주역》 '건괘(乾卦)'와 '곤괘(坤卦)' 및 '문언(文言)'을 배우고, 21세에 처음으로 도산(陶山) 이 선생(李滉, 이황)을 처음 뵙고 《心經(심경)》을 배웠다. 도(道)를 깨우치고 나자 원근의 사람들이 모두 그를 스승으로 섬겼다. 1573년에 재능과 학식이 있는 선비를 선발했는데, 수찬(修撰) 김우옹(金宇顒)이 상께 아뢰기를, "정구라는 사람이 있는데, 어려서부터 이황과 조식(曺植)의 문하에서 학문을 닦아 경술(經術)에 밝으니, 벼슬이 없는 상태로 불러서 치도(治道)를 물을 만합니다." 하니, 상이 특별히 불러서 벼슬을 제수했으나 나아가지 않고 창평(蒼坪)에 한강정사(寒岡精

인류의 미래 은행나무

舍)를 지어《家禮集覽補註(가례집람보주)》를 완성했다. 뒤에 창녕현감(昌寧賢監)에 제수되었는데, 신생의 나이 38세였다. 상이 소견(召見)하여 묻기를, "이황과 조식의 학문은 어떠한가?"하니, 다음과 같이 대답했다. "이황은 덕이 두텁고 학문이 순수하여 배우는 자가 학문의 길을 찾아서 들어가기 쉽고, 조식은 우뚝하게 홀로 가기 때문에 배우는 자가 그 요령을 잡기가 어렵습니다."

정구는 조선 시대 예학 전문가였다. 특히 그는 같은 해 태어난 조선 최고의 성리학자인 이황과 조식을 스승으로 모신 유일한 인물이었다. 도동서원은 한강의 예학 정신이 고스란히 숨어 있다. 은행나무도 그중 한 요소였다.

도동서원의 전학후묘(前學後廟) 구조는 여타 서원과 다르지 않다. 서원의 전학후묘는 경남 함양의 일두(一蠹) 정여창(鄭汝昌, 1450~1504)을 모신 세계유산 남계서원(藍溪書院)에서 시작한다. 그러나 도동서원은 다른 서원과 다른 몇 가지 특징이 있다. 우선 도동서원은 경사지에 환주문, 중정당, 사당 등을 일직선으로 배치했다. 이러한 경사지와 일직선 배치는 자연스럽게 사당을 중심으로 예적 질서를 구현하기 위한 것이다. 조선 시대의 예적 질서는 부자 관계를 중심으로 한 수직적 질서를 의미한다. 물론 옥산서원과 남계서원 등에서도 볼 수 있지만, 도동서원처럼 문에서 사당까지 경사로 이루어지지 않았다. 아울러 도동서원은 건물을 경사지에 일직선으로 배치했을 뿐 아니라, 환주문과 사당의 계단이 하나면서 한 사람씩 오를 수 있을 만큼 좁다. 이러한 계단 구조도 자연스럽게 예적 질서를 구현하기 위한 것이다.

도동서원 중정당과 기둥 상지

인류의 미래 은행나무

도동서원은 다른 세계유산 서원과 달리 모든 건물이 맞배지붕이다. 조선 시대의 건물은 대부분 팔작지붕이다. 특히 서원의 강당은 대부분 팔작지붕이다. 물론 도동서원의 수월루는 맞배지붕이 아니라 팔작지붕이지만, 이는 한강이 설계한 것이 아니라, 1851년 정구와 같은 고향인 성주 출신의 응와(凝窩) 이원조(李源祚, 1792~1871)를 중심으로 한 후학들이 건립했다. 따라서 여기서는 다루지 않는다. 도동서원은 중정당과 중정당 앞의 좌우 구인재와 거의재, 그리고 사당이 모두 맞배지붕이다. 도동서원을 제외한 8개 세계유산 서원중에는 사당을 비롯한 일부 맞배지붕을 갖추고 있지만 모든 건물이 맞배지붕인 서원은 없다.

　　정구가 도동서원의 모든 건물을 맞배지붕으로 설계한 이유는 예적 질서를 구현하기 위해서이다. 도동서원 외의 서원에서도 사당의 경우 대부분 맞배지붕이다. 사당을 맞배지붕으로 하는 이유는 서원의 핵심인 사당이 경건한 공간이기 때문이다. 맞배지붕은 화려한 느낌의 팔작지붕에 비해 건축적으로 경건한 느낌을 준다. 특히 도동서원의 사당은 '동입서출(東入西出)'의 예에 따라 두 개의 계단을 설계한 중정당과 달리 들어가는 문만 열려 있고 나오는 문은 닫혀 있다. 그 이유는 기록이 없어서 알 수 없다. 다만 정구가 설계 당시부터 '동입서출'이 아니라 '동입동출(東入東出)'이었을 가능성이 높다. 사당 앞 좁은 계단을 보면 애초부터 '동입서출'의 방식보다는 사당을 향한 예적 질서에 무게를 둔 것처럼 보인다. 게다가 '동입동출'은 다른 문중에서 종종 나타나는 현상이다.

도동서원의 또 다른 특징은 다른 서원에서 볼 수 없는 곳곳의 조각
이다. 조각 중에서도 위계적인 토석담은 단순히 외부와 경계를 만드는
수단이 아니라 예술품이다. 그래서 '도동서원강당사당부장원(道東書
院講堂祠堂附牆垣)', 즉 '도동서원의 강당(중정당)과 사당에 딸린 담
장'은 보물이다. 우리나라 서원은 물론 담장만으로 보물로 지정된 사례
는 도동서원이 유일하다. 도동서원의 담장은 정확히 흙과 돌로 구성한
'토석담'이다. 토석담에는 암키와와 수키와를 섞어 음양의 조화를 구현
했다.

도동서원의 또 다른 조각은 돌에 새긴 연꽃이다. 돌에 연꽃을 새긴

도동서원 중정당 맞배지붕

인류의 미래 은행나무

이유는 주돈이의 〈애련설〉에서 언급했듯, 연꽃이 '군자'를 상징해서다. 그런데 왜 연못에 연꽃을 심지 않고 돌에다 새겼을까. 아마도 도동서원의 공간상 연못을 만들 수 없었을 가능성이 높다. 그래서 정구는 부득이 돌에 연꽃을 새겨 연못의 연꽃을 대신했던 것이다. 중정당 앞 축대의 용과 다람쥐 조각도 도동서원만의 특징이다. 용은 서원에서 공부하는 사람들이 '등용문(登龍門)'처럼 과거 시험에 합격하길 바라는 것이다. 도동서원의 용 조각은 축대에 새겼다는 특징이 있지만, 다른 서원에서도 쉽게 볼 수 있다. 그러나 다람쥐 조각은 다른 성리학 관련 문화재에서 찾아보기 어렵다.

도동서원의 다람쥐는 아래로 향하는 것과 위로 향하는 것을 각각 새겼다. 도동서원의 다람쥐 조각은 서원 뒤 대니산(戴尼山) 자락의 김굉필과 부인과 자식들의 묘소에도 있다. 묘소의 다람쥐는 서원의 다람쥐 조각을 참고한 것이다. 그런데 왜 서원에 다람쥐를 조각했을까? 다람쥐는 오(鼯), 오서(鼯鼠), 율서(栗鼠), 공서(拱鼠), 예서(禮鼠) 등 몇 가지 한자 이름이 있다. 율서는 익은 밤알 색깔을 닮은 붓을 의미하는 율미필(栗尾筆)처럼 다람쥐꼬리로 붓을 만들어서 붙인 이름이고, '공서'와 '예서'는 다람쥐가 두 발을 모아서(공서) 마치 예를 갖춘 모습(예서)이어서 붙인 것이다. 도동서원의 중정당 축대에 다람쥐를 조각한 이유 중 하나는 서원 앞 대니산 자락의 '다람재'와의 관련 때문이다. 다람재는 이곳에 다람쥐가 많아 붙인 이름이다. 서원 뒷산 대니산은 '공자의 정신을 머리에 이고 있다'는 뜻이다. 이는 김굉필을 비롯한 성리학자들이 공자의 정신을 받들면서 공부하겠다는 뜻이다. 그런데 다람

도동서원 토석담

　　　　　　　　인류의 미래 은행나무

쥐를 조각한 이유가 단지 다람쥐가 많기 때문일까? 다람쥐의 인문학적인 의미는 없는지 묻게 된다.

다람쥐는 중국 후한 허신(許愼, 30~124)의 《說文解字(설문해자)》에 재주가 많은 동물로 소개하고 있고, 《세종실록》에 일본 사신과 영흥대군(永興大君)에게 다람쥐를 선물한 기록은 조선 시대에 다람쥐를 애완동물로 여긴 것을 보여 준다. 그래서 조선 시대 성리학자들도 다람쥐가 즐거움을 주는 대상으로 인식했다. 이러한 예는 성호 이익의 〈龍淵亭八景(용연정팔경)〉에서도 만날 수 있다.

門對靑山碌磈陬(문대청산록독추) 청산을 마주한 문 옆 고무래 후미진 곳에

杈枒亂穴互藏幽(차야란혈호장유) 들쭉날쭉 어지러이 구멍 있어 몸을 숨기네

玄圭蒼壁莓苔路(현규창벽매태로) 검은 홀 같은 푸른 절벽 아래 이끼 낀 길에

鎭見雙雙拱鼠遊(진견쌍쌍공서유) 다람쥐가 쌍쌍이 노는 모습을 한참 지켜보네

용머리와 다람쥐를 조각한 도동서원 중정당 축대의 돌은 색깔이 다양하다. 그 이유는 서원을 건립할 때 김굉필을 흠모하는 각지의 성리학자들이 돌을 기부했기 때문이다. 이는 당시 김굉필의 권위가 어느 정도였는지를 보여 주고 있다.

도동서원의 또 다른 특징은 환주문과 사당 앞의 모란 정원이다. 모란은 부귀를 상징한다. 그래서 주돈이가 〈애련설〉을 쓴 이후에도 성리학자들은 모란을 무척 좋아했다. 도산서원을 비롯해 전국 서원에서 모란은 흔히 볼 수 있다. 그러나 도동서원처럼 환주문과 사당 앞에 각각

모란 정원을 조성한 예는 도동서원이 유일하다.

도동서원의 사당 안에는 두 개의 벽화가 있다. 사당 정면에 한훤당, 오른쪽에 한강의 위패를 모신 사당 양편에는 '설로장송(雪路長松)'과 '강심월일주(江心月一舟)'의 벽화가 있다. 그중 '강심월일주'는 김굉필의 〈船上(선상), 배 위에서〉 시를 제목 삼아 그린 작품이다.

船如天上坐(선여천상좌) 배는 하늘 위에 앉은 듯
漁似鏡中游(어사경중유) 어부는 거울 속에 노는 듯
飮罷携琴去(음파휴금거) 술 마신 뒤 거문고 끼고 배 가는데
江心月一舟(강심월일주) 강 가운데 달빛이 배에 가득하네

도동서원 사당의 벽화는 누구의 작품인지 알 수 없지만, 김굉필의 시를 제목 삼아 그린 것으로 보아 김굉필의 후학 작품일 것이다. 서원 사당 안의 벽화는 아주 드문 사례이지만, 남명 조식을 모신 덕천서원(德川書院) 숭덕사(崇德祠) 바깥벽에는 호랑이 벽화가 있다.

성리학들은 시(詩), 서(書), 화(畵)의 삼절(三絶)을 추구했다. 그래서 성리학자 중에는 그림에 뛰어난 사람이 적지 않았다. 이덕무의 《청장관전서》〈耳目口心書(이목구심서)〉에 따르면, 김굉필은 퇴계 이황과 농암 김창협과 더불어 그림에 뛰어났다. 특히 이덕무는 김굉필을 여러 가지 기법이 모두 좋은 화가로 평가했다. 김굉필의 그림 솜씨는 김굉필 후손인 김호귀(金浩龜)의 부탁으로 쓴 사미헌(四未軒) 장복추(張福樞, 1815~1900)의 김립(金立) 행장, 즉 '초계군수성재김공행장

(草溪郡守惺齋金公行狀)'에 명종이 가지고 있던 김굉필의 매죽(梅竹)
병풍에 관한 내용에서 짐작할 수 있다.

> 명종(明宗)이 매죽(梅竹) 병풍 하나를 가지고 있었는데, 공에게 은혜를 베풀어
> 하사하며 말하기를 "이것은 너의 할아버지 문경공(文敬公)의 필적이다. 비록
> 내가 아끼고 완미하는 것이지만 마땅히 훌륭한 손자에게 내려 주어 집안의
> 보물로 삼게 하겠다."라고 했다.

장복추는 김굉필의 신도비문을 쓴 여헌(旅軒) 장현광(張顯光,
1554~1637)의 8대손이다. 명종이 김굉필의 매죽 병풍을 가지고 있었
다는 것은 그만큼 김굉필의 그림 솜씨가 뛰어났다는 것을 의미한다.

수월루 은행나무와 신도비 은행나무

도동서원에는 수월루 앞 은행나무 외에도 신도비 옆에도 한 그루
은행나무가 있다. 수월루 앞 은행나무는 정구가 심었지만, 신도비 옆
은행나무는 정구 이후에 심은 것이다. 수월루 앞 은행나무는 환주문과
정중당 및 사당과 일직선에 있다. 그러나 은행나무는 수월루 때문에
정구가 심을 당시의 지위를 잃어버렸다. 이원조의 〈도동서원수월루상
량문(道東書院水月樓上樑文)〉에 따르면, 수월루를 증축한 이유는 누
가 없는 것을 안타깝게 생각했기 때문이었다. 이원조 등은 누에 올라
사방의 경치를 볼 수 있길 기대했다.

상량문에 따르면 수월루의 '수월' '한수조월(寒水照月)', 즉 '차가운 물에 비친 달'을 뜻한다. 이는 중국 주자의 〈齋居感興二十首(재거감흥 이십수), 재실에 있을 때 느낀 감흥 20수〉 중 아래의 시에서 빌렸다.

恭惟千載心(공유천재심) 삼가 천 년의 마음을 살피건대
秋月照寒水(추월조한수) 가을 달이 찬 강물을 비추네
魯叟何常師(노수하상사) 공자가 어찌 늘 스승이겠는가!
刪述存聖軌(산술존성궤) 산정하고 조술한 것에 성현의 법도가 남아 있는 것을

이원조의 지적대로 수월루에 올라가면 은행나무를 비롯한 낙동강 주변의 풍경도 볼 수 있다. 다만 환주문과 중정당에서는 은행나무의 전모를 볼 수가 없다. 게다가 환주문의 진면목도 수월루에 가려서 제대로 감상할 수 없다. 다행히 수월루로 들어가는 길은 예를 갖출 수 있도록 좁은 돌계단을 만들어 정구의 설계 의도를 계승했다.

도동서원의 환주문은 다른 서원의 문과 비교하면 상당히 독특하다. '환주문'의 '환주(喚主)'는 '마음의 주인을 부른다'는 뜻이지만, 간혹 '집 주인을 부른다'로 오해하여 '이리 오너라' 외치는 사람도 있다. 성리학은 《心經(심경)》을 중시한 데서 알 수 있듯, '마음공부'를 중시한다. 마음은 곧 인간의 착한 본성이다. 그래서 환주문 앞에 서서 자신의 본성을 생각하면서 강당으로 들어가야 한다. 더욱이 환주문은 어른의 경우 반드시 고개를 숙여야만 들어갈 수 있다. 이는 서원 주인공에 대한 예의이다. 환주문 지붕에 설치한 호로병 모양의 절병통(節甁桶)은 서울

창덕궁(昌德宮) 상량정(上凉亭) 등 곳곳에서 만날 수 있다. 절병통의 기본 기능은 누수 방지이지만 예술 기능도 함께 지니고 있다.

환주문 돌계단 입구에는 연꽃 문양을 새겼다. 아울러 입구 주변 언덕에는 모란과 함께 양쪽에 측백나뭇과 늘푸른큰키나무 향나무 '가이즈카'(*Juniperus chinensis* 'Kaizuka')를 각각 심었다. 이곳의 향나무 '가이즈카'는 공자를 모신 중국 공부(孔府) 대성전 앞 향나무를 수용한 것이다. 그러나 향나무 '가이즈카'는 측백나뭇과 늘푸른큰키나무 향나무

도동서원 환주문 절병통

(*Juniperus chinensis* L.)와 다른 나무이다. 향나무 '가이즈카'는 학명에서 보듯 속명과 종소명 경우 향나무와 같지만, '가이즈카'에서 보듯 중국 과 더불어 일본 오사카 가이즈카(かいづか, 貝塚)도 원산지이다. 도동 서원 환주문은 수월루가 생기면서 정문의 위치를 상실했다. 도동서원 처럼 누와 문을 동시에 갖춘 경우 문이 누 안쪽에 있는 사례는 아주 드 물다. 도동서원의 경우는 환주문 이후에 수월루를 증축하면서 생긴 구 조이다. 그래서 수월루는 도동서원의 경계를 이루는 담장 밖에 있다. 세계유산 서원 중 처음부터 문과 누를 갖춘 경우는 문이 먼저이고 누 가 다음이다. 예컨대 옥산서원의 경우 역락문이 먼저이고 무변루가 다

음이며, 병산서원의 경우 복례문이 먼저이고 만대루가 다음이다. 소수서원, 도산서원은 누가 없고 무성서원, 남계서원, 필암서원 등은 문이 없다. 다만 돈암서원은 도동서원처럼 산앙루가 먼저이고 입덕문이 다음이다. 산앙루도 도동서원 수월루처럼 서원 담장 밖, 즉 입덕문 밖에 있다. 따라서 돈암서원의 산앙루도 도동서원처럼 서원을 완성한 뒤에 조성한 것이다.

수월루 앞 은행나무는 아주 독특한 모습이다. 가지가 땅에 닿아 다시 위로 솟아 있기 때문이다. 1982년 보호수 지정 당시의 나무 높이는 25m, 둘레는 8.79m, 나이는 400살이다. 수월루 앞 은행나무의 나이는 1605년 보로동서원의 성립 시기, 혹은 1607년 도동서원 사액 시기를 기준으로 삼은 것이다. 그러나 이곳 은행나무의 나이는 용문사 은행나무 나이 계산법을 적용하면 800살 정도이니, 보호수 지정 당시 나이보다 두 배가 많다. 따라서 수월루 은행나무에 대해서는 한강 정구가 심었다는 전제 외에 다른 요인에 대해서도 검토할 필요가 있다.

수그루 수월루 은행나무는 지금까지 태풍과 관리 부족으로 많은 수난을 겪었다. 따라서 나무의 가지 등이 잘리면서 모습이 많이 달라졌다. 특히 주변의 콩과 갈잎큰키나무 아까시나무(*Robinia pseudoacacia* L.)를 제거하는 과정에서 뿌린 농약이 땅에 스며들어 은행나무까지 흘러든 까닭에 고사 직전까지 이르렀다. 그러나 다행히 문중과 전문가들의 정성으로 지금까지 생존하고 있다. 다만 가지에 생긴 백화 현상으로 이끼가 생기는 등 건강 상태가 썩 좋지 않다.

수월루 은행나무는 현재 25m로 기록하고 있지만, 다시 측정하면

도동서원 은행나무

인류의 미래 은행나무

작을 것이다. 육안으로 보아도 25m 높이가 아님을 알 수 있다. 그동안
태풍 피해로 키가 작아진 것이다. 특히 현재 은행나무의 모습을 보면,
중심 줄기가 사라진 채 왼쪽(서원 기준)으로 약간 기울었다. 그래서 의
족의 도움을 받으면서 살아가고 있다. 의족 방향의 줄기는 햇볕을 제
대로 받지 못해서 피부 색깔이 하얀색에 가깝다. 땅에 닿은 가지에도
백화 현상이 일어나 앞으로 얼마나 견딜 수 있을지 걱정스럽다. 땅에
닿은 곳에서 다시 위로 뻗은 모습을 보노라면 가슴이 시리다. 왜냐하
면 땅에 닿은 가지에서 다시 위로 올리기 위해서는 엄청난 힘을 쏟아
야하기 때문이다. 게다가 이곳에 힘을 쏟다 보면 전체 건강을 해칠 수
도 있다. 더욱이 땅에 닿은 부분이 오래 계속되면 썩을 가능성도 높다.

도동서원 은행나무 줄기와 가지

그래서 나무는 닿은 곳 주변에서 다시 다른 가지를 만들어 후일을 도모하고 있다. 중심 줄기가 썩은 부위에는 새 생명이 탄생했다. 기존의 줄기와 새 생명은 색깔이 확연하게 다르다.

신도비 왼쪽(신도비 기준)의 은행나무는 수월루 앞 은행나무에 비해 나이가 훨씬 어리지만, 15m 이상의 높이에다 젊어서 아주 건강하다. 신도비 왼쪽 은행나무는 수월루 앞의 은행나무처럼 수그루이지만 누구 심었는지를 비롯한 나무 정보는 전혀 없다. 내가 둘레를 측정하니 약 2.4m이다. 용문사 은행나무 나이 계산법을 적용하면 약 218살 정도이다. 신도비 왼쪽에 은행나무를 다시 심은 이유는 아마도 암수딴 그루의 은행나무 특성을 고려했기 때문일 것이다.

서원 앞에 신도비(神道碑)가 있다는 것은 서원 뒷산에 김굉필의 묘소가 있다는 것을 암시한다. 왜냐하면 조선 시대의 신도비는 정2품 이상 관직자의 묘소 앞에 둘 수 있기 때문이다. 그러나 옥산서원 이언적의 신도비처럼 서원 앞 혹은 안에 신도비가 있더라도 묘소는 다른 곳에 있는 경우도 있다. 김굉필은 생전에 신도비를 세울 만한 관직에 오르지 못했지만, 사후 의정부 우의정에 추증(追贈)되어 신도비를 세울 수 있었다.

김굉필의 일대기를 기록한 행장(行狀)은 처음 후학 이적(李勣)이 썼으나, 뒷날 고봉(高峰) 기대승이 다시 썼다. 1626년에 세운 김굉필의 신도비문은 경북 구미시 인동 출신 장현광이 짓고, 글씨는 사헌부 감찰 배홍우(裵弘祐)가 썼다. 김굉필 신도비는 일반 신도비와 다른 점이 있다. 즉 신도비 중 귀부는 하나의 몸체에 머리가 둘인 쌍거북이며,

좌측과 우측의 거북 머리의 형태도 다르다. 거북은 코와 눈만 강조했으며, 거북 등의 문양은 귀갑문(龜甲文)이 아닌 연잎을 조각했으며, 발은 앞발뿐이다.

정현광의 김굉필 신도비문은 먼저 가계를 소개한 후 수학, 관직 생활, 유배 과정, 교우 관계, 자제 교육, 후손 등을 정리했다. 장현광은 김굉필의 신도비문을 《儒先錄(유선록)》과 《景賢錄(경현록)》에 기초해서 지었다. 특히 장현광은 김굉필의 외증손 정구가 그의 뜻과 사업을 계승하여 아름다움을 잇고 광채를 더한 것이 많다고 지적했다. 그러나 정구가 김굉필을 위해 만든 《景賢續錄(경현속록)》이 화재로 전하지 못한 것을 한으로 여겼다. 정구의 〈告寒暄堂金先生墓文(고한훤당김선생묘문), 한훤당 김선생의 무덤에 고한 글〉에서 그가 얼마나 김굉필을 존경했는지를 알 수 있다.

> 엎드려 고합니다. 정구는 불초한 몸으로 외람되이 선생의 유훈을 받들어 조정에 봉직하느라 고을 수령을 지내기도 하고 혹은 먼 타향으로 물러나 살기도 했습니다. 그래서 그간 8년 동안을 선생의 산소를 찾아 살펴보지 못하다가 이제 초목이 비이슬에 촉촉이 젖은 이때 감히 봉분 밑에서 정성을 바치노라니 느꺼워 흠모하는 마음 그지없습니다.

현재 김굉필의 묘소 제사는 문중에서 지내지 않고 대구의 유림(儒林)에서 주관하고 있다. 이는 그만큼 김굉필이 지금까지 존경받고 있다는 뜻이다. 전국에서도 이러한 예는 아주 드물다.

대구 한훤고택과 은행나무

김굉필의 종가인 한훤고택(寒暄古宅)은 대구광역시 달성군 현풍면(玄風面) 지동(池洞)에 있다. 이곳은 망우당(忘憂堂) 곽재우(郭再祐)의 본관인 현풍곽씨, 즉 솔례(率禮)곽씨의 집성촌이다. 김굉필 가문이 이곳에 뿌리를 튼 것은 예조참의를 역임한 김굉필의 증조부 김중곤(金中坤)이 솔례곽씨와 혼인하면서부터였다. 서울에서 태어난 김굉필은 19세 때 박예손(朴禮孫)의 딸과 혼인하여 경남 합천의 처가에서 살았다. 처가 옆의 소학당(小學堂)은 김굉필이 젊은 시절 공부한 곳이다.

김굉필의 처음 호는 사옹(蓑翁)이었다. 이는 비가 와서 밖은 젖으나 안은 젖지 않는다는 뜻이었다. 그러나 "이름을 지은 것이 너무 드러나니 세상에 처하는 도가 아니다."고 생각하고 '한훤(寒暄)'으로 다시 고쳤다. '한훤'은 '차가움과 따뜻함'을 뜻한다. 이는 부모의 건강을 살핀다는 뜻에서 '문안'을 뜻한다. 김굉필의 호는 그가 효를 얼마나 중하게 여겼는지를 보여 주고 있다.

김굉필의 종가는 처음 지금의 도동서원 근처에 있었지만, 김굉필의 11대손 도정공(都正公) 김정제(金鼎濟, 1724~1794)가 1779년에 터가 좁아 옮겼다. 당시 70여 가의 집성촌을 이루었으나, 한국전쟁으로 큰 피해를 입어 지금은 친척이 얼마 남아 있지 않다. 현재의 종손도 한국전쟁 때 창녕군으로 피난해서 한 달 뒤에 돌아왔다. 그러나 당시 북한 인민군 사령부로 사용했던 종택은 사당의 내부만 남아 있었을 뿐 나머지는 모두 불타 버렸다. 고택 앞의 은행나무도 포탄이 박혀 있었다.

고택은 풍수지리로 나비 형국이다. 그래서 마을 앞에 연못을 조성

인류의 미래 은행나무

한훤고택 앞 은행나무

했다. 현재의 지명인 지동도 연못 때문에 생겼다. 솔례 곽씨의 12정려
각을 지나 한훤고택으로 들어오면 돌에 새긴 '소학세향(小學世鄕)'과 마
주한다. 이는 한훤의 종가가 '소학동자(小學童子)'의 김굉필의 후손이라
는 뜻이다. '소학동자'는 김굉필의 상징어이다. '소학동자'의 '소학'은 주
자의 제자인 유청지(劉淸之, 1134~1190)가 1187년 8세 안팎의 아동들
에게 유학을 가르치기 위해 여러 저서의 구절을 뽑아 만든 것이다.

　김굉필이 《소학》에 눈을 뜬 것은 경남 밀양 출신의 스승 김종직이
었다. 조선 전기 영남 사림파의 거두였던 김종직은 김굉필과 일두 정
여창, 그리고 탁영(濯纓) 김일손(金馹孫, 1464~1498)의 삶에 결정적

인 영향을 주었다. 정구의 〈寒暄堂金先生師友門人錄(한훤당김선생사우문인록)〉에 따르면, 김굉필의 스승은 김종직과 지지당(止止堂) 김맹성(金孟性, 1437~1487)이었다. 김종직은 《소학》을 가르치면서 "진실로 학문에 뜻을 둔다면 이 책에서부터 출발해야 한다. 주염계(周濂溪)의 광풍제월(光風霽月) 같은 쇄락(灑落)한 인품도 역시 이에 벗어나지 않는다."고 했다. 이에 감명받은 김굉필은 스승의 말씀을 실천하면서 결국 《소학》에서 깨달음을 얻었다.

業文猶未識天機(업문유미식천기) 글을 업으로 삼아도 오히려 천기를 알지 못했더니
小學書中悟昨非(소학서중오작비) 소학 책 속에서 그 전의 잘못을 깨달았네

《소학》에서 깨달음을 얻은 김굉필은 제자들에게도 늘 《소학》을 강조했다. 이긍익(李肯翊, 1736~1806)에 따르면, 멀고 가까운 지방의 선비들이 소문을 듣고 사모하여 찾아와서 그가 사는 마을에는 학도들이 거리를 메웠다. 경서를 배우려고 당에 올라도 자리가 좁아 다 수용할 수 없었다. 김굉필은 젊은 시절 숭산천(崇山川) 근처에 '한훤당(寒暄堂)'을 짓고 학문에 정진했다. 그러나 화재로 한훤당 건물은 없어지고, 김굉필이 갑자사화로 죽은 후 함께 죽은 정여창을 기리기 위해 사당과 소학당(小學堂)을 지었다. 현재 가야면의 사당 충현사(忠賢祠)와 소학당은 1696년 화재로 없어진 것을 다시 지은 것이다. 건물 오른쪽(사당 기준)에 벽진이씨, 안동권씨, 순천박씨 중조(中祖)의 위패를 모

시고 있는 회산사(會山祠)가 있다. 소학당 앞과 하천 변에는 상당히 나이가 많은 느릅나뭇과 갈잎큰키나무 느티나무[*Zelkova serrata* (Thunb.) Makino] 두 그루와 느릅나뭇과 갈잎큰키나무 팽나무(*Celtis sinensis* Pers.) 한 그루, 그리고 층층나뭇과 갈잎큰키나무 말채나무(*Cornus walteri* Wangerin) 한 그루가 있고, 소학당 입구에는 감나뭇과 갈잎큰키나무 감나무(*Diospyros kaki* Thunb.) 한 그루가 있다.

소학당 근처에 느티나무 두 그루와 팽나무 한 그루를 심은 이유는 기록이 없어서 알 수 없지만, 3정승을 의미하는 '삼괴(三槐)'와 관련이 있을지 모른다. 물론 느티나무는 두 그루지만 팽나무도 느티나무와 형제라는 점을 감안하면 큰 문제는 아니다. 소학당을 소개하는 글에서

합천 소학당 근처 느티나무와 팽나무

합천 소학당 느티나무 옆 지동암

팽나무를 느티나무로 기록한 경우도 있지만 오류다. 소학당 왼쪽 아래 느티나무 앞에는 아주 큰 바위가 있다. 바위에는 붉은 글씨로 '뜻을 같이하는 바위'를 뜻하는 '지동암(志同巖)'이 있다. 지동암은 김굉필과 정여창의 동지애를 보여 주는 곳이다. 지동암은 숭산천의 물길이 소학당으로 오는 것을 막아 주는 역할을 한다. 즉 소학당은 숭산천이 흘러가는 수구(水口)를 바라보는 데 자리 잡고 있다. 풍수 사상에서 정자든 서원이든 물이 빠지는 곳을 바라보면 좋지 않다. 도동서원의 수월루는 물이 빠지는 곳을 바라보는 것이 아니라 들어오는 것을 바라보고 있다. 그래서 소학당 앞의 세 그루 나무는 물이 흘러가는 것을 막기 위한 '비보림(裨補林)'이다. 다만 세 그루 나무는 부족한 것을 보충하는 '비보'의 역할만이 아니라 후손의 입신양명을 바라는 뜻도 포함하고 있다.

말채나무는 가지로 말 채찍에 사용해서 붙인 이름이다. 말채나무

인류의 미래 은행나무

는 소학당만이 아니라 옥산서원 입구 등 성리학 공간에서 종종 만날 수 있다. 그 이유는 성리학자들이 말을 타고 다닐 때 채찍을 사용하기 위해서였다. 소학당 뒤편의 울창한 소나무 숲도 경남 함양군 정여창을 모신 남계서원의 뒤편 언덕의 울창한 소나무 숲처럼 부족한 것을 보충한 비보림이다.

소학당이 위치한 가야산 자락은 김굉필이 활동한 공간이다. 소학당과 멀지 않은 가야산 자락의 경남 거창군 가조면 도리(道里)에도 김굉필이 정여창과 함께 제자를 가르친 모현정(慕賢亭)이 있다. 모현정은 김굉필과 정여창, 그리고 김굉필의 동서인 평촌(坪村) 최숙량(崔淑梁)이 거창의 가조 대학동(大學洞)에서 만난 것을 추모하기 위해 1898년 건립한 것이다. 이곳은 최숙량이 있었던 곳이다. 가조 8경에 위치한 정자 안에는 수십 개의 편액이 걸려 있다. 이는 세 사람의 위상이 어느 정도였는지를 보여 주는 증거이다.

5월에 이곳을 찾으면 모현정 오른편 담장 모서리의 만개한 불두화(佛頭花)가 불청객을 반갑게 맞는 듯하다. 인동과 갈잎떨기나무 불두화[Viburnum opulus L. var. sargentii (Koehne) Takeda f. hydrangeoides (Nakai) H.Hara]는 뽀글뽀글한 꽃 모양이 부처의 머리를 닮아서 붙인 이름이다. 불두화를 사찰에 주로 심는 이유는 이 나무가 결혼하지 않는 승려처럼 열매를 맺지 않는 '무성화(無性花)'이기 때문이다. 우리나라 조계종 승려는 결혼하지 않아 자식이 없다. 불두화는 열매를 맺는 인동과 갈잎떨기나무 백당나무[Viburnum opulus L. var. sargentii (Koehne) Takeda]를 개량한 것이다.

거창 모현정 불두화

　모현정 뒤 산자락에는 느티나무와 함께 은행나무 두 그루가 있다.
두 그루 은행나무는 모두 수그루이고, 두 그루의 나이는 다르다. 용문
사 은행나무 나이 계산법을 적용하면, 그중 둘레 2.1m의 은행나무의
나이는 대략 190살, 둘레 1.6m의 은행나무는 145살이다. 두 그루는
모두 수그루지만, 은행나무의 암수딴그루를 생각해서 심었을 것이다.

　김굉필은 동방오현의 수현에서 보듯 조선 시대 도학의 선구자였다.
따라서 한훤고택 종가는 김굉필의 정신을 이해하는 데 아주 중요하고,
고택 앞의 은행나무는 공자가 제자를 가르친 행단처럼, 김굉필의 도학
정신을 상징하는 곳이다.

　고택 앞 은행나무는 1982년 보호수 지정 당시 높이 12m, 둘레
3.8m, 나이 300살이다. 만약 김굉필의 11대손이 이곳에 와서 은행나

무를 심었다면, 고택 은행나무의 현재 245살이다. 다만 고택 앞의 은행나무 나이를 용문사 은행나무 나이 계산법을 적용하면 345살이다. 따라서 고택 앞의 은행나무는 좀 더 정확한 조사가 필요하다. 다만 고택 앞의 은행나무 나이는 고택 안의 소나무와 함께 이해할 필요가 있다. 왜냐하면 김굉필의 종손은 고택의 입향조가 소나무와 은행나무를 동시에 심은 것으로 알고 있기 때문이다. 은행나무 근처에는 '행천(杏泉)' 샘이 있었지만, 현재 나무 데크 때문에 보이지 않는다. '행천'은 은행나무의 이름을 딴 아주 귀한 유물이다. 한훤고택 내 모과나무도 아주 멋스럽다.

고택 앞의 은행나무는 암그루이다. 그러나 한국전쟁 때의 깊은 상처 때문인지 건강이 썩 좋지 않다. 현재 중심 줄기 사이에는 틈이 생겨

한훤고택 소나무

뽕나무가 살고 있다. 나무 아래 떨어진 은행나무 열매는 싹을 틔우고 있지만 생존할 가능성은 높지 않다.

고택 내의 소나무는 한국전쟁 때 죽을 고비를 넘기고 후손의 지극정성으로 지금까지 생존하고 있다. 소나무도 은행나무처럼 김굉필의 정신이 서려 있다. 소나무 옆에는 성리학을 상징하는 연못이 있지만, 현재 연꽃이 아니라 수련이 살고 있다. 다만 현재의 수련은 기존에 심었던 연꽃이 잘 자라지 않아 종가와 관계없는 분이 심어서 지금까지 살고 있다. 김굉필의 도학 정신을 구현하려면 반드시 연꽃이 필요하다. 특히 김굉필이 연자영(蓮子纓), 즉 갓끈을 연밥에 매달아 장식한 것을 사용했다는 사실까지 고려하면, 고택 내 연못의 연꽃은 김굉필의 삶을 이해하는 데도 아주 중요하다. 종손도 이점을 잘 알고 계시는 터라 연꽃을 심으려고 준비 중이다.

이익의 《성호사설》에 따르면, 연자영은 연못을 의미하는 '방축(防築)' 때문에 '방축영(防築纓)'이라 한다. 이유원의 《임하필기》에 따르면, "한훤당 선생은 항상 초립(草笠)을 쓰고 연자영을 드리운 채 방에서 조용히 지내면서 밤이 깊어도 잠들지 않았는데, 오직 갓끈이 서안(書案)에 닿아서 나는 달그락거리는 소리를 듣고 선생이 그때까지 책을 보고 있다는 것을 알아챘다."

고택 뒤편 사당에는 불천위(不遷位) 김굉필을 모시고 있다. 한국전쟁 때 위패만 타지 않고 나머지는 불타고 없어졌다는 사당 앞에 서면 저절로 숙연해질 수밖에 없다. 사당에서 고택 앞 은행나무를 바라보면, 김굉필의 소학 정신이 은행 열매처럼 주렁주렁 맺힌 듯하다.

⑶ 경북 김천 섬계서원 은행나무

김천시 대덕면 조룡리 섬계서원의 은행나무는 우리나라 서원 중 유일한 천연기념물이다. 섬계서원에는 행단으로서의 은행나무만이 아니라 약 300살 된 학자수(學者樹) 회화나무도 서원의 대표적인 상징 나무이다. 우리나라 서원 중 행단과 학자수를 동시에 갖춘 곳은 드물다. 예컨대 9개 세계유산 서원 중 은행나무 행단과 회화나무를 동시에 갖춘 곳은 경주 옥산서원 뿐이다. 섬계서원에는 조상을 향한 일편단심을 뜻하는 배롱나무도 갖추었다.

섬계서원의 '섬계'는 조선 시대 지례현(知禮縣) 섬계촌(剡溪村)에서 유래했다. 아울러 섬계는 진(晉)나라 왕희지(王羲之, 307~365)와 관련한 고사 때문에 우리나라 전통 시대 문인들이 즐겨 언급했다. 즉 왕희지는 폭설이 내린 밤에 술을 마시며 진(晉) 좌사(左思)의 〈招隱(초은), 은자를 부르다〉를 읊었다.

杖策招隱士(장책초은사) 지팡이를 짚고 은사를 부르니
荒塗橫古今(황도횡고금) 황량한 길이 고금에 가로놓였네
巖穴無結構(암혈무결구) 바위 구멍에는 건물이 없고
丘中有鳴琴(구중유명금) 언덕에는 거문고 소리 있어라

왕희지는 시를 읊다가 갑자기 섬계에 사는 친구 안도(安道), 즉 지금의 저장성(浙江省) 소흥시(紹興市)의 섬계(剡溪)에 있는 친구 대규(戴逵)가 생각이 나서 밤새 배를 저어 그 집을 찾아갔다가 돌아왔다.

누군가 왕희지에게 친구를 만나지 않고 왜 돌아왔느냐 묻자 그는 다음과 같이 대답했다.

乘興而來(승흥이래) 흥이 나면 가고
乘盡而返(승진이반) 흥이 다하면 돌아오네

친구가 보고 싶어서 눈길을 마다하지 않고 찾아갔다가 집 앞에서 흥이 다하자 미련 없이 돌아왔다는 왕희지의 감성도 멋있다. 왕희지가 섬계를 찾아간 까닭은 친구가 그리웠기 때문이기도 하지만, 친구가 사는 섬계가 정말 아름다웠기 때문이다. 섬계는 당나라와 송나라 때 종이로 유명한 곳이었다. 그래서 섬계에서 만든 종이를 '섬지(剡紙)'라 하고, 콩과 갈잎덩굴 등[*Wisteria floribunda* (Willd.) DC.]으로 만들어서 '섬등(剡藤)'이라 부른다.

섬계서원은 1802년에 창건했지만, 1868년 서원 철폐령으로 헐렸다가 1899년 강당을 새로 세웠다. 섬계서원의 주인공은 백촌(白村) 김문기(金文起, 1399~1456)이다. 김문기는 1456년 성삼문(成三問), 박팽년(朴彭年) 등과 단종 복위를 꾀하다 발각되어 군기감(軍器監) 앞에서 처형되었다. 그러나 김문기는 행우(杏雨) 남효온(南孝溫, 1454~1492)이 쓴 《秋江集(추강집)》의 〈六臣傳(육신전)〉에 실리지 않았다. 따라서 김문기는 1691년 남효온이 선정한 사육신이 국가에서 공인함에 따라 끝내 사육신에서 빠졌다. 다만 1731년 복관(復官)된 김문기는 1757년에 충의(忠毅) 시호를 받았다. 그래서 섬계서원 강당에도

'경의재(景毅齋)' 현판이 있다. 그러나 1977년 국사편찬위원회가 구성한 '사육신 문제를 규명하기 위한 특별위원회'에서 만장일치로 김문기를 사육신의 한 사람으로 채택했다.

10년 전 섬계서원을 찾았을 때는 문이 닫혀 내부는 물론 은행나무도 담장 밖에서만 볼 수 있었다. 그러나 지금은 후손이 서원을 관리하는 덕분에 이전보다 건물과 은행나무도 잘 관리되고 있다. 섬계서원은 일반 서원의 전학후묘 혹은 전묘후학의 구조가 아니다. '의를 따르는 문'을 뜻하는 서원의 정문인 유의문(由義門)은 김문기의 의로운 삶을 표현한 것이다. 유의문에서 처음 마주하는 것이 강당인 경의재이다. 그러나 강당 뒤편에는 사당이 없다. 서원의 사당은 강당에서 동쪽 뒤쪽 조금 떨어진 곳 세충사(世忠祠)이다. 물론 강당과 사당의 이러한 비대칭의 구조는 다른 서원에서도 종종 볼 수 있지만, 섬계서원처럼 심한 경우는 아주 드물다. 세충사는 김문기를 주벽으로 하고, 맏아들 영월군수 여병재(如甁齋) 김현석(金玄錫, 1420~1456)을 배향하고 있다. 세충사 아래 계단 동쪽의 삼현사별묘(三賢別廟)는 '영남삼현(嶺南三賢)'이라 일컫는 반곡(盤谷) 장지도(張志道, 1371~?), 절효(節孝) 윤은보(尹殷保), 남계(南溪) 서즐(徐騭)을 추가 배향했다.

섬계서원 건물의 특징은 공간 부족과 무관하지 않을 것이다. 비봉산과 섬계천 사이에 있는 섬계서원은 강당과 사당, 혹은 사당과 강당을 일렬로 배치할 수 없는 공간이다. 특히 은행나무가 1802년 건립한 섬계서원보다 먼저 존재한 것을 고려하면, 애초부터 사당은 강당 뒤편에 건립할 수가 없었다.

은행나무와 회화나무

섬계서원의 은행나무는 서원의 핵심이다. 왜냐하면 이곳의 은행나무는 행단일 뿐 아니라, 서원을 건립한 이유 중 하나였기 때문이다. 섬계서원처럼 은행나무가 있는 곳에 서원을 건립한 사례는 아주 드물다. 그렇다면 서원을 건립하기 전에 누군가가 어떤 목적으로 은행나무를 심었다는 뜻이다. 은행나무의 나이를 파악하면 대략 어느 시대에 심었는지를 알 수 있다.

섬계서원 은행나무는 암그루이다. 1982년 국가유산청에서 조사한 은행나무는 높이 28m, 둘레 11.6m, 뿌리 근처 둘레 13.36m이다. 은행나무 가지 길이는 동쪽으로 6.8m, 서쪽으로 12.3m, 남쪽으로 9.1m, 북쪽으로 13.4m이며, 나이는 500살이다. 그러나 섬계서원 은행나무의 나이는 용문사 은행나무 나이 계산법을 적용하면, 둘레 11.6m의 경우 대략 1,055살이고, 뿌리 근처 둘레 13.36m의 경우 대략 1,215살이다. 따라서 섬계서원 은행나무의 나이는 용문사 은행나무보다 많다. 물론 섬계서원 은행나무도 용문사 은행나무와 같은 방법으로 측정하면 결과가 다를 수 있다.

섬계서원 은행나무는 최소 고려의 추존 국왕으로, 태조 왕건과 신정왕후의 아들인 대종(戴宗, ?~969) 때의 나무이다. 따라서 이곳 은행나무는 1802년 창건한 서원보다 무려 800여 년 전에 존재했다. 이는 섬계서원의 은행나무가 서원 창건 후에 행단으로 심은 것이 아니라, 은행나무가 있는 곳에 서원을 건립했다는 것을 의미한다. 다만 이곳의 은행나무는 용문사 은행나무에 비해 건강하지 못하다. 섬계서원

섬계서원 세충사와 은행나무

은행나무의 건강 상태는 1802년 서원 건립 시기 이전과 이후로 나눌수 있다. 이곳 은행나무는 서원을 건립하기 전 800여 년 동안 마을 사람들이 보호했다. 현재 관련 자료는 없지만, 마을 사람들은 이곳 은행나무를 신목으로 삼아 매년 제사를 지냈을 것이다. 그렇지 않으면 지금까지 생존할 가능성이 희박하기 때문이다. 한편 서원을 건립한 뒤에는 김문기 후손인 김녕(金寧 : 지금의 경남 김해)김씨(金氏) 문중에서관리했다. 그러나 섬계서원은 1982년 천연기념물로 지정되기 전까지관리가 철저했던 것은 아니다.

섬계서원 은행나무에는 1970~1980년대 무렵까지만 해도 썩은 줄기에서 다람쥐와 구렁이가 살았다. 특히 마을의 청년이 다람쥐 구멍에 불을 피워 다람쥐를 잡다가 화재를 낸 일이 있다. 이 당시 화재로 은행나무의 피해가 아주 컸다. 그러나 천연기념물 지정 덕분에 문화유산청에서 매년 조사까지 하면서 보호한 덕분에 지금은 큰 탈 없이 살아가고 있다.

섬계서원의 은행나무는 언덕에 자리 잡고 있는 덕분에 서원에서 우러러볼 수 있다. 특히 강당에 올라 뒷문에서 은행나무를 바라보면 한눈에 볼 수 있다. 섬계서원처럼 우리나라 서원의 은행나무를 서원 강당에서 한눈에 볼 수 있는 경우는 아주 드물다. 아마도 섬계서원의 유생들도 은행나무를 보면서 공자의 정신을 떠올렸을 것이다. 이곳 은행나무는 어디서든 감상해도 즐거운 시간을 보낼 수 있지만, 서원 강당 서쪽의 '백촌선생원허비(白村先生院墟碑)'에서 은행나무의 전체 모습을 보면 특별한 감정을 느낄 수 있다.

원허비는 서원이 철폐령으로 헐린 후 1898년에 세운 것이다. 우암(尤庵) 송시열(宋時烈, 1607~1689)의 8대손 송근수(宋近洙, 1818~1903)가 지은 비문의 내용은 김문기에 관한 간단한 이력을 담고 있다. 특히 아들 김현석이 아버지와 함께 죽었다는 내용은 읽는 사람으로 하여금 가슴 저미게 한다. 아버지의 정치 문제로 자식까지 처형하는 연좌제는 탄생하지 말아야 하는 제도였지만 조선 시대의 권력자들은 그것을 이용했다. 더욱이 1731년 김문기가 복관되기 전까지 떳떳하게 자신들의 존재를 드러내지도 못한 채 숨죽이면서 살아야 했던 후손들의 삶은 당사자가 아니면 이해할 수조차 없다. 그런 상황에서도

인류의 미래 은행나무

섬계서원 은행나무 유주

지금까지 선조의 뜻을 이어받아 서원을 관리하는 후손들은 정말 위대한 분이다. 그 덕분에 나를 비롯한 많은 사람들이 서원과 은행나무를 만날 수 있는 것이다.

섬계서원 은행나무의 중요한 특징은 유주(乳柱, 젖기둥)이다. 이곳 은행나무의 유주는 우리나라 은행나무 중에서 경북 청도군 하평리 은행나무 다음으로 많지만, 천연기념물 은행나무 중에서는 가장 많다. 유주가 아직 많이 남아 있다는 것은 나이가 많다는 뜻이기도 하지만 나무를 잘 보존했다는 뜻이다. 이곳의 은행나무는 김천시와 우리나라 서원 유일의 천연기념물 나무라는 점을 생각하면, 앞으로도 '섬계서원 은행나무 보존회'라도 만들어서 길이 빛낼 필요가 있다.

섬계서원 회화나무

원허비 앞에는 배롱나무가 후손들의 김문기를 향한 일편단심을 대변하고 있다. 이곳 배롱나무는 마주하고 있는 배롱나무와 더불어 이곳을 찾는 사람들에게도 빛을 줄 것이다. 원허비 앞 배롱나무는 서원 앞 서쪽 담장 끝자락 언덕에 사는 느릅나뭇과 갈잎큰키나무 팽나무(*Celtis sinensis* Pers.)의 그림자 덕분에 즐거운 시간을 보낼 수 있다. 이곳 팽나무는 줄기에 큰 상처를 입고 스스로 치유한 흔적이 역력하지만, 섬계서원의 품격에 일조하고 있다. 원허비에서 서원 입구의 잎 무성한 회화나무를 바라보면 아름다운 모습에 몸 둘 곳을 모른다. 우리나라 서원 중 회화나무를 심은 곳은 많지 않다. 우리나라 서원 중 회화나무가 가장 많은 곳은 경주 옥산서원이다. 그러나 9개 세계유산 서원 중 옥

인류의 미래 은행나무

산서원을 제외하면 현재 나이 많은 회화나무를 볼 수 있는 곳은 없다. 중국 주나라 때 궁궐과 사(士)의 무덤에 심었던 회화나무 천연기념물은 창덕궁 회화나무 군(群), 함안칠북리회화나무, 월성육통리회화나무, 인천신현동회화나무, 당진삼월리회화나무 등이다. 다만 섬계서원처럼 서원에서 나이 많은 회화나무를 만나기란 쉽지 않다. 그러나 섬계서원의 회화나무는 아직 정확한 정보조차 없다. 따라서 회화나무도 은행나무처럼 서원을 상징하는 나무라는 점에서 정확한 정보가 반드시 필요하다.

섬계서원의 회화나무는 아직 건강한 편이다. 중국에서 회화나무를 선비를 상징하는 나무로 삼은 이유 중 하나는 자유로운 가지의 모습이다. 섬계서원의 회화나무도 넓은 공간 덕분에 천성대로 가지를 뻗었다. 이곳 회화나무가 아름다운 이유는 타고난 재능을 마음껏 발휘하고 있기 때문이다. 그러나 김문기는 세종, 문종, 단종을 모시면서 형조참판(종2품)까지 역임하는 등 입신양명했지만, 단종복위운동에 연루되어 천수를 누리지 못했다. 매산(梅山) 홍직필(洪直弼, 1776~1852)의 〈白村金先生遺墟碑丙午(백촌김선생유허비병오년)〉(1846)에는 김문기의 안타까운 삶을 자세히 기록했다.

내가 김문기에 관심을 가진 계기는 지금 사는 집 근처 금호강 변 '대구노곡동영모재(大邱魯谷洞永慕齋)' 방문이었다. '영모재'는 익재(益齋) 이제현(李齊賢, 1287~1367)의 9세손 묵와(默窩) 이후남(李厚楠, 1579~1631)을 추모하고자 조선 후기에 세웠다. 이후남은 노곡동에 처음 들어온 입향조(入鄕祖)이다. 노곡동은 김후남이 김문기의 7대손 김귀송(金貴松)과 함께 붙인 것이다. 노곡동은 두 사람이 노나라에서 태어난 공자를 흠모하는 뜻을 담고 있다. 노곡동과 아주 가까운 금호강 변의 사수동(泗水洞)도 중국 노나라 때 공자가 제자를 가르친 곳이다. 그래서 공자의 가르침을 '사수지학(泗水之學)'이라 부른다. 사수동은 한강 정구가 만년에 이곳에서 제자를 가르친 곳이기도 하다. 사수동과 가까운 낙동강 변에 정구를 기리는 '이락서원(伊洛書院)'이 있다.

노곡동 영모재의 정문도 섬계서원 정문처럼 '유의문'이다. 김문기와 관련한 경의재(景毅齋), 백촌김선생유허비 등도 있다. 경북 의성군에는 김문기의 종가가 경남 합천군에서 이주해서 설립한 덕양서원(德陽書院) 내에 섬계서원과 이름이 같은 정문 유의문과 사당 상충사, 그리고 '경의당(景義堂)'이 있다. 면암(勉庵) 최익현(崔益鉉, 1833~1906)은 김문기의 후손 김용구(金溶九)와 김윤권(金允權)의 부탁으로 〈景義堂記(경의당기)〉를 썼다.

(4) 경북 청도 자계서원 은행나무

자계서원의 주인공 탁영(濯纓) 김일손(金馹孫, 1464~1498)은 조선 시대 역사에서 크게 주목받는 인물이다. 김일손이 주목받는 이유는 그의 능력이나 거문고 등도 있지만, 1498년《성종실록》을 편찬하면서 스승 점필재 김종직의 '조의제문(弔義帝文)'을 사초(史草)에 실은 것에 발단한 무오사화가 일어났기 때문이다. 그 결과 자신은 사형당하고 스승 김종직은 죽은 뒤 6년 만에 부관참시 당하고, 김종직의 제자 정여창과 김굉필를 비롯한 이른바 사림파가 숙청당했다. 무오사화는 사림파 당사자는 물론 사림파 후손들의 삶에도 엄청난 영향을 주었을 뿐 아니라, 이후 조선의 역사에 미친 영향도 아주 컸다. 김일손처럼 한 인물이 이후 역사에 큰 영향을 준 사람도 흔치 않다.

우리나라 전통 시대 지식인들의 호는 자신의 뜻을 담고 있는 경우가 많다. 그래서 김일손의 성품은 그의 호 '탁영'에서 엿볼 수 있다. '갓을 씻는다'는 '탁영'은 중국 전국시대 초나라의 정치가이자 시인인 굴원(屈原)의 《漁父辭(어부사)》 중 "창랑지수청혜 가이탁오영(滄浪之水淸兮 可以濯吾纓), 창랑의 물이 맑으면 나의 갓끈을 씻어도 좋으리라." 에서 따온 것이다. 세속을 초탈한 듯한 고결한 모습을 뜻하는 '탁영'은 조선 시대 성리학자들이 꿈꾼 정신세계이지만, 대부분은 벼슬하지 않은 처사(處士)로 살지 않고 관직에 몸담았다.

청도군 이서면에서 태어난 김일손은 삼 형제 중 막내로 태어났다. 그의 이름 '일(馹)'은 어머니 이 씨가 꿈에 용마 세 마리를 꿔서 첫째 김준손(金駿孫), 둘째 김기손(金驥孫) 등 이름 자에 '말' 부수(部首)를 사용했다. 김일손의 행동은 무오사화로 끝나지 않고 김굉필과 정여창이 죽은 1504년 갑자사화 때 다시 연산군에게 그의 집 땅이 평평하게 깎였고, 21년 전에 죽은 아버지 김맹(金孟, 1410~1483)이 부관참시 당했다. 김일손의 집을 평평하게 만든 것은 대역죄인에게 가하는 처벌 중 하나였다. 고려 시대 신돈(辛旽, ?~1371)도 반역자로 처형된 후, 그의 고향 창녕군 영산의 집터도 못으로 만들어 버렸다. 이는 반역자의 근본을 없애기 위한 조치였다.

김일손을 죽음으로 몰았을 뿐 아니라 스승 김종직과 아버지 김맹을 부관참시하게 만든 '조의제문'의 내용은 단종의 왕위를 찬탈한 세조에 관한 비판이었다. '의제를 조문하는 글'의 '의제'는 진(秦)나라 말 서초(西楚) 패왕(覇王) 항우(項羽, 기원전 232~기원전 202)에게 죽은 초나라 회왕(懷王), 즉 의제(義帝)이다. 이는 김종직이 단종을 의제에, 항우를 세조에 비유한 것이다. '조의제문'은 김종직이 1457년 10월 고향 밀양에서 경산(京山), 지금의 성주로 가는 길에 그곳 답계역(踏溪驛)에서 자다가 "의제가 손님이 항우에게 살해되어 빈강(彬江)에 버려졌다."는 꿈을 계기로 탄생했다.

　훈구파였던 사봉(四峯) 이극돈(李克墩, 1435~1503)은 세조의 신임을 받고 있던 유자광, 노사신(盧思愼), 윤필상(尹弼商) 등과 모의하여 김일손을 제거했다. 김극돈이 김일손을 제거한 이유는 김종직의 '조의제문'만이 아니라 김일손이 자신의 비리를 사초에 기록했기 때문이었다. 김일손이 사초에 기록한 것은 이극돈이 전라 감사 시절 성종(成宗)의 초상이 났는데도 서울에 향을 보내지는 않고 기녀를 수레에 싣고 다녔다는 내용이다.

　1498년 7월 27일 김일손은 저자에서 권오복(權五福, 1467~1498), 권경유(權景裕, ?~1498), 이목(李穆, 1471~1498), 허반(許磐, ?~1498) 등과 함께 처형되었다. 김일손이 잡힌 곳은 경남 함양군의 정여창을 모신 남계서원(藍溪書院) 바로 옆 청계정사(淸溪精舍)였다. 그는 고향 청도에서 어머니의 상을 치른 뒤 이곳에 왔다가 의금부에 끌려왔다. 청계정사는 김일손이 강학하던 곳이다. 현재는 김일손을

청계서원 현판

기리는 청계서원(淸溪書院)이다. 청계서원의 담장 밖에는 청도 자계
서원에 없는 연못이 있고, 청계서원 정문인 호원문(湖源門) 오른편(사
당 기준)에 100살 남짓의 은행나무 한 그루가 있다. 1905년에 세운 연
못 옆의 '탁영김선생유허비(濯纓金先生遺墟碑)'는 그가 1495년 이곳
에 청계정사에서 강학했다는 증거이다. 그런데 청계서원의 강당에는
처마 밑에 '청계서원(淸溪書院)'의 현판과 함께 강당 안쪽에 두 글자씩
나눠 쓴 '청계(靑溪)'와 '서원(書院)'의 '청계' 글자가 다르다.

서원의 현판을 두 글자씩 나눠 사용한 예는 바로 근처 남계서원 '명
성당(明誠堂)'의 남계서원 현판 방식과 같다. 1921년 남계서원의 땅을

빌려 준공한 청계서원의 글자는 남계서원과 관련해서 생각하면 '청계 (靑溪)'가 맞을 것이다. 청계서원과 남계서원은 '청출어람(靑出於藍)'의 뜻이기 때문이다. 김일손은 남계서원의 주인공인 정여창보다 14살 후배이다. 그래서 두 사람 모두 김종직을 모셨지만, 청색 김일손은 쪽색 정여창에서 나왔다.

서원 안의 소나무는 김일손의 절개를 닮았다. 청계서원 강당 뒤편에는 김일손을 모신 사당 청계사(靑溪祠)가 있다. 이익의 《성호사설》에 지정(止亭) 남곤(南袞, 1471~1527)의 〈金馹孫挽詩(김일손만시)〉가 실렸다.

執筆書所聞(집필서소문) 붓대 쥐고 듣는 대로 쓰는 것이

史家之常規(사가지상규) 역사가의 떳떳한 규정이라네

只是腹中劒(지시복중검) 다만 뱃속에 칼이 들어서

强覓毛底疵(강멱모저자) 구태여 터럭 속의 흠을 찾누나

豈比元魏人(기비원위인) 어찌 저 원위 사람 비하려는가

列惡張道逵(열악장도규) 악을 들어 길거리에 벌여 놓는 걸

當官有不諱(당관유불휘) 관직에 있으면 기휘 못할 일이 있으니

厥罪固當笞(궐죄고당태) 그 죄는 매를 맞아 마땅하겠지

김일손의 시신은 고향으로 돌아오지 못하고 경기도 양주에 가매장했다가 1506년 억울함이 풀리고 관직이 회복된 후 천안 목천(木川) 작성산(鵲城山)에 다시 장사를 지냈다. 김일손의 시신을 천안으로 다시

인류의 미래 은행나무

모신 이유는 김일손이 1487년 24세 때 첫 번째 부인 우(禹)씨를 잃고, 2년 후 1489년에 목천에서 김미손(金尾孫)의 딸 예안김씨(禮安金氏)를 두 번째 부인으로 맞이했기 때문이다. 김일손의 묘를 고향 청도 선산의 묘소로 옮긴 것은 그가 죽은 지 19년 뒤인 1508년이었다.

자계서원(紫溪書院)은 김일손이 죽은 후 80년이 지난 뒤인 1578년에 유학(幼學) 이광정(李光鼎, 1636~1694)과 진사(進士) 김석주(金錫冑, 1634~1684)의 청원으로 건립되어 1661년에 사액서원이 되었다. 그러나 흥선대원군의 서원 철폐령으로 훼철되어 1924년에 복원했다. 자양서원의 '자양'의 뜻에 대해서는 적지 않은 사람들이 무오사화로 김일손이 죽자 서원 앞의 계곡물이 3일 동안 붉게 변한 데서 유래했다고 해석한다. 이러한 해석은 그만큼 김일손의 처형이 가슴 아픈 일이었다는 것을 보여 준다. 다만 현종이 사액할 당시 '자계'를 그런 뜻으로 사용하지는 않았을 것이다.

자계서원의 '자계'는 1518년 청도의 유생들이 김일손이 25세 때 세운 고택인 운계정사(雲溪精舍)를 고쳐 자계사(紫溪祠)를 세우면서 사용했다. 자계사는 자계서원의 출발이었다. 조선의 적지 않은 서원은 서원 설립 전에 사당을 먼저 조성했다. 그래서 서원을 설립하면 사당을 중심으로 건물을 배치한다. 다만 공간 구조상 서원 앞에 강당을 설립하지 못하는 경우도 있다. 자계서원도 이런 경우에 해당한다. 그래서 자계서원은 강당인 보인당(輔仁堂) 뒤편에 사당인 존덕사(尊德祠)가 위치하지 않고, 동쪽에 있다. 존덕사의 정문은 유현문(幽賢門)이다. 자계서원의 구조는 일종의 병렬식이다.

'자계'의 '자'는 성리학에서 단순히 '붉다'를 뜻하는 것이 아니라, 성리학을 집대성한 중국 남송의 주희, 즉 주자를 상징하는 단어이다. 주자를 흔히 '자양부자(紫陽夫子)'라 부른다. '자양'은 주자의 아버지 주송(朱松)이 지금의 안후이성(安徽省) 자양산에서 독서했던 곳에 '자양서실' 현판을 단 데서 유래한다. 그후 후학들이 안후이성 흡현(歙縣)에 자양서원을 세웠다. 주자는 자양산 아래 운곡동(雲谷洞)의 이름을 빌려 호를 '운곡노인(雲谷老人)'이라 했다. 이런 연유로 중국에서는 곳곳에 자양서원이라는 서원을 세웠다. '자양부자'의 '부자'는 '덕행이 높은 사람'을 뜻하지만, 주로 공자의 높일 때 사용한다. 따라서 주자에게 '부자'를 붙인 것은 공자만큼 존경한다는 뜻이다.

조선 시대에도 주자의 영향을 받아 '자'를 사용한 성리학 관련 명칭이 적지 않다. 율곡 이이를 모신 경기도 파주의 자운서원(紫雲書院), 경북 영천의 자양서당(紫陽書堂)처럼, 자계서원도 성리학을 상징하는 뜻을 담고 있다. 자운서원의 경우 '자'와 '운' 모두 주자와 관련해서 작명한 것이다.

김일손 자신이 직접 지은 운계정사(雲溪精舍)의 '운'도 주자의 호를 딴 것이고, '정사'는 주자의 '한천정사'와 '무이정사'를 모방한 것이다. 조선의 성리학자 중 주자의 호 '운곡노인'을 참고한 또 다른 사례는 경북 성주군 한개마을 이진상(李震相) 종택 한주정사(寒洲精舍)의 '조운헌도재(祖雲憲陶齋)'이다. '조운'의 '운'은 주자의 '운곡노인'이고, '헌도'의 '도'는 이황의 호 중 하나인 '퇴도(退陶)'이다. 이는 '주자를 조상으로, 퇴계를 법으로 삼는 집'이라는 뜻이다.

　　　　　　　　　　　　　　　　인류의 미래 은행나무

한주정사 조운헌도재

파주 자운서원

성리학과 은행나무

두 그루 은행나무와 '탁영금'

자계서원의 두 그루 은행나무는 경북 영주시 소수서원과 더불어 우리나라 서원 중 두 그루 은행나무가 있는 곳이다. 게다가 자계서원 은행나무는 서원의 주인공인 김일손이 직접 심었다는 점에서 주목할 만하다. 두 그루 은행나무 앞에는 '탁영선생수식목(濯纓先生手植木)'이라는 표석이 있다. 두 그루 은행나무는 운계정사 바로 근처와 사당 앞에 있다. 만약 두 그루 은행나무를 모두 김일손이 1489년 25살 때 운계정사를 짓고 그해에 직접 심었다면, 현재 은행나무의 나이는 535살이다.

자계서원 두 그루 은행나무는 모두 암그루이다. 그런데 두 그루 중 운계정사와 가까운 곳의 은행나무는 원줄기가 죽고 뿌리 부근에서 여섯 줄기가 나와서 둘레를 측정하는 데 어려움이 있다. 여섯 줄기를 포함해서 둘레를 측정하면 8.5m 정도이니, 용문사 은행나무 나이 계산법을 적용하면 700살이 훨씬 넘지만, 여섯 줄기까지 포함한 측정이라 정확하지 않다. 반면 운계정사와 먼 쪽의 은행나무의 둘레는 3.5m이니, 같은 방식으로 계산하면 350살 정도이다. 따라서 자계서원의 두 그루 은행나무는 김일손이 심었다는 시기와 일치하지 않는다. 만약 서원을 건립한 1578년에 심었다면 현재 446살이며, 1661년 사액서원 때 심었다면 363살이다.

자계서원 은행나무는 행단으로서 김일손의 정신을 상징하는 나무이다. 두 그루를 심은 이유는 은행나무의 암수딴그루 때문이었을 것이다. 그런데 두 그루 은행나무는 '사이'가 좋지 않아 생존에 약간 걸림돌

인류의 미래 은행나무

로 작용하고 있다. 처음 심었을 때 두 은행나무는 '사이'가 나쁘지 않았지만, 생장하면서 상황이 달라졌다. 이는 심은 사람이 은행나무가 어느 정도까지 자랄지를 제대로 이해하지 못해서 일어난 현상이다. 게다가 운계정사 근처의 은행나무도 현재 정사의 지붕을 덮어 계속 잘라야만 하는 지경에 이르렀다. 문중에서는 앞으로도 정사 근처의 은행나무 가지를 계속 잘라야 한다고 말한다.

두 그루 은행나무 앞에는 '탁영 김일손 선생 문학비'가 있고, 김일손이 26세 때 섬진강에서 두류산(지리산)을 읊은 시를 새겼다. 새긴 번역대로 소개하면 다음과 같다.

자계서원의 두 그루 은행나무

자계서원 은행나무 암꽃

滄浪萬頃櫓聲柔(창랑만경노성유) 푸른 물결 넘실넘실 노소리 부드러워

滿袖淸風却似秋(만수청풍각사추) 소매에 찬 맑은 바람 가을인 양 서늘하다

回首更看眞面好(회수경간진면호) 머리 돌려 다시 보니 참으로 아름다워

閒雲無跡過頭流(한운무적과두류) 흰 구름 자취 없이 두류산을 넘어가네

김일손 시 첫 구절의 '창랑'은 굴원이 지은 《어부사》에 등장할 뿐 아니라 '탁영'의 유래와 관련 있다.

만약 김일손이 두 그루의 은행나무를 심었다면, 공자가 제자와 함께 행단에서 책을 읽고 거문을 연주한 것처럼 은행나무 밑에서 성리학 공부를 즐겼을 것이다. 성리학자들에게 음악은 중요한 공부였다. 게다

인류의 미래 은행나무

가 전북 정읍의 무성서원(武城書院)의 '현가루(絃歌樓)'처럼 '현가(絃歌)'는 음악으로 풍속을 교화하는 중요한 수단이었다. 무성서원의 '무성'과 '현가루'의 '현가'는 모두 《論語(논어)》〈陽貨(양화)〉에서 빌린 것이다. 즉 공자가 자유(子游)가 다스리는 무성(武城)에 가서 현악(弦樂)에 맞추어 노래 부르는 소리를 듣고 빙그레 웃으시며 "닭을 잡는 데 어찌 소 잡는 칼을 쓰느냐?"라고 농담을 하자, 자유가 대답하기를, "제가 전에 선생님께 들으니, 군자가 도를 배우면 사람을 사랑하고, 소인이 도를 배우면 부리기가 쉽다고 했습니다."라고 했다. 이 구절은 성리학자들이 자유처럼 훌륭한 지방관이 되고 싶을 때 인용한다.

성리학자들은 시, 서, 화 삼절을 꿈꾸면서 음악에도 조예가 깊길 노력했다. 그래서 성리학자 중에는 뛰어난 음악가도 적지 않다. 김일손은 조선 시대 뛰어난 거문고 연주자로 꼽는다. 그가 사용한 이른바 '탁영금(濯纓琴)'은 우리나라에서 가장 오래된 거문고이며, 그가 1490년 26세 때 만든 거문고는 운계정사 시절과 맞닿아 있다. '탁영금'은 현재 보물로 지정되어 국립대구박물관에서 소장하고 있다. 《濯纓先生文集(탁영선생문집)》 중 〈書六絃背(서륙현배), 육현의 뒤에 쓰다〉에서 그의 거문고에 관한 생각을 엿볼 수 있다.

고구려에 보냈는데, 국상(國相) 왕산악(王山岳)이 그 제작을 가감하여 육현을 만들 옛사람이 거문고를 많이 만들어 두는 이유는 사람의 성정(性情)을 다스릴 수 있기 때문이다. 순(舜)임금은 오현(五絃)을 썼고, 문왕(文王)은 칠현(七絃)을 썼으니, 육현은 예법이 아니다. 일찍이 보건대, "진(晉)나라에서 칠현금을 지금까지 쓰고, 전해서 신라에 이르러 극종(克宗)이란 이가 가락을 제작하여, 평조(平調)와 우조(羽調)를 두어 육현에 맞추었는데 지금도 역시 쓰고 있다."는 문헌이 있다. 이것을 보건대, 육현이란 역시 우리나라에 옛날부터 있었다. 계축년 겨울에, 나는 신개지(申漑之), 강사호(姜士浩), 김자헌(金子獻), 이과지(李顆之), 이사성(李師聖)과 더불어 독서당(讀書堂)에서 공부하면서 여가에 거문고를 배우는 데, 권향지(權嚮之)가 역시 옥당(玉堂 : 홍문관)에서 때로로 내왕하여 배우면서 말하기를, "제군이 옛것을 좋아하는 데, 어째서 오현이나 칠현을 만들지 아니했는가." 하므로, 나는 말하기를, "현대의 악이 바로 고대의 악이다. 소강절(邵康節, 송나라 소옹)이 심의(深衣)를 입지 아니하며, '요새 사람은 당연히 요새 의복을 입어야 한다.'하여, 나는 그 말을 취했다." 하니, 권(權)은 또 말하기를, "산악이 비로소 육현을 타니, 검은 학이 와서 춤을 추었다. 그래서 이름을 현학금(玄鶴琴)이라 하였는데, 그 뒤에 학이란 글자를 빼고 현금(玄琴)이라고만 했으니, 거문고 하나에 학 하나가 짝인데, 이 거문고는 외짝이다." 하므로, 나는 말하기를, "학은 먹을 것을 생각하는데 거문고는 먹지 않고, 학은 욕심이 있는데 거문고는 욕심이 없으니, 나는 욕심 없는 것을 따르겠다. 그러나 그림의 학은 욕심이 없을 것이니, 나는 장차 학을 거문고에 그려서 그 유를 따르게 해야겠다." 하고, 드디어 용헌(慵軒) 이거사(李居士)에게 청하여 학을 그려 달라고 했다. 처음에 거문고를 만들고자 하였으나 그 재목을 구하기 어려웠는데, 어느 날 동화문(東華門) 밖에 있는 한 노파의 집에서 얻었으니 바로 사립문 설주였다. 노파에게 그 재목이 오래된 것이냐고 물었더니, 노파기 말했다. "근 백 년이나 되었는데, 그 한 조각은 돌쩌귀가 썩어서 벌써 밥 짓는 데 사용했다." 거문고를 만들어서 타 보니 소리가 밝게 울리지만, 빈지(賓池)에 오히려 사립을 만

인류의 미래 은행나무

들 때 못 구멍 셋이 있으니, 알아낸 것이 초미(焦尾)와 다름없다. 드디어 월(越)의 바른쪽에 새기기를, "물건이란 오래지 않아서 당연히 짝을 만나게 되지만, 백세를 지나면, 혹시 기필하기 어렵도다. 아, 이 오동이여, 나를 잃지 않았다. 서로 기다린 것이 아니라면 뉘를 위해 나왔겠는가."라고 했다.

김일손의 거문고는 100년 정도된 오동나무 문설주로 만든 것이었다. 그러나 문설주로 만든 거문고에는 못 구멍 세 개가 있었다. 김일손은 거문고의 못 자국을 중국 동한(東漢)의 '초미금(焦尾琴)'에 비유했다. 초미금은 동한(東漢) 시대에 오(吳)나라 사람이 오동나무로 불을 피워서 밥을 짓는 자가 있었는데 채옹(蔡邕, 132~192)이 불타는 소리를 듣고 좋은 재목인 것을 알았다. 채옹은 그것을 달라고 해서 거문고를 만들었는데 아름다운 소리가 났다. 그 나무 끝이 불탄 흔적이 있어 '초미금(焦尾琴)'이라 했다. 현재 탁영금의 못 자국은 수리, 보수하는 과정에서 사라졌다.

탁영금의 아래 부분 학 그림은 김일손과 김종직의 문하에서 같이 공부한 용헌거사(慵軒居士) 이종준(李宗準, 1455~1499)이 이거사(李居士)에게 부탁한 작품이다. 거문고의 학은 왕산악의 '현학금'을 모방한 것이다. 김일손의 아래 시에서도 거문고에 학을 새긴 구절이 나온다.

〈送靈山縣監申澹解官歸京師(송령산현감신담해관귀경사) 戊申(무신), 영산현감 벼슬을 마치고 한양으로 돌아가는 신담을 전송하다(1488)〉 중 첫째 수

琴鶴淸風遠(금학청풍원) 금학만 가지고 맑은 바람 타고 떠나지만

黔黎遺愛長(검여유애장) 우리 백성에게 끼친 사랑 오래 남으려니

今君雖捨去(금군수사거) 지금 그대 버리고 떠나지만

他日是桐鄕(타일시동향) 훗날 이곳이 동향이 되리라

거문고 가운데 '탁영금(濯纓琴)' 글자는 거문고의 주인이 김일손임을 알려 주는 증거이지만, 김일손이 죽은 후 거문고의 주인은 옥강(玉岡)이었다. 탁영금은 김일손이 만든 지 489년 만에 탁영 종손이 전북 완주의 어느 집에서 구했으며, 구한 지 9년 만에 보물이 되었다.

함양의 청계서원 강당 '애락당(愛樂堂)'은 김일손이 젊은 시절 거문고를 연주한 것과 잘 어울린다. 김일손의 손때가 묻은 자계서원의 은행나무와 탁영금이 그가 죽은 지 526년이 지난 뒤에도 실존하고 있으니, 이보다 더한 감동이 있을까. 더욱이 두 가지 모두 나무이니, 나무에게 감사할 일이다.

자계서원 동쪽 담장 근처에는 1482년 점필재 김종직이 지은 〈節孝金先生孝門碑銘(절효김선생효문비명)〉이 있다. 이는 김일손의 할아버지 모암(慕庵) 김극일(金克一, 1382~1456)의 정려이다. 김극일은 할아버지와 부모에 관한 효행으로 유명하여 1434년 간행한 《三綱行實圖(삼강행실도)》에도 실렸다. 용주(龍洲) 조경(趙絅, 1586~1669)의 〈節孝先生孝門銘石說(절효선생효문명석설)〉에는 김극일의 효행과 함께 김일손의 삶에 대해서도 간단하게 소개했다.

자계서원 영귀루(詠歸樓)에 올라 앞을 바라보면 남산이 서원을 품

고 있고, 고개를 동쪽으로 돌리면 두 그루 은행나무가 바람에 춤을 춘다. 다시 고개를 운계정사로 돌리면 탁영 선생이 연주하는 거문고가 들리는 듯하다. 매년 탁영 선생의 탄생일을 맞아 은행나무 밑에서 '탁영 선생 탄생 기념 거문고 연주회'라도 갖는다면, 김일손의 뜻은 더욱 빛날 것이다.

4. 성리학자와 은행나무

⑴ 정영방과 영양 서석지 은행나무

경북 영양군 감천리 측백나무 숲이 위치한 반변천은 영양군 입암면의 화매천과 만나 안동시를 지나 낙동강 상류로 흘러든다. 반변천은 경상북도를 대표하는 입암면의 '영양(英陽) 서석지(瑞石池)'를 탄생시키는 데도 일조했다. 영양 감천리 천연기념물 측백나무의 영혼이 물길 따라 서적지까지 닿았는지도 모른다. '상스러운 돌이 있는 연못', 서석지는 석문(石門) 정영방(鄭榮邦, 1577~1650)이 1640년경 만든 것이다.

천연기념물 팽나무 황목근(黃木根)이 살고 있는 경북 예천군 용궁에서 태어난 정영방이 영양으로 온 시기는 1636년 병자호란 이후였다. 정영방은 고향을 떠나 영양으로 오기 전에 안동에서 살았다. 그가 안동에 간 까닭은 다섯 살 때 아버지를 잃어 숙부 정조(鄭澡)의 양자가 되었기 때문이었다. 정영방은 경북 상주시 우북산(于北山 : 정경세가

우복산(愚伏山)으로 고침)에서 제자들을 가르치고 있었던 우복(愚伏)
정경세(鄭經世, 1563~1633)에게 성리학을 배워 1605년 진사시(進士
試)에 합격했다. 그러나 그는 스승의 권유에도 관료로 나아가지 않고,
경북 청송군 진보에서 학문에 전념했다.

정영방은 1636년 예천 용궁의 가산을 맏아들 정혼(鄭焜)에게 맡기
고 넷째 아들 정제(鄭悌)를 데리고 이곳에 와서 학문 연구에 몰두했다.
정영방의 《石門先生文集(석문선생문집)》〈敬亭雜詠三十二絕(경정잡
영삼십이절)〉에는 서석지를 비롯한 조영(造營)을 구체적으로 소개하
고 있다.

서석지 은행나무

　　　　　　　　　　　　　　　　　인류의 미래 은행나무

정영방처럼 자신이 경영한 학문 공간을 자세하게 기록으로 남긴 사례는 흔하지 않다. 물론 조선의 성리학자 중에는 중국 호남성의 소상팔경(瀟湘八景)이나 복건성 무이구곡(武夷九曲)을 묘사한 사례에 따라 '팔경'과 '구곡'을 설정해서 글을 남기거나 유람기를 남겼지만, 정영방처럼 자신이 거처한 곳을 자세하게 묘사한 사례는 아주 드물다. 따라서 정영방의 사

서석지 은행나무 줄기

례는 앞으로 우리나라 역사와 문화사에서 계승할 필요가 있다.

정영방이 서석지를 만들고 지은 핵심 정자는 작품에서도 가장 먼저 등장하는 '경정(敬亭)'이다. 조선 정자의 현판은 언제나 주인공이 추구하는 정신을 반영하고 있기 때문에 정확하게 이해해야 한다. '경정'의 핵심은 '경'이다. '경'은 소수서원 죽계의 '경'자 바위처럼, 정영방을 비롯한 성리학자의 핵심 공부였다. '경'의 뜻은 정영방의 작품에도 등장하고 서석지에 남아 있는 '주일재(主一齋)'에 담겨 있다. 경정의 동쪽에 있는 '주일재'의 '주일'은 주자의 스승과 주자가 경을 해석한 '주일무적(主一無適)', 즉 '한 가지를 잡고 가지 않는다'를 뜻한다. 이는 집중한다는 뜻이다. 집중의 목적은 하늘에서 받은 착한 본성을 회복하는 것이다. '경정'의 의미는 정영방의 시에서 한층 확연하게 드러난다.

有事無忘助(유사무망조) 힘쓰되 잊지도 말고 조장도 하지 말며

臨深益戰兢(임심익전긍) 깊은 연못에 임한 듯 더욱 두려워하고 조심하네

惺惺須照管(성성수조관) 깨어 있으면서 모름지기 사물을 밝게 비춰야 하니

毋若瑞巖僧(무약서암승) 승려 서암처럼 깨어 있기만 하면 안 되네

주일재 앞에는 정영방이 설정한 '사우단(四友壇)'이 자리 잡고 있다. 정영방에 따르면, '사우'는 매실나무, 대나무, 소나무, 국화를 뜻한다. 소나무와 국화는 기존에 있었고, 대나무는 축산(竺山)에서 옮겨 왔다. 그러나 매실나무는 다른 곳에서 옮겨 올 수가 없어서 박태기나무, 연꽃, 석죽 등으로 매실나무를 대신했다. '사우단'는 공자가 강학한 '행단(杏壇)'과 같은 의미를 지닌다. 성리학의 공부 대상은 세상에 존재하는 모든 것이니, 돌과 식물과 바람과 구름 등 모든 것이 수양의 대상이다. 그래서 서석지에서는 모든 것을 관찰해야만 정영방의 사상을 이해할 수 있다.

서석지 서쪽 끝자락에 사는 은행나무는 정영방의 작품에 등장하지 않는다. 그래서 이곳의 은행나무는 정영방 생전에는 존재하지 않았을 것이다. 정영방이 은행나무를 심지 않은 이유는 알 수 없지만 '사우'만으로도 충분하다고 생각했을지도 모른다. 그러나 정영방의 후손과 후학은 공자의 사상을 상징하는 행단의 은행나무를 심었다. 서석지 은행나무는 암그루이다. 나무의 높이는 20m, 둘레는 6m, 나이는 400살로 추정하고 있다. 이곳 은행나무의 나이를 400살로 추정하는 이유는 정확히 알 수 없다. 정영방이 1636년 서석지에 왔을 때 심었다면, 400살

인류의 미래 은행나무

에 미치지 못한다. 서석지 은행나무의 나이는 둘레 6m를 용문사 은행나무 나이 계산법에 적용하면 545살 정도이다. 서석지 은행나무의 건강은 양호한 편이지만, 줄기 가운데 다른 나무가 살아서 얼마나 공생할 수 있을지 의문이다.

서석지의 또 다른 성리학 상징 나무는 향나무이다. 은행나무 앞 서석지 서쪽 모서리에 사는 두 그루의 향나무는 어리지만, 공자의 정신을 상징한다. 정영방이 매실나무 대신 심었던 콩과 갈잎떨기나무 박태기나무(*Cercis chinensis* Bunge)는 형제의 우애를 상징하는 나무이다. 서석지 입구 담장 앞 은행나무 표석 옆의 회화나무는 선비를 상징하는 '학자수'이다. 그러나 아주 어려서 사람들의 눈에 잘 띄지 않는다.

연꽃은 서석지의 품격을 높이는 데 크게 기여하고 있다. 진흙에 살면서도 자신의 착한 모습을 드러내는 연꽃의 모습은 불교 신자는 물론 성리학자가 닮고 싶은 것이다. 서석지에는 성리학을 상징하는 식물을 두루 갖추고 있다. 서석지의 건물을 비롯한 식물 등은 모두 성리학자의 공부 대상이었지만 방문객에게도 공부의 대상이다. 서석지를 비롯한 성리학의 공간은 공부론에 관한 이해 없이는 가치를 정확하게 파악할 수 없고 계승할 수도 없다. 그래서 서석지의 건물은 물론 모든 것을 보존하는 자세가 매우 중요하다. 그렇지 않으면 서석지의 가치와 전통의 정신도 유지할 수 없다.

정영방의 친구 : 약봉 서성과 약과

정영방은 이곳에 머물면서 영양 주실마을에 처음 들어간 조전을 비롯한 영양 석보면에서 활동한 석계(石溪) 이시명(李時明, 1590~1674), 사월(沙月) 조임(趙任, 1573~1644) 등과 교류했다. 아울러 정영방이 교류한 인물 중에서 약봉(藥峯) 서성(徐渻, 1558~1631)을 빼놓을 수 없다. 서성은 서석지를 다음과 같이 노래했다.

〈題鄭榮邦石門池亭(제정영방석문지정), **정영방 석문지 정자에 제하다**〉

不料深峽裏(불료심협리) 깊은 산 속은 알 수 없지만

有此好溪山(유차호계산) 이토록 좋은 계곡과 산이 있네

自與塵寰隔(자여진환격) 스스로 홍진 세상과 헤어지려 했지만

偏爲造物慳(편위조물간) 조물주는 한쪽을 위해 만들었네

峯巒環作髻(봉만환작고) 산봉우리 둥글어 상투 같고

流水曲成灣(류수곡성만) 흐르는 물은 굽이쳐 만을 이루었네

鄭驛迎賓地(정역영빈지) 정공이 자리 잡아 손님을 맞는 땅

留連帶雨還(유련대우환) 잇따라 내리는 비로 오래 머물다 돌아가네

약봉 서성의 시는 서석지의 위상에 도움을 준다. 예나 지금이나 유명한 사람이 찾거나 기록을 남기면 그 가치를 오래 유지할 수 있다. 서성은 율곡 이이의 수제자였다는 점 외에도 고성이씨 어머니 때문에 더욱 유명한 인물이다. 서성의 어머니는 1519년 경북 안동 임청각(臨清閣)을 세운 호원(浩源) 이명(李洺)의 아들 이고(李股)의 외동딸이다. 그러나 이고의 딸은 눈병으로 시력을 완전히 잃은 시각장애인이었지만, 함재(涵齋) 서해(徐嶰, 1537~1559)와 혼인했다. 이고는 자신의 외동딸이 시각장애인인데도 아내로 맞은 사위 서해의 넓은 마음에 감동해서 현재 안동시 일직면의 소호헌(蘇湖軒, 보물)을 선물했다. 류성룡, 김성일 등과 함께 이황에게 배운 서해는 아들 서성을 낳은 지 1년 만에 죽었다. 서성의 어머니는 남편이 죽자 안동의 땅을 농사짓던 노비에게 주고, 아들의 교육을 위해 서성의 숙부인 춘헌(春軒) 서엄(徐崦, 1529~1573)이 있는 서울로 갔다.

서성의 어머니는 현재 서울 중구 만리동 입구에서 충정로 3가로 넘어가는 약현(藥峴)에서 집을 마련했다. 고성이씨는 아들의 출세를 위

소호헌

해 집의 용마루와 처마를 소호헌과 같이 만들었다. 서성의 어머니는 자식을 뒷바라지하기 위해 약주(藥酒), 약과(藥果), 약식(藥食) 등을 만들어 팔았다. 고성이씨가 만든 음식은 워낙 맛이 좋아서 며느리에게 까지 이어졌을 뿐 아니라 선조 임금의 입맛까지 사로잡았다. 그래서 선조는 고성이씨의 집에서 만든 음식에 '약(藥)' 자를 붙여 판매할 수 있도록 허락했다. 이는 지금의 이른바 '상표'와 같다. 현재 한국 사람들이 좋아하는 약주, 약과, 약식도 서성 집안의 유산이다.

　약봉 서성이 태어난 소호헌은 건축학적으로도 아주 가치 있는 곳이다. 그러나 지금은 집 앞의 도로 때문에 지난날의 아름다운 풍경은 찾아볼 수 없다. 다만 친구들과 이곳을 찾았던 대산(大山) 이상정(李象靖, 1711~1781)의 시를 통해서 지난날의 멋진 모습을 감상할 수 있다.

　　　　　　　　　　　　　　　　　　인류의 미래 은행나무

〈蘇湖軒與諸友遊得心字共賦(소호헌여제우유득심자공부), 소호헌에서 여러 벗들과 노닐다가 '심' 자로 운을 정해 함께 읊다〉

門掩空階靜(문엄공계정) 닫힌 문 속으로 빈 계단이 고요한데

江寒小閣深(강한소각심) 차가운 강가에는 작은 누각이 그윽하네

池塘齊草色(지당제초색) 연못가에는 풀빛이 가지런하고

槐柳逗雲陰(괴류두운음) 회화나무 버드나무에는 구름 그늘이 드리웠네

七字何人詠(칠자하인영) 누가 일곱 글자를 노래했는가

孤吟此日心(고음차일심) 외로이 이날의 심정을 읊조리네

烟洲入遐眺(연주입하조) 안개 속 모래섬이 멀리 시야에 들어오는데

鷗鷺足知音(구로족지음) 갈매기들이 지음이 될 만하네

지금의 소호헌은 서해의 6세손 서명민(徐命敏, 1733~1781)이 중수한 것이다. 한국전쟁 때 조금 불에 탔지만 본래 모습을 그런대로 유지한 덕분에 보물로 지정되었다. 소호헌에는 이상정이 시에서 소개한 회화나무와 더불어 은행나무 한 그루가 있다. 그러나 이곳 은행나무의 상태는 아주 좋지 않다. 은행나무 앞 표석에 따르면, 1982년 기준 은행나무의 높이는 10m, 둘레는 3m이니, 용문사 은행나무 나이 계산법을 적용하면 나이는 대략 270여 살이다.

소호헌은 우리나라 현존하는 조선 시대 건물 중에서 아주 뛰어난 콘텐츠를 갖춘 상징이다. 감동을 선사하는 인물 이야기를 비롯한 건축학적 가치, 현판의 글씨 등 소호헌은 보물 이상의 가치를 지니고 있다.

망와(望瓦)에 새긴 두 마리 용이 날아가는 '쌍비용문(雙飛龍紋)'은 한 번 보고 나면 좀처럼 마음에서 떠나지 않는다.

소호헌에서 집으로 돌아오는 길에 소호헌과 가까운 대산 이상정의 종가인 '한산이씨대산종가(韓山李氏大山宗家)'에 잠깐 들렀다. 이상정이 소호헌을 찾았던 것처럼 나도 소호헌을 찾았고, 이상정의 종가도 찾았다. 조선은 혈연, 지연, 혈연 등 '삼연'이 강고한 시대였다. 나무와의 인연, 즉 '수연(樹緣)'은 '삼연'보다 앞선다. 그래서 수연을 실천하다 보면 자연스럽게 '삼연'도 함께 할 수 있다.

(2) 김세중과 청도 하평리 은행나무

하평리 은행나무는 우리나라 은행나무 중에서도 드물게 산 중턱에 살고 있다. 이곳의 은행나무를 심은 사람은 김해김씨 입향조 낙안당(樂安堂) 김세중(金世中, 1484~1533)이다. 부호군(副護軍) 김세중은 경남 창녕군 계성면 광계리에 살았는데 1509년에 살기 좋은 곳을 찾다가 이곳 월촌리(하평리)에 터를 잡고 은행나무를 심었다. 은행나무 아래에는 김세중이 은행나무를 심었다는 표석이 있다.

하평리 은행나무는 우리나라 은행나무 중에서도 유주가 가장 많은 나무이다. 이처럼 유주가 많은 이유는 문중에서 은행나무를 잘 보존했기 때문이다. 현재 은행나무 아래에는 1934년 창건한 월강재(月岡齋)가 있다. 이곳의 배향 인물은 기암(機菴) 김명하(金命夏)이다. 그는 절충장군 첨지중추부사 가선대부에 증직되었으며, 김세중은 그의 6대조

이다. 월강재에는 김재화(金在華)
의 '월강재기(月岡齋記)', 권용현
(權龍鉉)의 상량문, 박효순(朴孝
秀)의 월강재명(月岡齋銘), 이종
은(李鍾殷) 등의 '월강재운(月岡齋
韻)' 2편이 걸렸다.

하평리 은행나무는 암그루이
다. 현재까지 열매를 맺는 등 건강
한 편이지만, 그동안 적잖은 수난
을 겪었다. 특히 1997년에는 감나

김세중 식수 표석

무 밭으로 들어가던 덤프트럭에 받혀서 은행나무 왼쪽 가지의 절반이
부러졌다.

하평리 은행나무의 또 다른 특징은 뿌리가 밖으로 나온 것이다. 이
러한 현상은 나무가 경사지에 살기 때문에 생긴 것이지만, 잘 관리하
지 않으면 수명 단축의 원인이 된다. 문중의 한 분은 이곳 은행나무의
뿌리가 밖으로 나와 있는 것을 다른 곳의 은행나무에서 거의 볼 수 없
는 특이점으로 여기고 있었다. 은행나무 중에서 뿌리가 밖으로 나온
대표적인 나무는 원주 반계리 은행나무이지만 나무의 입장에서 보면
좋은 현상이 아니다.

김세중의 후손들은 어릴 적부터 은행나무와 함께 한 인연으로 적잖
은 추억을 간직하고 있었다. 그들은 은행나무를 놀이터 삼아 놀다가 종
종 나무에서 떨어지기도 했다. 이곳 마을 사람들 중 은행나무에서 놀다

하평리 은행나무 유주

하평리 은행나무

인류의 미래 은행나무

가 떨어진 사람이 적지 않았지만 크게 다친 사람은 없었다고 한다. 이에 대해 마을 사람들은 나무의 신령스러움 덕분으로 여기고 있다.

나도 어린 시절 고향 집 뒤편 아주 작은 연못가 수그루 은행나무 위에서 놀곤 했다. 특히 여름철에는 나무에 올라 매미를 잡기도 했다. 은행나무는 줄기가 매끈해서 아이들이 올라가서 놀기에 불편하지 않았다. 게다가 나무 위에 올라서 사방을 바라보면 땅에서 볼 때와 기분이 사뭇 다르다. 인류가 직립 보행하기 전에 나무 위에서 살았던 것을 생각하면 수상(樹上) 놀이는 조상의 삶을 체험하는 과정이다.

은행나무 열매를 만져도 '옻'을 타지 않는다는 이 마을 문중 분의 이야기는 흥미롭다. 은행나무 열매에는 독성이 있어서 맨손으로 껍질을 벗기면 피부가 상할 수 있고, 특히 피부가 예민한 사람은 옻나무처럼 옻을 탈 수 있다. 그러나 하평리 사람들이 열매를 만져도 옻을 타지 않는다는 것은 어릴 적부터 은행나무 열매에 면역이 생겼기 때문일지도 모른다. 마을 사람들의 은행나무 열매에 대한 면역력은 나무를 보호하는 중요한 요인으로 작용한다. 만약 은행나무 열매로 피부병을 앓았다면 나무를 원망해서 보존에 힘쓰지 않았을지도 모른다. 더욱이 은행나무 열매는 지금처럼 은행나무가 흔하지 않고 중금속 우려도 없던 시절에는 농가의 소득이기도 했다. 그러나 지금은 이곳 은행나무에 많은 열매가 열려도 주워서 판매하는 사람이 없다.

하평리 사람들은 은행나무의 생태를 통해 한 해의 농사를 가늠했다. 즉 나무의 잎이 10일 이전에 모두 떨어지면 풍년이고, 10일 이상 걸리면 흉년이라는 이야기를 믿고 있다. 나무의 뿌리는 잎을 만들고

하평리 은행나무 뿌리

떨어뜨릴 때 자신의 건강 상태에 따라 순서를 결정한다. 나무가 짧은 시간에 잎을 만들고 떨어뜨린다는 것은 충분한 물을 간직하고 있다는 뜻이다. 반대로 천천히 만들고 떨어뜨린다는 것은 물 사정을 충분히 고려해야 한다는 것이다. 모든 농사의 기본은 물이듯, 나무의 생존도 물 정도에 따라 영향을 받는다.

내가 암그루 하평리 은행나무의 남편이 어디에 있는지 궁금해서 문중 한 분에게 물어보니 아랫마을의 수그루 은행나무의 꽃이 마을 앞의 계곡을 따라 와서 수정한다고 했다. 이는 암그루 은행나무가 수그루 은행나무의 물속 그림자를 보고 수정한다는 설과 비슷하다. 아직도 많은 사람들이 은행나무의 수정이 바람으로 이루어진다는 것을 잘 모르

인류의 미래 은행나무

고 있다. 나는 문중 사람이 일러 준 마을까지 가서 은행나무를 찾았지만 눈이 좋지 않은 탓인지 끝내 찾지 못했다.

은행나무 아래 표석에 따르면, 하평리 은행나무의 나이는 450살이다. 김세중이 심었다는 1509년을 기준하면 현재의 나이는 515살이다. 이곳 은행나무의 높이는 27m, 둘레는 7.6m이다. 그러나 둘레를 용문사 은행나무 나이 계산법에 적용하면 700살에 가깝다. 따라서 하평리 은행나무의 나이는 좀 더 정확한 조사가 필요하다. 특히 이곳 은행나무는 일본과 유럽 은행나무의 조상이라는 연구까지 이루어졌으니 은행나무 역사에서도 중요한 위치를 차지한다.

(3) 윤효정과 해남 녹우당 은행나무

윤선도(尹善道, 1587~1671)는 85년의 삶 중에서 20여 년을 유배 생활했으며, 19년을 관직에 나가지 않고 은거했다. 그의 파란만장한 삶은 남인과 서인 간 권력 투쟁의 영향이었다. 그가 유배와 은거를 반복한 이유는 당시 집권 세력인 서인이 아니라 세력이 약한 남인이었기 때문이다. 그러나 그는 조상의 넉넉한 유산 덕분에 어려움 없이 은거할 수 있었을 뿐 아니라, 적잖은 작품을 남겨 한국 문학사에 큰 업적을 남겼다.

해남 녹우당은 윤선도가 은거한 공간 중 하나이다. 녹우당에는 성리학을 상징하는 회화나무와 은행나무가 있다. 아울러 녹우당에는 다른 성리학 공간에서 거의 찾아볼 수 없는 천연기념물 '해남 녹우단(綠

雨壇) 비자나무 숲'이 있다. 녹우단 비자나무 숲은 해남윤씨의 중시조 윤효정(尹孝貞, 1476~1543)이 심었다. 윤효정은 1498년 무오사화와 1504년 갑자사화 이후로 숨어 살며 세상에 나오지 않고 스스로 호를 어초은자(漁樵隱者)라 했다. 국자감(國子監) 상사(上舍)를 지낸 윤효정은 윤선도의 4대조이다.

윤효정이 집 뒷산에 비자나무를 심은 이유는 마을에서 뒷산의 바위가 보이는 것을 막기 위해서였다. 그가 비자나무를 선택한 이유는 기록이 없어서 정확하게 알 수 없지만, 아마도 두 가지 때문이었을 것이다. 하나는 비자나무의 적합성이다. 왜냐하면 나무는 기후와 토양에 적합해야 잘 살 수 있기 때문이다. 비자나무는 척박하고 건조한 곳을 매우 싫어하며 남쪽에서 잘 자란다. 우리나라의 비자나무 천연기념물은 최남단 제주 평대리 비자나무 숲을 비롯한 진도 상만리 비자나무, 고흥 금탑사 비자나무 숲, 강진 삼인리 비자나무, 장성 백양사 비자나무 숲, 사천 성내리 비자나무, 화순 개천사 비자나무 숲 등 모두 남쪽에 산다.

또 하나는 늘 푸른 큰키나무라야 한다. 왜냐하면 늘 푸르고 큰 키라야 1년 동안 바위를 막을 수 있기 때문이다. 만약 키가 작거나 갈잎나무는 1년 동안 바위를 막을 수가 없다. 주목과 늘푸른큰키나무 비자나무[*Torreya nucifera* (L.) Siebold & Zucc.]는 두 가지 조건을 모두 갖춘 나무이다. 중부 이남에서도 잘 자라는 개비자나무[*Cephalotaxus harringtonia* (Knight ex J.Forbes) K.Koch]는 비자나무와 달리 개비자나뭇과 늘푸른떨기나무는 떨기나무라서 바위를 막기에 부족하다. 식물

인류의 미래 은행나무

학에서 큰키나무와 떨기나무의 기준은 10m이다.

윤효정이 비자나무를 선택한 또 다른 이유는 이 나무의 용도와 무관하지 않을 것이다. 비자나무는 부모인 주목을 닮아서 나무의 재질이 단단할 뿐 아니라 탄력성까지 좋아서 사람들이 무척 탐냈다. 지위가 높은 사람들은 비자나무로 시신을 담는 관(棺)이나 타고 다닐 배를 만들기도 하고, 놀이를 즐기는 사람들은 바둑판을 만들었다. 비자나무로 만든 바둑판을 사용한 사례는 우암 송시열의 제자였던 명재(明齋) 윤증(尹拯, 1629~1714)의 《明齋遺稿(명재유고)》에서 확인할 수 있다. 비자나무로 만든 바둑판 얘기는 '명(銘)'과 함께 쓴 서(序)에 등장한다.

〈方案銘幷序(방안명병서), 책상에 관한 명과 서〉

舍弟農隱(사제농은), 借得文木棋局於從弟德浦(차득문목기국어종제덕포). 時遇閑客(시우한객), 聊寓閑興(요우한흥). 昨忽惡其無益而害事也(작홀오기무익이해사야), 卽磨去之(즉마거지), 用爲書案(용위서안). 昔程夫子以呂晉伯老而好學(석정부자이려진백로이호학), 爲視少而好學者(위시소이호학자), 尤可愛(우가애). 余亦喜其勇也(여역희기용야), 爲之銘(위지명). 銘曰(명왈)

아우 농은이 사촌 동생인 덕포에게서 비자나무[文木]로 만든 바둑판을 하나 얻었다. 때로 한가한 손님을 만나면 그것으로 여흥을 즐겼다. 어제 문득 그것이 무익할 뿐만 아니라 일에 방해가 되는 것이 싫어서 즉시 그것을 갈아 버린 뒤에 다듬어 책상으로 만들었다 한다. 옛날에 정자(程子)는 늙어서도 배우기를 좋아

하는 여진백을 보고는 젊어서 배우기를 좋아하는 사람보다 더욱 사랑스럽다고
했다 한다. 나 역시 아우의 용기를 가상히 여겨 그것에 관한 명을 짓는 바이다.
명은 다음과 같다.

黃卷之粲然兮(황권지찬연혜) 찬연하게 빛나는 경전들이여

是眞我儔兮(시진아주혜) 이것이 진실로 나의 짝이네

白髮之皤然兮(백발지파연혜) 하얗게 어느새 백발이 세니

他復何求兮(타부하구혜) 그 밖에 달리 더 무얼 구하랴

懍日暮而道遠兮(름일모이도원혜) 해는 저무는데 갈 길이 멀어

唯此其憂兮(유차기우혜) 오로지 그것만이 걱정이라네

尙俛焉而忘老兮(상면언이망로혜) 더욱더 노력하여 늙음 잊으며

死而後休兮(사이후휴혜) 죽고 난 뒤에나 그만두리라

　　조선 시대에는 비자나무를 특산물로 지정해서 바치도록 했다. 그러
나 과거 우리나라가 중국에 바치는 조공으로 생활이 힘들었지만, 지방
의 중앙에 대한 조공도 무척 버거웠다. 중국의 우리나라에 대한 조공
요구가 중국 중심의 지배 질서 구축이었듯이, 중앙의 지방에 대한 조
공 요구도 지배 질서의 실행이었다. 제주도 비자나무는 중앙정부의 수
탈 대상이었다. 조선 시대 중앙정부는 해마다 제주도 비자나무 판 10
부(部)를 요구했다. 비자나무는 목재 가치만이 아니라 열매로 기름을
만들어 제사상에 올렸다. 조선 시대 왕가와 양반들이 제사를 중시한
점을 감안하면 비자나무는 귀하디귀한 존재였다. 반면에 비자나무의

조공은 제주도민들에게 고통의 시간이었다. 다만 영조 39년의 기사에서 보듯, 제주도에 재해가 발생하면 조공을 일시 중지시켰다. 《高麗史(고려사)》〈列傳(열전)〉에 따르면, 제주도의 비자나무는 원나라가 궁궐을 짓기 위해 이곳의 비자나무 50근을 요구했다. 원나라는 당시 고려의 사람만이 아니라 나무까지 수탈할 만큼 잔인했다.

윤효정이 비자나무를 심은 것은 풍수 사상에 따른 것이다. 사람은 바위를 강한 힘을 가져 사람의 기를 누른다고 생각했다. 그래서 숲을 조성해서 돌의 기운을 막고자 했다. 이러한 예는 경북 '안동 하회마을의 천연기념물 만송정 숲', 즉 소나무 숲은 자제들이 바위로 이루어진 부용대(芙蓉臺)를 보면 공부에 방해가 된다고 여겨 조성한 것이며, 경남 하동군 북천면의 직하재(稷下齋) 근처 계곡의 소나무 숲도 근처 산의 바위를 막기 위해 조성한 것이다.

녹우당과 녹우단은 모두 비자나무 숲과 관련이 있다. 국가유산청에서 비자나무 숲을 천연기념물로 지정할 당시에는 '녹우단'이라 불렀다가 지금은 '녹우당'으로 통일했지만, 녹우단과 녹우당은 의미가 다르다.

'녹우'는 '늘 푸른 비자나무 숲에 비가 내리는 소리'를 뜻한다. 그래서 비자나무는 해남 녹우당과 녹우단의 주인공이다. 녹우단은 이곳 비자나무를 심은 윤효정의 사당을 뜻하면서 비자나무 숲을 의미한다. 후손이 윤효정을 모시는 것은 곧 비자나무 숲을 모시는 것과 같으며, 비자나무의 숲에 내리는 빗소리는 곧 조상의 말씀이다. 따라서 녹우단은 행단과 같은 의미를 갖는다. 녹우단처럼 비자나무를 행단의 나무로 삼은 사례는 이곳이 유일하다.

제주도 구좌읍 비자나무 천연기념물 숲

녹우당 비자나무 숲

　　　　　　　　　　　　　　　인류의 미래 은행나무

녹우단 비자나무 숲은 소나뭇과의 늘푸른큰키나무 소나무(*Pinus densiflora* Siebold & Zucc.)와 소나뭇과 늘푸른큰키나무 곰솔(*Pinus thunbergii* Parl.) 등 울창한 숲을 지나서 만날 수 있다. 그래서 비자나무 숲으로 가는 길은 정말 몸과 마음이 편안하다. 500살에 가까운 300여 그루 비자나무 숲 사이를 걸어가면 벅찬 감동에 행복하다. 더욱이 녹우당을 찾는 사람 중에 비자나무 숲을 찾는 사람이 아주 드물어 온전히 숲과 마주할 수 있는 시간을 즐길 수 있다.

윤선도와 녹우당 은행나무

녹우당은 윤선도가 만년에 머문 곳이다. 녹우당은 효종(孝宗, 재위 1649~1659)이 봉림대군(鳳林大君) 시절 스승이었던 윤선도를 위해 수원 화성에 지어 준 것을 82세 때 이곳으로 옮긴 것이다. 윤선도의 일생에 관한 기록은 윤선도와 동시대인이자 남인의 지도자였던 미수(眉叟) 허목(許穆, 1595~1682)의 〈海翁尹參議碑(해옹윤참의비), 해옹윤참의 비〉이다. 비문의 제목에서 보듯 윤선도의 잘 알려진 호는 고산이지만, 또 다른 호는 '해옹'이다. '해옹'은 사람들이 그가 해남 보길도에서 보냈기 때문에 부른 것이다.

우리나라 사람들에게 아주 잘 알려진 것은 윤선도의 《山中新曲(산중신곡)》에 실린 '오우가(五友歌 : 물, 돌, 소나무, 대나무, 달)'이다. 오우가 중에는 은행나무가 등장하지 않는다. 오우가 중 가장 잘 알려진 것은 제5수 '대나무[竹]'이다.

나무도 아닌 것이 풀도 아닌 것이

곧기는 누가 시켰으며 속은 어찌 비었는가

저리하고도 사계절 푸르니 그를 좋아하노라

윤선도는 '대나무'를 '나무'도 아니고, '풀'도 아니라고 했다. 윤선도의 대나무 정체성에 관한 이해는 중국 남북조시대 남조 송(宋)나라 대개지(戴凱之)의 《竹譜(죽보)》에서 빌린 것이다. 그러나 대나무는 나무든 풀이든 둘 중 하나일 수밖에 없다. 풀과 나무의 차이는 다양하지만 가장 큰 차이는 '리그닌(lignin, 木質素)'의 여부이다. 나무는 생장하면서 부피를 키우지만, 풀은 부피를 키우지 않는다. 따라서 대나무는 식물학적으로 나무가 아니라 풀이지만, 아직도 우리나라 식물도감에는 대나무를 나무로 분류하고 있다. 그러나 대나무는 참나무가 굴참나무, 상수리나무, 졸참나무, 산갈나무, 떡갈나무, 갈참나무 등을 일컫는 총칭이듯, 죽순대, 왕대, 오죽, 산죽, 조릿대, 이대 등을 일컫는 총칭이다. 식물이 리그닌을 만든 이유는 단단한 몸을 만들어 동물에게 쉽게 먹히지 않고, 병원체의 생장을 차단하며, 감염이나 상처에 대응하기 위해서였다.

윤선도의 식물에 관한 이해는 오우가 중 제2수 '돌'에서도 알 수 있다.

꽃은 무슨 일로 피면서 쉬이 지고

풀은 어이하여 푸르듯 누르나니

아마도 변치 않을 건 바위뿐인가 하노라

　　　　　　　　　　　　　　　　　　　인류의 미래 은행나무

윤선도는 '꽃과 풀'을 대비하고 있다. 그러나 꽃과 풀은 식물에 관한 정확한 이해가 아니다. 풀의 상대어는 나무이다. 윤선도가 꽃과 풀을 벗으로 삼지 않고 바위를 벗으로 삼은 이유는 '변치 않음' 때문이었다. 그러나 꽃과 풀만 변하는 것이 아니라. 바위도 변하기는 마찬가지다. 바위는 바람과 물을 만나 나중엔 흙으로 변한다. 그런데도 윤선도가 바위를 변하지 않는 것으로 이해한 이유는 당장 자신의 눈앞에 보이는 것만 보고 판단했기 때문이다. 윤선도의 짧은 생각은 소나무를 노래한 '오우가' 제4수에서도 확인할 수 있다.

더우면 꽃 피고 추우면 잎 지거늘

솔아, 너는 어찌 눈서리를 모르느냐?

땅속의 뿌리 곧은 줄을 그것으로 하여 아노라.

꽃은 더우면 피고, 잎은 추우면 진다는 윤선도의 노래는 편견에 불과하다. 매실나무의 꽃은 추울 때 피고 소나무는 2년마다 잎이 지기 때문이다. 이처럼 윤선도는 철저하게 자신의 입장에서 식물을 바라보았을 뿐, 생명체의 삶에 대해 깊게 생각하지 않았다.

윤선도는 은행나무를 노래하지 않았지만, 은행나무는 녹우당의 상징 중 하나이다. 녹우당 입구의 은행나무도 윤효정이 심은 것이다. 그런데 이곳의 은행나무는 윤효정이 심은 네 그루 중 한 그루이다. 윤효정이 네 그루의 은행나무를 심은 이유는 자식의 입신양명을 기원하기 위해서였다. 그런데 윤효정의 아들은 윤구(尹衢, 1495~?), 윤항(尹

術), 윤행(尹行), 윤복(尹復), 윤종(尹從), 윤후(尹後) 등 6명이었는데
도 네 그루만 심었을까? 6명 중 윤구는 해남윤씨 중 중앙 정계에 처음
진출했다. 이후 윤행과 윤복도 벼슬길에 나아가 윤효정과 더불어 해남
윤씨의 기틀을 닦는데 크게 기여했다.

녹우당 입구의 은행나무는 네 그루 은행나무 중 건강 상태가 가장
좋다. 이곳 은행나무의 나이는 대략 500여 살로 추정하고 있다. 그런
데 녹우당 은행나무의 나이는 윤효정이 언제 심었는가에 따라 다르다.
다만 녹우당 은행나무의 높이 20m, 둘레 5m를 용문사 은행나무 나이
계산법에 적용하면, 녹우당 은행나무의 나이는 455살 정도이다. 이는
윤효정이 죽은 지 26년 뒤이다. 만약 녹우당의 은행나무를 윤효정이 심
었다는 것을 전제하고, 이곳 은행나무는 그의 말년에 심었을 가능성이
높다. 녹우당 은행나무는 암그루이다. 그러나 나이 탓인지 열매는 작은
편이다. 녹우당 은행나무 옆에는 아직 어린 은행나무가 살고 있다.

녹우당 사랑채에는 대략 270살 된 회화나무가 있다. 이곳 회화나
무는 나이로 보아 윤선도(尹善道)의 증손이자 정약용(丁若鏞)의 외증
조인 윤두서(尹斗緒, 1668~1715)나 윤두서의 장남 윤덕희(尹德熙,
1685~1766)가 심었을 것이다. 녹우당의 회화나무도 성리학의 상징
나무이기 때문에 은행나무처럼 후손의 입신양명을 위해 심은 것이다.

⑷ 손중돈과 경주 관가정 은행나무
경주 양동마을의 관가정(觀稼亭, 보물)은 조선 중기 남부 지방의 주

녹우당 은행나무

녹우당 은행나무와 회화나무

택을 연구하는 데 귀중한 자료이다. 더욱이 관가정은 이언적의 외숙부(外叔父)이자 스승이었던 우재(愚齋) 손중돈(孫仲暾, 1463~1529)의 집이다. 이언적은 10세 때 아버지 찬성공(贊成公) 이번(李蕃, 1463~1500)을 여의고 손중돈에게 가르침을 받았다. '관가'는 고려 시대 오순(吳洵, 1306~1387)의 〈관가정〉과 조선 시대 서울 숭례문 청파(靑坡) 남쪽 들판의 '관가대(觀稼臺)'에서 보듯, 임금이 직접 농사일을 살핀다는 뜻이다. 이런 점으로 보면 양동의 관가정은 손중돈이 이곳에서 자신의 땅에서 농사짓는 것을 살피는 뜻을 담고 있다. 서쪽 언덕에 자리 잡은 관가정은 집 아래의 넓은 들판을 한눈에 볼 수 있다.

관가정은 풍수학, 건축학, 조형학, 주거학은 물론 역사학에서도 손중돈과 이언적의 삶을 연구할 때도 늘 중시한다. 그러나 관가정은 인문식물학에서도 아주 중요하지만, 아직 연구를 찾아볼 수 없다. 관가정은 인문식물학에서 두 가지 정도 주목할 만하다. 우선, 관가정은 조선 시대 성리학의 대표적인 상징 나무인 은행나무, 회화나무, 향나무를 갖추고 있다. 특히 관가정의 두 그루 은행나무는 조선 시대 정자에서는 아주 드문 사례다. 다음은 성리학의 상징 나무 외에 조각자나무와 잣나무를 갖추고 있다.

관가정 입구 언덕에 사는 두 그루 은행나무는 모두 암그루이다. 그러나 두 그루 은행나무는 보호수도 아닐 뿐 아니라 은행나무 앞의 정보를 담은 표석도 없다. 내가 직접 두 그루의 둘레를 재어 보니 두 그루 모두 5m이다. 이는 두 그루를 같은 시기에 심었다는 뜻이다. 두 그루의 둘레를 용문사 은행나무 나이 계산법에 적용하면 455살 정도이

인류의 미래 은행나무

다. 문제는 누가, 언제 두 그루의 은행나무를 심었는가이다.

　관가정의 설립 시기는 논란의 여지가 있다. 손중돈은 종가인 송첨 종택(松簷宗宅), 즉 서백당(書百堂)에서 태어났다. 서백당은 양동마을 입향조인 송재(松齋) 손소(孫昭, 1433~1484)가 지은 경주손씨 종택 이다. 서백당은 이언적이 태어난 곳이기도 하다. 이언적이 이곳에 태 어난 이유는 외가였기 때문이다. 관가정은 손중돈이 본가에서 분가 후 에 지은 것이지만, 언제인지를 알 수 있는 기록은 없다. 다만 관가정의 설립에 대해서는 손중돈이 아버지 손소가 서백당을 지은 1458년보다 한 세대(30년) 뒤인 1480년대 분가해서 지었다는 설, 손중돈이 예조 참판 시절인 1514년 설, 심지어 1534년 손중돈 사후설까지 분분하다. 만약 두 그루의 은행나무를 관가정 설립과 더불어 심었다고 가정하면, 관가정은 1569년경에 심었다. 은행나무를 심은 시기와 관련해서 관가 정의 설립 연대를 고려하면, 관가정은 손중돈 사후에 건립했을 가능성 이 있다.

　관가정 두 그루 은행나무 중 왼쪽(관가정 기준)과 오른쪽의 나무 상 태가 아주 다르다. 왼쪽의 은행나무는 원줄기가 거의 죽은 상태다. 그 래서 현재 왼쪽 은행나무는 오른쪽 은행나무보다 키가 상당히 작다. 오른쪽의 은행나무도 언덕에 사는 탓에 뿌리가 밖으로 나온 상태이다. 뿌리가 밖으로 나오면 물을 공급하는 데 상당히 힘들기 때문에 생장에 큰 문제가 생긴다. 더욱이 현재 두 그루 은행나무는 보호수로도 지정 되어 있지 않아서 관리를 제대로 받지 못하고 있다. 두 그루의 은행나 무는 관가정과 불가분의 관계에 있는 문화유산이기 때문에 특별히 관

양동 관가정

인류의 미래 은행나무

리할 필요가 있다.

두 그루 은행나무의 상태가 좋지 않은 이유 중 하나는 두 그루의 '사이'가 좋지 않기 때문이다. 처음 두 그루를 심을 때 나무의 높이를 고려하지 않고 서로 가깝게 심어서 두 그루는 천성대로 살지 못하고 있다. 성리학자들은 '성(性)'이 곧 '리(理)'라는 사실을 알면서도 나무의 '성리'에 대해서는 왜 무관심했을까? 이는 인간을 '만물의 영장'이라는 북송의 철학자 주돈이의 〈태극도설〉에서 벗어나지 못했기 때문이다.

두 그루 은행나무 오른편(관가정 기준)에는 꽤 나이가 많은 회화나무가 있다. 그런데 이곳 회화나무는 그 옆의 은행나무 때문인지 줄기 자체가 아래 언덕으로 기울어 있다. 이런 모습을 보노라면 인간이 얼

관가정 앞 두 그루 은행나무 및 회화나무(누운 나무)

마나 나무의 본성에 대해서 무지한지를 알 수 있다. 조금이라도 나무를 인간과 같은 생명체로 인식했다면, 회화나무가 그런 모습으로 살아가도록 놔두지 않았을 것이기 때문이다. 두 그루 은행나무와 회화나무는 관가정 안으로 들어가서 담장 밖으로 바라보면 한눈에 들어온다. 아마도 이곳에 살았던 성리학자도 은행나무와 회화나무를 보면서 성인에 도달하려고 노력했을 것이다.

관가정 안의 성리학 상징 나무는 향나무이다. 관가정에는 정문 왼편(관가정 기준)에 한 그루, 관가정 현판 앞 오른편에 세 그루 등 전체 네 그루의 향나무가 있다. 관가정의 향나무는 각각 나이가 다르지만, 그중 한 그루는 꽤 나이가 많다. 이처럼 관가정에 향나무가 많은 이유는 정확하게 알 수 없지만, 송첨종택의 향나무를 모범으로 삼았을 것이다. 송첨종택의 향나무 앞 표석에 따르면, 이곳 향나무는 손소가 직접 심은 것이다. 그러나 표석에 향을 피우기 위해 향나무를 심었다고 적고 있지만, 성리학자가 향나무를 심은 이유는 공자의 정신을 계승하기 위한 것이다. 종택의 향나무는 사당을 짓기 전에 심은 것이다. 관가정의 향나무도 공자의 정신을 계승한 것이다.

송첨종택의 향나무는 관가정만이 아니라 이언적이 머물렀던 양동의 향단(香壇)과 옥산서원 독락당 및 옥산서원, 양동마을의 이향정고택(二香亭古宅) 등에도 영향을 주었을 뿐 아니라, 양동마을 후손들의 집에도 영향을 주었다. 이처럼 성리학자와 관련한 공간의 향나무는 조선왕조의 도서관이었던 서울 창덕궁 주합루(宙合樓, 보물 제1769호) 앞에서도 만날 수 있다. 관가정 왼쪽의 쪽문 근처의 한 그루 잣나무

인류의 미래 은행나무

관가정 향나무

(*Pinus koraiensis* Siebold & Zucc.)는 나이는 많지 않지만, 손중돈의 후손이 선조의 정신을 생각하면서 심었을 것이다. 정자의 잣나무는 흔하지는 않지만, 종종 발견할 수 있다. 예컨대 대구시 군위군 대율리 남천고택(南川古宅)의 '쌍백당(雙柏堂)'은 담장 사당의 약 250살 된 두 그루 잣나무 때문에 붙인 것이다. 손소의 영정을 모신 관가정 영당(影堂) 앞의 배롱나무는 조상을 향한 일편단심을 뜻한다.

관가정에서 또 하나 주목할 나무는 콩과 갈잎큰키나무 조각자나무 (*Gleditsia sinensis* Lam.)이다. 조각자나무는 학명 중 종소명 '시넨시스 (*sinensis*)'에서 보듯, 중국 원산이다. 우리나라 유일의 천연기념물 '경주 독락당 조각자나무'도 이언적의 친구가 중국에서 가져온 것이다. 관가

관가정 조각자나무

정의 조각자나무도 독락당의 후손일 것이다. 관가정에는 관가정 뒤편에 팽나무 한 그루와 함께 두 그루가 있지만, 성리학을 상징하는 나무는 아니다. 이처럼 조각자나무는 이언적과 관련한 문화유산에서 만날수 있다. 그런데 경주에는 최치원을 모신 상서장(上書莊)에도 '문창후최선생상서장비(文昌侯崔先生上書莊碑)' 옆에 한 그루 조각자나무가있다. 이곳에 조각자나무를 심은 이유는 아마도 최치원이 중국 유학출신이었기 때문일 것이다. 조각자나무와 유사한 콩과 갈잎큰키나무주엽나무(*Gleditsia japonica* Miq.)는 일본 원산이다.

조각자나무의 한자는 조협(皀莢), 조각(皀角), 조각자(皀角刺) 등이다. 풍석(楓石) 서유구(徐有榘, 1764~1845)의 《晩學志(만학지)》에 따르면, '조협'의 '조'는 '조백(皁白)'에서 보듯 '검다'의 뜻도 있다. 그래서 '조협'의 '조'는 검은색의 열매를, '협'은 '깍지'이니, 열매를 강조한 이름이다. '조각'의 '각'도 열매를 뜻하고, 조각자의 '자'는 가시를 뜻한다. 진(晉) 곽의공(郭義恭)의 《廣志(광지)》에 따르면, 조각자나무의 별칭은 계서자(鷄棲子)이지만, 우리나라 문헌에서는 사례를 찾아볼 수 없다. 우리나라에서는 종종 쥐엄나무라 한다.

관가정은 우리나라의 귀중한 보물이지만, 두 그루 은행나무는 관심 밖이다. 그러나 성리학자의 공간은 건물의 안과 밖을 모두 포함한다. 특히 성리학의 '공부론(工夫論)'에서 보면, 관가정의 식물과 더불어 영당 앞의 '관가정 전래석'도 공부의 대상이다. 성리학의 공부론은 관가정의 주인공을 비롯하여 성리학자의 사상과 철학을 이해하는 데 아주 중요하다.

(5) 정구와 행동재 은행나무

경남 창녕군 고암면 계팔리에 자리 잡고 있는 행동재(杏東齋)는 김굉필의 둘째 아들 김언상(金彥庠, 1480~1540)이 처음 터를 잡은 곳이지만, 창녕현감을 역임한 한강 정구와도 밀접한 관계가 있다. 즉 행동재와 은행나무는 대구 도동서원의 주인공인 김굉필과 도동서원의 설계자인 한강 정구와 관계를 맺고 있다는 점에서 주목할 만하다. 그러나 지금까지 우리나라 은행나무 연구에서 행동재의 은행나무를 주목한 사례는 없었다.

김굉필은 4명의 아들을 두었다. 장자인 김언숙(金彦塾)은 전력부위(展力副尉)을 역임했으며, 김언상은 사헌부 감찰(司憲府監察)을 역임했다. 셋째는 김언서(金彦序)이고, 넷째는 김언학(金彦學)이다. 둘째 아들이 이곳에 온 이유는 1498년 무오사화(戊午史禍)로 아버지가 유배 갔기 때문이다. 고암면은 전쟁, 가뭄, 질병이 없다는 '삼불입지'로 알려질 만큼 경남에서도 오지 중 오지이다. 김굉필이 머물렀던 대구와 합천은 고암과 멀지 않은 곳이다. 행동재 앞은 창녕의 진산(鎭山) 화왕산에서 내려온 물이 동쪽에서 서쪽으로 흐르는 물계천(勿溪川), 즉 지금의 토평천(土坪川)이다. 토평천의 물은 람사르 협약(습지와 습지의 자원을 보전하기 위한 국제 환경 협약) 등재와 천연기념물인 우포늪으로 들어간다. 행동재가 있는 곳은 김언상의 후손들이 사는 집성촌이다.

행동재는 김언상의 아들 성재(惺齋) 김립(金立, 1497~1583)이 거처한 곳이다. '행동재'의 '행동'은 도동서원의 '도동'과 같은 뜻이다. 즉 공자의 도를 이어받은 자가 김굉필이듯, 이곳도 공자와 김굉필의 도를 이어받았다는 뜻이다. 김언상의 외아들 김립은 아들 김수개(金壽愷), 김수회(金壽恢), 김수념(金壽恬)을 두었다. 행동재 맞은편 도로변에는 김굉필, 김언상, 김립, 김수개, 김수회를 모신 구니서당(求尼書堂)이 있다. 구니서당은 도동서원 뒷산 대니산처럼 '공자의 정신을 구한다'는 뜻이다. '구니'의 '니'는 공자의 '자'인 '중니(仲尼)'의 '니'이다. 구니서당은 제사 기능이 없는 서당의 명칭이 있지만, 규모는 사당까지 모시고 있는 서원급이다. 행동재는 이곳에 은행나무가 있어서 붙인 이름이다. 행동재는 은행나무를 '행'으로 사용하고 있는 사례만이 아니라 '행단'으

인류의 미래 은행나무

행동재 은행나무

행동재 은행나무 표석

성리학과 은행나무

행동재

로 사용하고 있는 사례까지 보여 주는 아주 중요한 곳이다. 행동재처럼 은행나무를 '행단'으로 삼은 사례 중 현존하는 건물은 찾아볼 수 없다. 행동재의 은행나무는 누가 심었는지에 관한 기록은 없지만, 문중에서는 김립과 정구가 함께 심었을 것으로 추정하고 있다. 은행나무 앞에도 이러한 내용을 담은 표석이 있다.

정구가 행동재의 은행나무와 관계가 있는 까닭은 그가 1580년 4월에 창녕현감에 부임했기 때문이다. 한강 정구는 김굉필의 손자 김립과 진외종숙(陳外從叔)이기 때문에 종종 문안 인사를 드렸다. 창녕현감이 머물렀던 관청과 행동재의 거리는 5㎞이다. 행동재와 가까운 상월(上月)에는 정구를 모신 관산서원(冠山書院)이 있다. '관산'은 화왕산의 다른 이름이다. 그러나 현재 관산서원은 대원군의 서원 철폐로 서

인류의 미래 은행나무

당으로 남아 있다. 그런데 관산서당은 전국에서 유일하게 서원 철폐 당시 위패를 처리한 현장이 확인된 서원이다. 대원군이 서원 철폐를 단행하자, 철폐 대상 서원은 부득이 모시고 있던 분의 위패를 어떤 형식으로든 처리했을 테지만, 그간 현장을 확인할 수 없었다.

　행동재 은행나무 앞의 표석에 따르면, 은행나무의 높이는 37m, 둘레 6.5m, 나이는 2004년 기준 420살이다. 행동재 은행나무의 나이는 정구가 창녕현감에 부임한 1580년에 심었다는 전제에 따른 것이다. 2024년 현재 행동재의 나이는 444살이다. 그러나 이곳 은행나무의 둘레를 용문사 은행나무 계산법에 적용하면 거의 600살에 가깝다. 그렇다면 행동재의 은행나무는 김립과 정구가 심은 것이 아니라, 김굉필의 유배와 죽음으로 이곳에 입향한 김언상이 심었을 가능성이 높다. 만약 김언상이 1500년경에 심었다면 현재 은행나무의 나이는 대략 520살이다. 다만 열매를 심지 않고 어느 정도 나이를 먹은 은행나무를 심었다면 김언상이 심었을 가능성은 더욱 높다. 행동재 은행나무는 몸속에 어린 두충나무와 더불어 살고 있다.

　행동재 은행나무는 암그루이다. 현재 암그루 옆에는 어리지만 후계목 한 그루가 자라고 있다. 후계목은 암그루인지 수그루인지 아직 알수 없지만, 변고가 발생하지 않는다면 어머니의 유전자를 닮아 장수할 것이다. 문제는 앞으로 행동재를 지키는 사람이다. 서흥김씨 집성촌에는 이제 노인들만 계실 뿐 후손들은 모두 객지에서 살고 있다. 그러니 후손들이 행동재를 지킨다는 보장이 없다. 행동재 바로 아래 영사재(永思齋)의 어수선한 모습을 보면 행동재 보존도 장담할 수 없다.

행동재 마루에서는 은행나무 전경을 볼 수 없다. 왜냐하면 은행나무에서 행동재로 올라가는 입구 언덕의 웅장한 참나뭇과 갈잎큰키나무 굴참나무(*Quercus variabilis* Blume) 두 그루 때문이다. 행동재 동쪽 입구에도 한 그루 굴참나무가 있다. 굴참나무는 참나뭇과 갈잎큰키나무 상수리나무(*Quercus acutissima* Carruth.)와 더불어 흉년을 구해준 '구황(救荒)' 나무이다. 굴참나무와 상수리나무는 조선 양반 집성촌이나 성리학자의 공간에서 자주 만날 수 있다. 경상도에서는 굴참나무와 상수리나무의 열매인 '도토리'를 '꿀밤'이라 부른다. 굴참나무와 상수리나무의 열매를 모두 깍지로 덮여있고, 잎 모양도 거의 같아서 구분이 쉽지 않다. 물론 굴참나무는 나이가 들수록 줄기에 골이 생겨 그렇지 않은 상수리나무의 줄기와 구분할 수 있지만, 어릴 때는 구분이 쉽지 않다. 두 나무를 쉽게 구분하는 방법은 잎이다. 굴참나무의 잎 뒷면은 앞과 달리 회색이지만, 상수리나무의 잎은 앞뒤의 색깔이 거의 같다.

행동재 마루의 여러 편액은 행동재의 '행'을 '은행나무'로 사용한 좋은 사례를 보여 준다. 다만 아쉬운 것은 편액의 제작 시기를 알 수 없는 점이다. 행동재 마루의 편액에는 '행단(杏壇), 문행(文杏), 노행(老杏), 행수(杏樹)' 등을 확인할 수 있다. 그만큼 행동재는 재실의 이름에 맞게 은행나무가 핵심이다. 행동재 마루에 앉아서 앞을 바라보면 화왕산 자락의 밝월산이 답답한 가슴을 시원하게 하고, 오른편의 구니서당은 아련하다. 밝월산은 산 위에 보름달이 휘황찬란해서 붙인 이름이다. 행동재 주변에는 향나무, 배롱나무, 주목 등을 심어 성리학자의 뜻을 기리고 있지만, 찾는 사람이 드물고 관리조차 부족하니 쓸쓸한 마

인류의 미래 은행나무

음 금할 수 없다. 행동재의 존속 여부는 은행나무의 생존에도 절대적인 영향을 주는 만큼 문중과 지자체에서 큰 관심을 가질 필요가 있다. 특히 행동재는 우리나라 '행단'의 역사에 중요한 위치를 차지하기 때문에 반드시 보존할 필요가 있다.

(6) 성안의와 부용정 은행나무

부용정(芙蓉亭)은 행동재에서 청도로 가는 20번 국도를 통해 가는 길이 가장 짧다. 내가 어린 시절 땔감을 하러 왔던 산 고개에서 화왕산을 바라보면 구니서당이 한눈에 들어온다. 행동재에서 부용정까지는 지척간이다. 봄철 4.5㎞의 가로수인 장미과 갈잎큰키나무 왕벚나무(*Prunus × yedoensis* Matsum.)의 꽃이 필 때 찾아가면 부용정 앞을 지나는 운봉천(雲峰川)과 함께 환상의 즐거움을 만끽할 수 있다. 운봉천의 물은 달성군과 창녕군의 경계에 있는 달창저수지에 들어간다. 부용정은 달창저수지 상류 산자락에 있다. 부용정도 행동재처럼 한강 정구와 관련한 곳이라는 점에서 주목할 가치가 있지만, 그간 이곳 부용정과 은행나무에 관한 연구는 전혀 없었다. 경남 창녕군 성산면 냉천리의 부용정은 창덕궁 규장각 맞은편 부용정에서 보듯 연꽃을 심어서 붙인 이름이다. '부용'은 연꽃의 다른 이름이다. 부용을 연꽃의 다른 이름으로 사용한 사례는 초나라 굴원(屈原)의 《楚辭(초사)》 "製芰荷以爲衣兮(제기하이위의혜), 集芙蓉以爲裳(집부용이위상), 마름과 연잎으로 저고리를 짓고, 부용을 모아서 치마를 짓네."에서 엿볼 수 있다. 굴원의 글에서 '하(荷)'는 연꽃 중에서도 '잎'을 의미하고, '연(蓮)'은 연꽃 중에서도 '열매'를 뜻한다. 굴원이 언급한 연꽃 잎은 '은자'를 표현할 때 자주 사용한다. 연꽃 중에서 뿌리는 '우(藕)'이다.

조선 시대에 연꽃을 부용으로 사용한 사례는 경기도 안산에 은거했던 계곡(谿谷) 장유(張維, 1587~1638)의 시에서도 확인할 수 있다.

〈芙蓉(부용)〉

人愛衆卉茂(인애중훼무) 사람들 현란한 꽃들 좋아하지만

我憐芙蓉淸(아련부용청) 나는 청아한 연꽃을 사랑하네

亭亭出深沼(정정출심소) 깊은 못 속에 뿌리박고 우뚝 나와서

濯濯當回楹(탁탁당회영) 물에 씻긴 그 모습 난간을 둘렀네

纖莖立更直(섬경립경직) 가냘픈 연잎 줄기 곧추 서 있고

危朶高不傾(위타고불경) 간들간들 꽃가지 기울지도 않네

馨香匪外襲(형향비외습) 향기는 밖에서 침입할 수 없고

穠艶眞天成(농염진천성) 농염한 자태 진정 자연스럽기 그지없네

後凋惜無華(후조석무화) 소나무와 측백나무는 꽃이 없어 못내 아쉽고

碧鮮徒自貞(벽선도자정) 대나무는 그저 자신만 꼿꼿한데

亮比君子德(량비군자덕) 부용은 참으로 군자와 같은지라

宜寄美人情(의기미인정) 미인의 정 여기에 붙임이 마땅하리

시에서 언급한 '후조(後凋)'는 《論語(논어)》〈子罕(자한)〉의 '歲寒然

後知松柏之後彫也(세한연후지송백지후조야), 날씨가 추운 후 소나무와 측백나무가 뒤에 시든다는 것을 안다.'는 데서 따온 것이다. 공자가 언급한 '송백(松柏)'은 '소나무'와 '측백나무'이지만, 많은 사람들이 '백'을 '잣나무'로 변역한다. 잣나무는 학명(*Pinus koraiensis* Siebold & Zucc.) 중 종소명(*koraiensis*)에서 보듯, 우리나라가 원산지이다. 그러나 공자가 언급한 '백'은 잣나무가 아니라 측백나무이다. 공자 묘소나 맹자의 사당 등 중국 황하 유역의 문화유적에는 측백나무가 즐비하다. 중국의 측백나무를 잣나무로 수용한 것도 행단의 은행나무처럼 문화변용에 해당한다. 장유는 꽃이 피고 열매를 맺는 소나무와 측백나무에는 꽃이 없다고 생각했으니, 그의 식물 지식 수준이 어느 정도인지 짐작할 수 있다. 측백나무도 꽃이 피고, 열매를 맺는다. 장유가 언급한 '벽선'은 벽옥처럼 윤기 나는 대나무의 별칭이다.

부용정은 주인이 연꽃을 사랑했다는 것을 상징적으로 보여 주는 이름이다. 이곳 부용정은 1582년 정구가 창녕현감 재직 때 학생을 가르치기 위해 지은 것이다. 정구는 훗날 부용정을 부용당(芙蓉堂) 성안의(成安義, 1561~1629)에게 물려주었다. 정구가 성안의에게 물려준 이유는 그가 뛰어난 제자이기도 했지만, 성안의의 어머니가 정구의 문인이었던 노사영(盧士英)의 딸이었기 때문이다.

현재의 부용정은 1727년에 불타 1780년에 다시 지은 것이 한국전쟁으로 또 다시 없어져 1955년에 복원한 것이다. 부용정에는 정구의 흔적은 찾아볼 수 없고 전부 성안의의 흔적으로 가득하다. 성안의는 1591년 식년 문과에 을과로 급제한 다음 해 임진왜란이 일어나자 홍문

창녕 부용정

성안의 임진왜란 참전 기념비

인류의 미래 은행나무

관정자(弘文館正字)로서 고향 창녕에서 의병을 모집하여 1,000여 명을 거느리고 곽재우(郭再祐) 휘하에서 활약했다. 성안의는 후일 이조판서(吏曹判書), 양관대제학(兩館大提學)을 추증 받고, 사육신 성삼문을 모신 창녕군 대지면의 물계서원(勿溪書院)에 배향되었다.

부용정에는 수그루 은행나무 한 그루와 소나뭇과 늘푸른큰키나무 곰솔(*Pinus thunbergii* Parl.) 두 그루, 느티나무, 물푸레나뭇과 늘푸른떨기나무 은목서(*Osmanthus × fortunei* Carrière) 등이 있다. 부용정에는 연못이 있다. 그러나 연못에는 정자의 이름과 성안의의 호가 모두 연꽃인데 연꽃은 없다. 따라서 부용정은 현재 명실상부하지 않은 성리학자의 공간이다. 이곳 부용정과 같은 이름을 가진 서울의 세계유산 창덕궁의 부용정 연못에는 2011년까지만 해도 연꽃이 아닌 수련이 있었지만, 그 이후 홍련을 볼 수 있다.

부용정의 중심은 연꽃이지만 연꽃이 없으니, 현재 부용정의 중심은 은행나무이다. 부용정 은행나무의 가치는 부용정의 정문 '파행문(把杏門)'에서 확인할 수 있다. '은행나무를 잡는다'는 뜻의 '파행문'은 행단으로서의 은행나무를 생각하면 '공자의 정신을 잡는다'는 뜻과 통한다. 파행문은 도동서원 뒷산의 '대니산'과 '구니서당'과 일맥상통한다. 성리학자의 공간에 '파행'을 사용한 사례는 부용정이 유일하다. 2008년의 보호수 표석에 다르면, 부용정 은행나무의 높이는 22m, 둘레는 1.18m, 나이는 300살이다. 그러나 나무 둘레를 용문사 은행나무 나이 계산법에 적용하면 100살 남짓이다.

부용정에는 중앙의 현판 부용정 외에 광풍헌(光風軒), 제월료(霽

부용정 파행문

부용정 은행나무

인류의 미래 은행나무

月寮), 풍욕루(風浴樓) 등의 현판이 있다. 광풍헌과 제월료는 황정견이 주돈이를 평가한 광풍제월을 의미하고, 풍욕루의 '풍욕'은《論語(논어)》〈先進(선진)〉에서 공자가 제자들에게 각자 포부를 물었을 때 증점(曾點), 즉 공자의 제자인 노나라 증삼(曾參)의 아버지 증석(曾晳)이 다음과 같이 말한 데서 유래한다.

莫春者(막춘자), 春服旣成(춘복기성), 冠者五六人(관자오륙인), 童子六七人(동자육칠인), 浴乎沂(욕호기), 風乎舞雩(풍호무우), 詠而歸(영이귀).

늦은 봄에, 봄옷이 만들어지면, 관을 쓴 벗 5~6명과, 아이들 6~7명을 데리고, 기수에서 목욕을 하고, 기우제 드리는 곳에서 바람을 쏘인 뒤에 노래하며 돌아오겠다.

공자는 벼슬에 뜻을 두지 않고 자기 수양에 뜻을 둔 증점의 포부에 뜻을 같이 했다. 증점이 언급한 말은 함양 남계서원의 풍영루(風詠樓), 영주 순흥향교와 경주 서악서원의 영귀루(詠歸樓), 상주 경천대 무우정(舞雩亭) 등에서 보듯, 조선의 성리학자에게 큰 영향을 주었다. 성안의도 그중 한 사람이었다. 부용정 내 경현사(景賢祠)에는 성안의의 초상을 모시고 있다. 성안의 초상은 전신 입상 초상화라는 점에서 주목을 받고 있다.

이황의 사상을 계승한 갈암(葛庵) 이현일(李玄逸, 1627~1704)은 성안의의 손자 성용하(成用夏)의 부탁으로 그의 묘지명 〈通政大夫承政

부용정 광풍헌과 제월료 및 풍욕루 현판

院右副承旨贈資憲大夫吏曹判書成公墓誌銘(통정대부승정원우부승지증
자헌대부이조판서성공묘지명)〉을 썼다. 성안의는 두 번 장가들어 5남
5녀를 두었다. 그중 청백리(淸白吏)로 저명한 3남 계서당(溪西堂) 성이
성(成以性, 1595~1664)은 국문학자 설성경에 의해 판소리 춘향전의 남
자 주인공 이몽룡의 실존 인물로 주목받았다. 설성경은 춘향전의 저자
도 남원의 진사 출신 조경남(趙慶南, 1570~1641)이라 주장했다.

　　현재 남원의 광한루에는 성이성의 아버지 성안의의 남원부사(南原
府使)를 지낸 '부사성공안의선정비(府使成公安義善政碑)'도 있지만
은행나무도 많다. 이현일은 묘지명에서 성안의의 남원부사 시절을 다
음과 같이 평가했다.

　　　　　　　　　　　　　　인류의 미래 은행나무

갑진년(1604) 가을에 어버이의 병이 있어 창녕에 돌아왔는데, 잇달아 내외간(內外艱)을 당하였다. 장사를 지낸 뒤에 분암(墳庵)을 지어 영모(永慕)라는 현판을 달아 놓고 슬퍼하고 돌보며 그리워하는 곳으로 삼았다. 거상(居喪)하는 여가에 고을 사람들의 자제를 가르쳐서 성취시킨 자가 많았다고 한다. 상을 마치고 나서 남원부사(南原府使)에 제수되었는데, 그곳은 규모가 크고 일이 많아 평소 다스리기 어려운 고을로 일컬어졌다. 공이 폐단을 혁파하고 쇠잔한 백성을 소생시키며 결재를 지체시킴이 없었고, 퇴청(退廳)한 뒤에는 빈빈이 고을의 현자를 초대하여 강론하고 술 마시고 시를 지으며 즐기니, 암행어사가 공장(功狀)을 올릴 때 뛰어난 치적이 있다고 칭찬했다. 상(上)이 총애하여 관작을 높여 주려했으나 그때 방해하는 자가 있어 그 일이 마침내 취소되었다.

성이성은 '창녕성씨 계서공파종택'이 있는 경북 봉화군 물야면에서 태어났고, 아버지가 남원부사 때 남원에서 젊은 시절을 보냈다. 현재 이곳은 '이몽룡 생가'로 안내하고 있다. 아울러 성이성의 현손(玄孫) 교와(僑窩) 성섭(成涉, 1718~1788)의 《筆苑散語(필원산어)》에는 이몽룡이 암행어사 때 읊은 유명한 시를 '성이성의 호남 암행어사 시'라는 제목에서 소개하고 있다.

樽中美酒千人血(준중미주천인혈) 동이의 술은 천 사람의 피요
盤上佳肴萬姓膏(반상가효만성고) 쟁반의 좋은 안주는 백성의 기름이라
燭淚落時民淚落(촉루낙시민루락) 촛불의 눈물 떨어질 때 백성의 눈물 떨어지고
歌聲高處怨聲高(가성고처원성고) 노래 소리 높은 곳에 원망 소리 높더라

부용정은 성안의의 정신이 깃든 곳이지만, 관리 부족으로 정적만 감돌고 있다. 문은 특별한 경우가 아니면 늘 닫혀 있고, 간혹 찾으면 집을 지키는 개소리만 요란하다. 부용정 앞 바다처럼 넓은 달창저수지의 물이 농사짓는 사람들에게 큰 혜택을 주듯, 성안의의 후광도 달창저수지의 윤슬처럼 빛나는 날을 기대할 수 있을까.

인류의 미래 은행나무

<h1 align="center">4부</h1>

<hr/>

<h2 align="center">신화와 은행나무</h2>

1. 기네스북 등재와 안동 용계리 은행나무

기네스북에 등재된 은행나무

경북 안동 용계리 은행나무는 세계에서 보기 드물게 기네스북에 등재되었다. 용계리 은행나무의 기네스북 등재는 우리나라가 한 그루 나무를 어떻게 대우하고 있는지를 가늠하는 기준이기도 하지만, 다른 한편으로 나무의 터전을 인간이 마음대로 결정하는 것이 바람직한가를 묻게 한다. 용계리 은행나무가 기네스북에 오른 이유는 임하댐 건설로 나무가 수몰 위기에 처했기 때문이었다.

용계리 은행나무를 살리기 위한 프로젝트는 세계에서 유례를 찾아볼 수 없었다. 세계 최초로 시도하는 작업인지라 성공 여부도 장담할 수 없었다. 프로젝트를 맡은 업체는 1990년 11월에서 1994년 10월까지 은행나무를 살리는 데 성공했다. 수몰 위기에 처한 은행나무를 위로 올려서 살린 이러한 작업은 이후 6년 동안의 유지 및 관리를 거쳐 마무리되었다. 프로젝트를 맡은 (주)대지개발은 대한민국의 수목 이식 기술력을 세계적으로 인정받기 위해 2012년 5월 15일부터 11개월간 노력 끝에 2013년 4월 15일 세계 기네스북 등재에 성공했다. 나무를 옮겨 심는 작업은 늘 일어나고 있지만, 임하댐 상류의 은행나무처럼 거대한 나무를 위로 올려 심는 '상식(上植)' 기술은 세계 어디에도 존재하지 않았다. 그래서 업체는 그 기술력을 인정받아 세계적인 수목 이식 기술 업체로 평가받았다.

용계리 은행나무를 살리는 데 든 비용도 세계 역사상 유례를 찾아볼 수 없을 만큼 많았다. 공사비만 당시 23억 2,300만 원이었고, 나무를 만나러 가는 다리 건설에 34억 원, 여기에 외과 수술비까지 총 60억 원 정도가 투입되었다. 이처럼 세계 수목 역사에서 유례를 찾을 수 없는 용계리 은행나무에 관한 관심은 대한민국의 자랑이다. 다만 함께 생각할 것은 과연 임하댐처럼 댐 건설이 과연 당시 절대적으로 필요했는가이다. 댐 건설은 여러 목적이 있지만 댐 건설로 생기는 문제도 적지 않다. 안동시에는 1992년 준공한 임하댐 외에 1976년 준공한 우리나라 최초의 양수(揚水) 겸용 발전소를 갖춘 안동댐도 있다. 2024년 8월 현재 15만 3,425명의 인구를 가진 안동에서 과연 두 개의 댐이 필요한지 궁금하다. 안동댐과 임하댐 건설로 안동이 자랑하던 성리학 관련 문화재는 수몰되거나 옮겨지는 수난을 겪었다.

농업 사회에서 물은 대부분 식수나 농업용수만 필요했다. 그런 시대에는 댐이 필요하지 않았다. 그저 벼농사나 밭농사를 지을 수 있는

저수지만으로도 충분했다. 그러나 자본주의 사회가 도래하면서 농업용수 외에 공업용수가 엄청나게 필요해졌고, 인구도 늘어나 물 사용이 훨씬 늘어났다. 댐을 통해 부족한 물을 공급하고 있으나 무분별한 댐 건설은 생태계에 심각한 영향을 주기 때문에 아주 신중하게 판단해야 한다. 용계리 은행나무는 인간의 노력으로 죽음을 면했지만, 엄연히 임하댐 건설의 피해자이다.

용과 용계리 은행나무

용계리 은행나무는 1966년 천연기념물 지정 당시 나이는 700살, 높이는 31m, 둘레는 13.67m였다. 용계리 은행나무의 나이는 용문사 은행나무 나이 계산법을 적용하면, 1,243살이다. 이는 우리나라 은행나무 중에서 가장 나이가 많다. 용계리 은행나무는 옮기는 과정에서 엄청난 고통을 겪었지만 지금은 아주 넓은 공간에 살고 있다. 그래서 다른 나무들과 경쟁하지 않고서도 평생을 보낼 수 있다. 그러나 나무를 360도 관찰하면 지지대의 도움을 받고 있다. 앞으로 의족 없이 살아가길 바라지만, 그럴 가능성은 높지 않다.

용계리 은행나무의 특징은 여러 개의 줄기이다. 다리에서 보면 마치 두 개의 줄기가 있는 것처럼 보인다. 그런데 줄기는 나름대로 균형을 잘 잡아서 살아가는 데 장점이 된다. 용계리 은행나무의 모습은 하나의 줄기로 자란 용문사 은행나무와 다르면서도 당당하고 웅장하다.

용계리 은행나무는 전국의 은행나무 중 모든 면에서 돋보인다. 우

용계리 은행나무

리나라 은행나무 중에서 둘레가 가장 큰 용계리 은행나무의 넓은 품은 다른 생명체들이 둥지를 트는 데 안성맞춤이다. 그래서 이곳 은행나무 속에는 뱀이 살고 있다.

인간은 뱀을 사악한 동물로 인식하기도 하지만 큰 뱀은 신성한 존재로 숭배하곤 한다. 특히 용계리 은행나무처럼 천연기념물 나무에 사는 뱀이라면 분명 신성한 존재일 수밖에 없다. 천연기념물 안에 뱀이 사는 얘기는 신화에서 자주 접하는 것이지만, 실제 용계리 은행나무 안에 뱀이 사는 모습이 어느 방송 촬영에서 확인한 바 있다. 그런데 이곳에서는 용계리 은행나무를 '봉림수(鳳林樹) 은행나무'라 부른다. 이는 용과 더불어 최고의 상상의 봉새를 통해 은행나무의 위대성을 암시하고 있다.

은행나무에서 사는 뱀은 '용계(龍溪)'의 '용'과 아주 잘 어울린다. 용계리 은행나무 앞의 돌다리에는 엄청난 크기의 용을 조각해 놓았다. 이는 용계리가 용과 밀접한 관계가 있다는 뜻이다. 뱀은 상상의 동물인 용을 탄생시킨 실존 동물이다. 즉 뱀은 용의 기원에서 아주 중요한 위치를 차지하고 있다. 따라서 은행나무 속에 사는 뱀은 곧 '용'이라 할 수 있고, 용은 곧 은행나무 자체라 할 수 있다.

2024년은 갑진년(甲辰年), 용의 해이다. 중국 상(商)나라, 즉 은나라 시대에 사용한 12지신(支神) 중, 용을 의미하는 한자는 '진(辰)'이다. 그런데 쥐, 소, 호랑이, 토끼, 용, 뱀, 말, 양, 원숭이, 닭, 개, 돼지 중에서 용만 실존하지 않는 동물이다. 12지신은 지금의 허난성(河南城)에서 탄생한 것이다. 12지신 중 원숭이가 등장한다는 것은 기원전 1600년~기원전 1046년 사이에 허난성에 원숭이가 살았다는 뜻이다. 아울러 '용' 사상도 이 시기에 형성되었을 것이다. 그런데 왜 은나라는 현실에 존재하지 않은 용을 12지신에 넣었을까?

상나라가 위치한 허난성은 황허의 중류이다. 황허는 중국인의 사상에 결정적인 영향을 주었다. 황허는 용이다. 왜냐하면 물이 곧 용이기 때문이다. 용은 비가 와야 승천할 수 있다. 황허는 물이 대체로 누른색

이어서 용 중에서도 황룡(黃龍)이다. 황룡은 중국 황제의 상징이다. 중국에서 황룡의 연호를 사용한 황제는 한나라 선제(宣帝)와 삼국 오나라 손권(孫權)이었다. 중국에서 청룡의 연호를 사용한 황제는 삼국 위(魏)나라 명제(明帝), 5호 16국 시대 후조(後趙) 석감(石鑒), 5호 16국 시대 후연(後燕) 모용성(慕容盛)이었다.

황룡은 우리나라 신라 시대 경주의 황룡사(黃龍寺)에서도 만날 수 있다. 황룡사는 신라의 왕이 월성에 신궁을 짓다가 황룡이 나타나 지은 사찰이다. 황룡사는 몽골의 침략으로 불에 타 없어지고 현재 그 터만 남아 있다. 고구려 때도 황룡이 나타났다는 기사를 볼 수 있다. 이처럼 황룡은 좋은 징조를 상징한다.

용의 또 다른 특징은 여의주(如意珠)이다. 용이 여의주를 갖고 있지 않다면 용의 가치는 없을 것이다. '여의주'는 '뜻대로 하는 구슬'이라는 뜻이다. 이는 용의 권위를 뜻한다. 사찰을 비롯한 용의 조각에서 용의 입에서 여의주를 흔히 볼 수 있다. 중국과 우리나라에서는 포도과 갈잎덩굴 포도(*Vitis vinifera* L.)를 '초룡주(草龍珠)'라 불렀다. 초룡주는 포도송이가 여의주를 닮아서 붙인 이름이다.

용계리 은행나무가 임하댐 수몰로 위기를 맞기 전까지 살아남을 수 있었던 것은 조선 선조 때 훈련대장이었던 탁순창(卓順昌)이 낙향해서 이 나무를 보호하기 위해 행계(杏契)를 조직하여 매년 7월에 이 나무 밑에 모여서 하루를 즐겁게 보낸 덕분이다. 용계리 은행나무 주변에는 탁순창을 기념하는 신도비와 오계서당(吾溪書堂) 및 세덕사(世德祠)가 있다.

2. 금성대군 죽음과 영주 금성신단 은행나무

금성대군과 금성단

경북 영주의 금성단(錦城壇)은 세종대왕의 여섯 째 아들 금성대군(錦城大君, 1426~1457)의 죽음을 기념한 곳이고, 금성대군 신단(이하 신단) 옆의 은행나무는 금성대군의 죽음 및 복위와 관련한 신화를 품은 나무이다. 우리나라 은행나무 중에서도 신단 은행나무만큼 신화와 관련한 내용이 풍부한 사례는 없다. 특히 신단 은행나무의 신화는 다른 은행나무의 신화와 달리 문헌 기록으로 남아 있다는 점에서 아주 특별하다.

세계에서 가장 오래된 바빌로니아의 길가메시 서사시와 그리스 로마 신화를 비롯한 세계 각국의 신화에는 식물이 등장한다. 신화에 식물이 등장하는 이유는 식물이 인간에게 미치는 영향이 컸을 뿐 아니라, 인간과 다른 식물이 지닌 신비로움 때문이다. 그러나 세계 각국의 신화에 등장하는 식물의 내용은 아주 간단하지만 신단 은행나무에 관한 내용은 아주 풍부하다. 따라서 금성단 은행나무와 관련한 신화는 우리나라만이 아니라 세계의 신화사에서도 주목할 만하다.

금성대군이 죽은 이유는 '단종복위운동(端宗復位運動)'에 연루되었기 때문이었다. 금성대군의 형 수양대군(首陽大君, 1417~1468)은 1453년 계유정난(癸酉靖難)을 일으켜 조카인 단종(端宗, 1441~1457)을 물러나게 하고 왕위에 올랐다. 그러나 세조의 왕위 찬탈은 성삼문을 비롯한 사육신을 중심으로 단종을 복위하는 움직임이 일어날 정도로 큰 반발에 부딪혔다. 그러나 세조 제거 계획은 사전에 탄로 나서 실패로 끝나고, 단종 복위에 가담한 자들은 대부분 죽음을 당했다.

금성대군은 단종복위운동이 실패하자 운동에 가담한 죄로 경북 영주 순흥에 위리안치(圍籬安置)되었다. 위리안치는 탱자나무 등으로 울타리를 만들어 다른 곳으로 이동하지 못하게 하는 귀양 중 가장 무거운 처벌이었다. 그러나 금성대군은 단종복위운동이 실패한 뒤에도 영월 청령포에 귀양 간 단종을 복위시키기 위해 순흥부사(順興府使) 이보흠(李甫欽, ?~1457)과 함께 모의하여 군사를 모아 단종을 복위시키고자 했으나 관노의 고변(告變)으로 이보흠과 함께 처형되었다.

금성단(사적)은 소수서원에서 서북쪽으로 약 200m 가량 떨어진

영주 금성신단과 은행나무

　　　　　　　　　　　　　　인류의 미래 은행나무

곳에 있지만, 소수서원을 찾는 관광객은 이곳을 거의 찾지 않는다. 금성단 제단의 중앙에 금성대군, 오른쪽(금성대군 제단 기준)에는 이보흠, 왼쪽에 그 외 순절 의사들의 위패를 모시고, '따라 죽은 의로운 자들의 비석'인 '순의비(殉義碑)'를 세웠다. 단 오른쪽에는 따로 '금성대군성인신단지비(錦城大君成仁神壇之碑)'가 있다.

금성대군 죽음과 은행나무

금성대군과 순흥부사 이보흠이 죽자 순흥은 역적의 고장으로 낙인 찍혀 1413년 설치된 순흥도호부(順興都護府)도 없어졌다. 금성대군이 죽자 신단 옆에 살던 은행나무도 말라 죽고 말았다. 그러나 말라 죽었던 은행나무는 살아났다. 이러한 신화는 적잖은 자료에 기록되어 있을 만큼 많은 사람들을 감동시켰다. 신단 은행나무의 신화는 순흥안씨이자 순흥도호부의 사족이었던 안정구(安廷球, 1803~1863)가 1849년 개인적으로 편찬한 읍지인 《梓鄕誌(재향지)》〈順興誌(순흥지)〉를 비롯한 적잖은 자료에 기록되었다. 《재향지》〈순흥지〉보다 앞선 1757년 ~1765년에 편찬한 읍지인 《輿地圖書(여지도서)》에도 아주 간단하게 신단 은행나무를 소개하고 있다. 《재향지》〈순흥지〉의 내용은 해당 지역에서 활동한 안정구의 기록이라는 점에서 가장 신뢰할 수 있다.

압각수(鴨脚樹), 고을 북쪽 5리 영귀봉(靈龜峯) 서쪽에 있다. 예부터 다음과 같이 전한다.

"홍녕(興寧) 옛터에 은행나무 등걸이 있는데 그 연대를 알지 못한다. 주신재(周愼齋, 주세붕)의 《竹溪誌(죽계지)》에서 언급한 '압각수'가 바로 이것이다. 숭정(崇禎) 기사년(1629, 인조7) 사이에 불에 타고 반쪽 줄기만 남아, 몇 길 되는 키에 껍질은 벗겨지고 뼈만 앙상하게 서 있은 지가 오래 되었다. 일찍이 한 술사(術士)가 지나가다가 그 마른 줄기를 가리키며 '이 나무가 다시 살아나면 반드시 순흥부(順興府)가 회복되리라'했다. 그런데 계미년(1643, 인조21)부터 생기(生氣)가 보이기 시작하여 뿌리에서 차츰 껍질이 생기더니, 잎이 트고 가지가 벌어져 사람들이 이상히 여겼다. 그리고 임술년과 계해년(1683, 숙종9) 사이에는 나무가 이미 무성해졌고, 고을도 과연 회복되었다."

은행나무 잎이 오리발 모양과 같았기 때문에 '압각수'라고 한 것이다. 지금 금성단(錦城壇)이 이 나무 동편에 있다. (순흥도호부 부사) 조덕상(趙德常)이 지은 〈銀杏樹記(은행수기)〉에 다음과 같이 말했다.

"천지의 운행과 오행의 운용도 일개 기(氣)일 뿐이다. 기가 늘 신장되기만 하고 굴하지 않을 수 없기 때문에 음양이 소장(消長)하는 때가 있고, 금화(金火)가 쇠왕(衰旺)하는 기후가 있어 또 오래 굽히고 펴지지 않을 수 없기 때문에 태양이 잠기면 우레가 친다. 쓰러진 나무에 다시 새싹이 돋는 것도 바로 이 기가 유행하여 다하지 않았기 때문이다. 천지 사이에 빽빽하게 있는 모든 생물로서 어느 것인들 이 기를 고르게 받지 않은 것이 있겠는가. 살아서는 기와 함께 존재하고 죽어서는 기와 함께 없어지는 것이다. 기의 내왕과 성쇠에 따라 귀신의 이치가 나타나니, 이(理)란 매우 은미하여 보기 어렵고, 기(氣)란 용(用)이 넓으면서 본체는 은미하다. 공자 사당의 나이 많은 향나무에 다시 꽃이 피고 한나라 동산에 쓰러졌던 버드나무가 다시 일어나 사람들이 이상한 일로 여긴 바 있다.

　　　　　　　　　　　　　인류의 미래 은행나무

영남의 홍주부(興州府)는 본래 죽계(竹溪) 주변 영귀봉(靈龜峰) 서쪽에 있었다. 읍내 중앙에 한 그루의 은행나무가 있는데, 언제 심었으며 얼마나 오래 되었는지 알 길이 없었으나, 온 고을 사람들이 소중하게 보호해 온 지 오래이다. 지난 경태(景泰) 정축년(1457, 세조3)에 대전(大田) 이보흠이 단종(端宗)의 옛 신하로서 순흥부사가 되었고, 금성대군 또한 이 고을에 귀양 와서 함께 충의(忠義)로 격려하고 금환(金環)을 주고받으며, 천명(天命)과 인심이 이미 세조에게 돌아갔다고 하지 말고 기필코 옛 임금을 위하여 육신(六臣)이 남긴 의열(義烈)을 계승하여 만세에 강상(綱常)을 세우자고 했다. 이에 아침에 풍기로 격서(檄書)를 보냈는데 저녁에 철기(鐵騎)가 죽령(竹嶺)을 넘어오니, 한 고을의 개, 닭이며 초목에 이르기까지 모두 30리의 핏물 속으로 들어갔다. 이로써 은행나무도 절로 말라 죽었으니, 산천도 슬픈 빛을 띠고 천지가 온통 원통한 기운에 잠겼으며, 길을 가는 나그네도 폐허를 지나면서 상심하고 마을 아이들도 나무를 안고 눈물을 삼켰다. 감히 건드리는 사람은 없어도 바람과 비에 상하고 들불에 타서 껍질이 벗겨지고 속이 비어, 남은 것이 다만 두어 길 밑동뿐이었다.

일찍이 어떤 노인이 지나가다가 이르기를 '홍주(興州) 고을이 폐지되어 은행나무가 죽었으니 은행나무가 살아나면 홍주가 회복될 것이다' 했다. 고을 백성들이 그 말에 감개(感慨)하여 전송(傳誦)해 온 것이 대개 227년이었다. 이윽고 숙종 신유년(1681, 숙종7) 봄에 비로소 새 가지가 나고 잎이 퍼지더니 3년이 지난 계해년(1683, 숙종9)에 과연 홍주부(興州府)가 회복되었다. 올해 정축년(1757, 영조33)까지 70여 년이 지났는데 늙은 줄기와 긴 가지가 완연히 한 그루 큰키나무[喬木]이 되었다.

아, 이상하도다. 충신이 죽던 날 큰 나무가 따라서 마르더니 나쁜 운수가 다하고 밝은 기운이 트이려 할 즈음에 썩은 밑동이 먼저 살아나니, 이것이 이른바 지극히 은미하여 보기 어려운 것이 이(理)이고, 용(用)이 넓어 막히지 않는 것이 기(氣)라는 것인가. 초목은 무지하나 살아나고 시드는 때가 있고 고을의 흥폐와 함께 의열(義烈)이 숨겨지고 드러나니, 천도(天道)에 소장(消長)의 운수가 있음인가, 인사(人事)에 굴신(屈伸)의 이치가 있음인가. 은행나무 아래 단(壇)을 베풀고 금성대군(錦城大君), 이보흠(李甫欽)과 함께 순사(殉死)한 분들을 제사하라는 명이 내리니, 우리 성상께서 기풍을 세운 아름다운 조치는 홍주 고을을 회복시킨 숙종대왕의 성대한 일과 더불어 똑같이 아름다운 정사이다. 두 분의 빛나는 영혼이 은행나무의 생생한 기운과 함께 길이 남아 계시리라 여긴다. 이에 거듭 감탄하는 바이다."

《재향지》〈순흥지〉에서 언급한 조덕상의 〈銀杏樹記(은행수기)〉는 금성대군 신단 재실에도 편액이 걸려 있다. 신단 은행나무에 관한 내용은 몇 가지로 정리할 수 있다. 첫째, 안정구는 글의 제목에서 은행나무를 '압각수'로 표현했다. 우리나라 최초의 서원인 백운동서원을 만든 주세붕도 은행나무를 압각수로 표현했다. 반면에 안정구가 크게 의존한 〈은행수기〉의 저자인 조덕상은 은행나무로 표현했으며, '행'도 은행나무로 이해했다.

둘째, 신단 은행나무에 관한 신화가 수백 년 동안 마을 사람들에게 전승되었다는 사실이다. 구전은 곧 신화의 강력한 힘이다. 신화는 단순히 기록으로만 전승되지 않는다. 기록만큼 큰 힘은 입으로 전하는 구전이다. 구전이 중요한 이유는 아리랑이 세계유산에 등재된 배경처

인류의 미래 은행나무

럼 신화의 다양성을 갖는다는 점이다.

셋째, 영조가 은행나무 아래 단을 설치하고 제사를 지내도록 한 것이다. 안정구는 영조의 이러한 조치를 숙종이 순흥도호부를 복원한 것과 더불어 '아름다운 정사[盛]'라 함과 더불어 "두 임금의 영혼이 은행나무의 생생한 기운과 함께 길이 남는다."고 한 점이다. 금성단 은행나무가 되살아나게 한 사람은 순흥도호부를 복원한 숙종이고, 영험한 은행나무를 잊지 말고 기념하라고 한 사람은 숙종의 아들 영조였다. 아울러 영조는 1791년 금성대군에게도 '정민(貞愍)'이라는 시호를 내리고, 단종을 위해 충성을 바친 신하들에게 《御定配食錄(어정배식록)》을 편정(編定)했다.

넷째, 안정구의 식물관을 엿볼 수 있다. 즉 안정구는 '초목'을 무지하다고 생각했다. 현대 과학의 입장에서 보면 식물이 무지한 것이 아니라 안정구가 무지한 것이다. 그러나 안정구의 식물관은 당시 성리학자들이 일반적으로 가진 인식에 불과했다.

신단 은행나무 신화는 전국의 명사들에게도 큰 관심사였다. 이곳을 여행했던 실학자 이익도 금성단 은행나무를 언급했다.

〈送金君鎭出宰順興(송금군진출재순흥), 순흥 수령으로 가는 김군진을 보내며〉

小白山高秀氣浮(소백산고수기부) 높다란 소백산 빼어난 기운 부동하는
平開洞府列雄州(평개동부렬웅주) 선경이 펼쳐진 데 큰 고을 벌어 있네
彤雲好闢鳧仙路(동운호벽부선로) 부임하는 길에는 채색 구름 깔려 있고

黔俗猶徵鴨樹謳(검속유징압수구) 은행나무 노래에서 풍속이 징험되네

養不專城終有憾(양불전성종유감) 봉양 위한 수령 자리 아닌 게 아쉽지만

名傳循吏亦能優(명전순리역능우) 순리로서 이름이 전해지기엔 충분하리

殘齡掩戶猶懷昔(잔령엄호유회석) 여생을 문을 닫고 옛 시절을 생각하니

三十年前躡屬遊(삼십년전섭교유) 삼십 년 전 그 지역 유람했던 적이 있네

영조의 명령대로 금성단 은행나무에 제단을 만들어 제사를 지냈는지 알 수 없다. 지금도 금성단 은행나무에 제사를 지내지 않는다. 참 안타까운 일이다. 세계에서도 보기 드문 은행나무에 관한 역사와 문화가 남아 있는데도 행사를 개최하지 않는다는 것은 무척 어리석다. 더욱이 금성단 은행나무의 신화는 여기서 그치지 않고 또 다른 신화를 낳았다.

김윤식(金允植, 1835~1922)의 《雲養集(운양집)》 중 〈子規詩(자규시)〉에서는 신단의 은행나무와 단종의 관계를 엿볼 수 있다.

나는 네 군(郡)을 유람했는데, 돌아갈 일정에 쫓겨서 영월을 보지 못한 게 한이었다. 돌아가는 길에 충주 판곡(板谷)의 객점에 이르렀을 때, 함께 유람했던 여러 사람들과 다시 영월을 유람하는 꿈을 꾸었다. 청령포(清泠浦)를 거쳐 관풍매죽루(觀風梅竹樓)에 올랐는데, 눈을 드니 처연하기만 한데 풍경은 다르지 않았으니 신정(新亭)의 슬픔과도 같았다. 마을에서 술을 사다가 누대 위에서 함께 마시는데, 누군가가 아래에서 어제(御製) 〈子規詩(자규시)〉를 읊었다. 우리들은 슬픔을 이기지 못하고 눈물을 닦으며 서로를 바라보았다. 조감산(趙甘

인류의 미래 은행나무

山)-성희(性憙)-은 곧 어은[漁隱, 조려(趙旅, 1420~1489년)]의 후손인데, 어은은 세상에서 생육신(生六臣)의 한 사람으로 칭해진다. 이에 더욱 감회를 억누를 길 없어서 마침내 각자 〈자규시〉 일률(一律) 씩을 읊었다. 나는 시에서 "봄바람 속에 피울음 울지 말라, 몇 생애를 닦아야 다시 군왕이 되기에 이를까?"라고 했고, 감산은 시에서 "어떻게 농산 어귀의 말하는 새가 가지 끝에 앉아 상왕(上王)을 말하는 것과 같으리오!"라고 했다. -앵무가 상황(上皇)의 안부를 물은 일은 《綠雪亭雜言(녹설정잡언)》에 보이니, '황(皇)' 자를 '왕(王)' 자로 바꾼 것이다.

그 위의 6구는 모두 기억할 수 없어서 도성에 돌아온 후에 내가 지은 시를 더 구상하여 완성했다. 감산의 시는 훗날 만날 때를 기다렸다가 이어 화답하려 한다. 상사수는 늙고 푸른 하늘 황량한데. 세속에서 전하기를, 장릉(莊陵)과 사릉(思陵) 두 능의 나무들이 서로 바라보고 있는데, 정성이 감응하여 그리 되었다고 한다. 또 순흥(順興) 금성단(錦城壇)의 은행나무는 장릉이 복위되지 않았을 때 잎이 모두 쪼그라든 채 펴지지 않다가 복위되자 가지와 잎이 무성해져서 모두 영월을 향했다고 한다.

(이하 생략)

신단의 은행나무가 단종이 묻힌 영월 장릉으로 향했다는 것은 신화이다. 간혹 신라 시대와 조선 시대의 왕릉 주변의 소나무가 무덤을 향하고 있는 것도 왕에 대한 예의로 해석한다. 신단의 은행나무의 잎과 가지가 모두 영월로 향했다는 얘기는 은행나무의 가지가 아래로 처진 것을 보고 인문학적으로 해석한 것이지만, 신단의 은행나무가 단종과 관련이 있으니 자연스러운 상상과 해석이다. 이러한 현상과 관련해서 꼭 기억할 것은 신단의 은행나무 신화가 은행나무라는 실체가 존재하므로 가능하다는 사실이다.

금성대군 신단의 은행나무와 운곡서원의 은행나무

신단 앞 은행나무의 안내문에 따르면, 은행나무 나이는 1,100살, 높이는 30m이다. 신단의 은행나무는 식물학적 가치만 평가한 탓에 천연기념물이 아니라 보호수에 불과하다. 그래서인지 나무에 관한 구체적인 정보도 아주 부족하다. 소수서원 은행나무와 같은 해에 지정한 보호수에 관한 정보는 나이와 높이뿐이다. 다만 직접 둘레를 측정하면 대략적인 정보를 얻을 수 있다.

현재 금성대군 신단 은행나무는 모두 세 그루이며, 모두 암그루이다. 세 그루 중 두 그루는 바로 옆에 있고, 한 그루는 뒤쪽(신단 기준)에 있다. 두 그루 중 밖(길 기준)의 은행나무 둘레는 4.2m이며, 안쪽의 은행나무 둘레는 5.6m이다. 이곳 은행나무의 나이를 용문사 은행나무 나이 계산법에 적용하면, 밖의 은행나무 나이는 대략 380살이며, 안쪽의 은행나무는 대략 500살 정도이다. 따라서 금성단 은행나무의 나이는 보호수 지정 당시 언급한 것과는 큰 차이가 있다. 한편 두 그루 뒤편의 은행나무 둘레는 2.9m이고, 나이는 대략 260살 정도이다. 금성단 은행나무는 원줄기에 적잖은 상처 때문에 외과 수술을 받았다. 밖의 은행나무에는 새로 탄생한 1.3m 둘레의 나무가 있다.

인류의 미래 은행나무

신단 은행나무의 신비는 죽었던 나무가 다시 살아난 데 그치지 않고, 후손까지 탄생한 기록까지 남아 있다. 신단 은행나무의 후손은 경주 강동면의 운곡서원(雲谷書院)의 은행나무이다. 신단의 은행나무와 운곡서원의 은행나무 간의 관계를 기록한 자료 중 하나는 홍직필(洪直弼, 1776~1852)의 《梅山集(매산집)》이다.

> 순흥부(順興府)의 빈관(賓館) 앞에 압각수가 있었는데, 금성대군이 인근의 관소(館所)에서 귀양살이하면서 이 나무가 갑자기 말라죽더니 금성대군이 화를 입어 순흥부가 폐읍(廢邑)되는 데에까지 이르렀다. 수백 년 뒤에 말랐던 뿌리가 다시 돋아나서 점점 그늘이 생겨났는데 금성대군의 충정을 기려 단을 쌓게 되었으니 이 일이 또한 기이하다. 그리고 죽림(竹林) 권공산해(權公山海)가 단묘(端廟, 단종)의 외척으로서 순흥에서 순절하여 운곡(雲谷)에 사당을 세우게 되었는데, 죽림의 후손 권종락(權宗洛)이 자신의 선조가 신원되고 사당을 세우게 된 해에 순흥에 이르러 금성단을 살피고 다시 살아난 압각수에 올라 그 가지를 베어 자루를 만들어서 돌아가 운곡사(雲谷祠)의 앞에 꽂아두었다. 이것이 지금 한 아름의 재목이 되었으니 이는 내공(萊公)의 대나무와 같은 부류일 것이다. 의기(意氣)가 서로 감응함이 또한 초목에게도 있으니 또한 기이하게 여길 만하다.

홍직필이 언급한 운곡사는 현재 운곡서원이다. 운곡사는 단종복위운동이 실패로 끝나자 운동에 참여하지 못한 것을 한탄하면서 누각에서 자결한 단종의 외척 권산해(權山海, 1403~1456)의 사당이

영주 금성대군 신단 은행나무

인류의 미래 은행나무

다. 권산해는 정조 때 억울함이 풀리고 관직도 추증되었다. 운곡서원의 은행나무는 권산해의 후손 권종락이 신단의 은행나무 가지를 잘라서 꽂아 살아난 것이다. '내공(萊公)의 대나무'는 송나라의 구준(寇準, 961~1023) 내국공(萊國公)이 죽어서 서경(西京)에 장사 지내게 되었을 때, 그 지나가는 길의 경남(京南) 공안현(公安縣)의 사람들이 구준의 죽음을 슬퍼하여 대나무를 꺾어서 땅에다 꽂고 거기에 지전(紙錢)을 걸었더니, 이윽고 말랐던 대나무에서 뿌리가 내려 모두 죽순이 났다는 고사를 뜻한다.

권종락이 신단의 은행나무를 잘라서 운곡서원에 심어서 살아났다는 또 다른 자료는 윤기의 《무명자집》의 아래 시와 보충 설명이다.

往在己酉(왕재기유), 嶠南權碩士宗洛(교남권석사종락), 鳴其先祖竹林公 山海 冤(명기선조죽림공산해원), 得復爵(득부작) 余以詩賀之(여이시하지). 竹林乃與端廟六臣(죽림내여단묘육신), 同時殉節者也(동시순절자야). 今年又以多士上言(금년우이다사상언), 蒙旌閭贈職之恩(몽정려증직지은), 甚盛擧也(심성거야). 更贈短律(경증단률), 聊以歌詠聖代樹風聲之美典云爾(료이가영성대수풍성지미전운이). 宗洛慶州人(종락경주인).

지난 기유년(1789)에 영남의 선비 권종락이 선조 죽림공-산해-의 억울함을 호소하여 벼슬을 회복시켰는데, 그때 나는 시를 지어 축하했다. 죽림공은 단종의 복위를 모의하다 죽은 사육신과 같은 때 순절하신 분이다. 올해 또 여러 선비들의 상소로 정려문과 증직(贈職)의 은전(恩典)을 받았으니, 매우 성대한 일이다.

이에 기풍을 바로 세운 나라의 아름다운 조치를 노래하여 다시 율시 한 수를 지어 준다. 종락은 경주인이다

公議年來幾叫閽(공의년래기규혼) 근년 들어 공론으로 상주한 것 몇 번인가
溫綸取次慰忠魂(온륜취차위충혼) 차례로 윤허하사 충신의 혼 위로하니
泉塗改照黃麻誥(천도개조황마고) 누른빛 교지로 황천이 밝아지고
宅里生輝赤角門(택리생휘적각문) 붉은빛 정문(旌門)으로 마을이 빛나누나
可獨賢孫誠孝感(가독현손성효감) 후손의 효성에 감동해서일 뿐이랴
眞蒙聖主獎崇恩(진몽성주장숭은) 임금의 진정 어린 표창을 받았어라
祠前鴨樹抽新葉(사전압수추신엽) 사당 앞 은행나무 새 잎이 돋아나고
遙帶子規樓月痕(요대자규루월흔) 저 멀리 자규루에 달빛이 비치누나

순흥 읍내에 예전에 은행나무가 있었는데, 가지와 잎이 수 리까지 뻗었다. 단종 때 갑자기 말라 죽자, 어떤 사람이 예언하기를 "압각수가 다시 살아나면 홍주(興州)가 복권될 것이다."라고 했다. 은행나무를 압각수라 칭한 것이고, 홍주는 곧 순흥이다. 당시에는 이 말의 뜻을 알지 못했는데 얼마 뒤에 금성대군이 화를 당했을 때 홍주를 폐지하고 풍기(豊基)에 소속시켰다가 숙종 때 단종이 복위되면서 홍주도 복권되었다. 그로부터 몇 년 전에 이 나무의 밑동에서 홀연 움이 트기 시작하더니 날로 무성해져서 뿌리가 퍼진 곳은 모두 떨기로 싹이 터서 숲처럼 되었으니, 참으로 천고의 기이한 일이다. 죽림공이 복권된 뒤에 권종락이 이 나무 밑을 지나다가 입에서 나오는 대로 축원을 올리고 가지 두 개를 베어 갔는데, 순흥에서 경주까지는 400여 리나 되고 당시 권종락은 마침 우회하

인류의 미래 은행나무

여 가서 한 달 만에야 운곡사(雲谷祠)에 도착했다. 운곡사는 안동권씨 시조인 태사공(太師公)의 사당으로, 죽림공도 배향되어 있다.

권종락이 자신이 가지고 온 나뭇가지를 보니 결대로 갈라지고 껍질이 벗겨져 생기가 없었다. 나뭇가지를 사당 앞 땅에 꽂자 사람들이 모두 몹시 비웃었는데, 얼마 뒤에 과연 살아나서 3년이 흐른 지금은 사뭇 무성해졌다고 한다. 이 어찌 순절한 분들의 충성스럽고 굳센 기운의 영향으로 그렇게 된 것이 아니겠는가? 옛날에도 내공(萊公)의 대나무라는 것이 있었으니, 그 이치가 참으로 분명하다.

금년에 자규루(子規樓)의 옛 터를 찾아 누각을 중건했으니, 임금이 옛 일에 감동하여 은전이 미치지 않는 곳이 없다. 이 때문에 마지막 구에서 이를 언급했다.

윤기의 시와 보충 설명에는 홍직필의 글과 크게 다르지 않지만, 약간 다른 내용을 담고 있다. 그중에서 주목할 것은 신단의 은행나무 가지를 두 개 잘랐다는 내용이다. 윤기가 신단의 은행나무 가지를 두 개로 언급한 것은 가지를 꺾은 권종락(?~1819)과의 친분 때문에 정확하게 들을 수 있었기 때문일 것이다. 또 한 가지 지적할 것은 권종락이 신단의 은행나무를 두 개를 꺾어 경주 운곡사까지 가지고 가는 데 한 달 정도 걸렸다는 내용이다. 윤기는 순흥에서 경주까지 400여 리라고 얘기했지만, 실제 거리는 180㎞ 정도이니, 458리이다.

마지막으로 지적할 것은 자규루를 언급한 점이다. 강원도 영월(寧越) 객관(客館) 북쪽의 누각이었던 자규루의 처음 이름은 매죽루(梅竹樓)였다. 단종이 영월에 유배되었을 때 이 누각에 올라 두견새의 울음소리를 들으며 처절한 심경을 노래한 까닭에 자규루 불렀다. 윤기가 금년에 자규루의 옛터를 복원했다는 내용은 정조 15년(1791) 강원도관찰사 윤사국(尹師國, 1728~1809)이 이곳을 돌아다니다 그 터를 찾아 복원한 것을 말한다.

영월에 귀양 간 단종과 장릉은 운곡서원의 은행나무와도 밀접한 관계가 있다. 단종이 영월에 귀양 간 심정을 노래한 자규시는 다음과 같다.

一自寃禽出帝宮(일자원금출제궁) 원통한 새 한 마리 궁중에서 나와

孤身隻影碧山中(고신척영벽산중) 외로운 몸 단신 그림자 푸른 산을 헤매누나

假眠夜夜眠無假(가면야야면무가) 밤마다 잠 청하나 잠들 겨를 없고

窮恨年年恨不窮(궁한년년한불궁) 해마다 한을 끝내려 애를 써도 끝없는 한이로세

강원도 영월 단종 장릉

인류의 미래 은행나무

聲斷曉岑殘月白(성단효잠잔월백) 울음소리 새벽 산에 끊어지면 그믐달 비추고

血流春谷落花紅(혈류춘곡낙화홍) 봄 골짜기에 토한 피 흘러 꽃 붉게 떨어지네

天聾尙未聞哀訴(천롱상미문애소) 하늘은 귀 먹어서 저 하소연 못 듣는데

何乃愁人耳獨聽(하내수인이독청) 어쩌다 서러운 이 몸 귀만 홀로 밝은고

운곡서원은 1784년 안동권씨 시조인 고려 공신 태사(太師) 권행(權幸)과 조선 시대 참판 권산해(權山海), 군수 권덕린(權德麟)을 배향하기 위해 세웠다. 그러나 1868년 서원 철폐령으로 훼철되어 1903년 단을 설치하고 재사(齋舍)와 전사청(典祀廳)을 지어 제향하다 1976년 지금의 위치에 복원했다. 그런데 운곡서원은 정문인 견심문(見心門)도 솟을대문이 아닌데다 앞이 바로 언덕이다. 운곡서원에도 아직 나이는 어리지만 서원을 상징하는 회화나무와 배롱나무 및 향나무가 있다. 그런데 운곡서원의 경덕재(景德齋) 동쪽 담장 밖 태사공신도비(太師公神道碑) 앞에는 갈매나뭇과 갈잎떨기나무 대추나무(Ziziphus jujuba Mill.)가 있다. 둘레 1.6m 정도의 대추나무는 제사용으로 심었을 테지만, 서원의 대추나무는 아주 드문 사례이다.

운곡서원의 은행나무는 서원보다는 유연정(悠然亭)과 가까운 곳에 있다. 유연정은 안동권씨가 1811년에 조상들을 추모하기 위해 지은 정자이다. 유연정의 '유연'은 중국 동진(東晉) 도연명(陶淵明, 365~427)의 〈飮酒(음주)〉 시 중 제5수(首) "採菊東籬下, 悠然見南山(채국동리하, 유연견남산), 동쪽 울 아래에서 국화꽃을 따다가, 유연히 남산을 바라보네."의 구절에서 따온 것이다.

경주 운곡서원 유연정

    운곡서원의 은행나무에 관한 정확한 정보는 없다. 보통 나이 370살, 높이 30m, 둘레 6m 등으로 언급하고 있지만, 은행나무 앞 표석에는 나이만 표시하고 있다. 내가 둘레를 직접 재어 보니 6.4m이고 수그루이다. 이곳 은행나무 나이를 용문사 은행나무 나이 계산법에 적용하면 대략 580살 정도이다. 만약 권종락이 죽은 해, 즉 1819년 전에 심었다는 것을 전제하면, 이곳 은행나무는 최소 205살, 최대 250살 정도이다. 이는 580살과 큰 차이가 있다. 따라서 운곡서원 은행나무는 좀 더 정확한 조사가 필요하다.

    운곡서운 은행나무와 관련해서 한 가지 지적할 것은 운곡서원 은행나무의 성별이다. 금성단 은행나무는 모두 암그루이지만, 운곡서원의 은행나무는 수그루이다. 나무의 가지를 꺾어서 심었다면 거의 성별

인류의 미래 은행나무

이 바뀌지 않는다. 그런데도 금성단 은행나무와 운곡서원 은행나무의
성별이 다른 것은 좀 의아스럽다. 아울러 운곡서원 은행나무 근처에는
각각 둘레 1.3m와 0.8m의 은행나무가 있다. 그중 큰 나무는 아래 떨
어진 작년의 열매를 통해 암그루라는 것을 확인할 수 있지만, 작은 나
무는 암수를 구분할 수 없었다.

운곡서원의 은행나무는 현재까지 줄기에 작은 상처를 제외하면 아
주 건강하다. 공간도 넉넉하고 주변도 태풍에 안전해서 앞으로도 특
별한 경우가 아니면 건강하게 살 수 있을 것이다. 아울러 1996년 안동
권씨 일본 오사카 종친회가 경주 청년회와 친선 교류를 위해 운곡서원
주차장에 심은 은행나무도 서원 입구에 가로수로 심은 매실나무와 함
께 건강하게 자랄 것이다.

운곡서원 은행나무

신화와 은행나무

울주 구량리 은행나무

경남 울산시 울주군 구량리 은행나무는 운곡서원의 은행나무처럼 다른 곳에서 가져와서 심은 또 하나의 사례이자 단종과 관련한 내용을 담고 있다. 이곳의 은행나무를 심은 사람은 죽은(竹隱) 이지대(李之帶)이다. 구량리 은행나무는 용문사 은행나무처럼 1962년에 천연기념물로 지정할 만큼 일찍부터 가치를 인정받았다. 은행나무 앞에는 이지대가 심었다는 것을 증명하는 '한성부판윤죽은이공유허비(漢城府判尹竹隱李公遺墟碑)'가 있다.

이지대는 생몰연대를 정확하게 알 수 없지만, 조선 《태조실록》의 태조 3년(1394)에 그가 경상도 수군만호(水軍萬戶)였다는 사실과 왜적의 배 1척을 잡은 공로로 궁온(宮醞, 술)과 무늬 있는 비단 및 명주를 받은 사실을 기록하고 있다. 이지대가 구량리의 은행나무를 심은 배경은 계유정난이었다. 그는 서울에서 내려와 이곳 연못가에 은행나무를 심었다. 만약 이지대가 서울에서 은행나무를 가져와서 심은 나무가 구량리 은행나무라면, 그의 나이는 아마도 80살을 훨씬 넘겼을 것이다. 그가 어떻게 울주군 구량리로 왔는지 알 수 없지만, 경주이씨라는 점이 작용했을지 모른다. 그는 익재(益齋) 이제현(李齊賢, 1287~1367)의 4대손이다. 이지대의 호 '죽은'은 그가 은일한 삶을 추구했다는 것을 암시하고 있다. 수그루 구량리 은행나무는 높이 22m, 둘레 11.9m이다. 가지 길이는 동쪽 18.3m, 서쪽 13m, 남쪽 12.3m, 북쪽 16.8m이다. 그런데 구량리 은행나무 둘레 11.9m는 용문사 은행나무 둘레 11m보다 굵다. 이는 구량이 은행나무의 나이는 대략 1,063

한성부판윤죽은이공유허비

살이고, 이는 961년(고려 광종12)에 해당한다. 따라서 구량리 은행나무는 이지대가 심은 것이 아니라 전에 존재한 것이다. 국가유산청에서 두량리 은행나무를 500살로 추정한 이유는 이지대가 계유정난에 이곳으로 내려온 것을 기준으로 삼았기 때문이다. 따라서 구량리 은행나무의 나이는 과학적인 측정을 통해 가치를 좀 더 명확하게 해야 한다.

이지대가 서울에서 가져왔다는 은행나무는 열매인지 가지인지는 알 수 없다. 당시 서울에서 울주까지 나뭇가지를 가져온다는 것은 영주 금성단 신단 은행나무의 가지를 경주 운곡서원에 심은 것보다 어려운 일이다. 다만 이 같은 신화에서 중요한 것은 이지대가 왜 서울에서 은행나무를 가져왔으며, 왜 연못가에 심었는가이다. 이지대에게 은행나무는 어떤 의미가 있기에 서울에서 가져와서까지 심었던 것일까. 그 까닭은 아마도 은행나무를 성리학의 상징 나무로 여겼기 때문일 것이다. 은행나무가 그림자를 통해 수정한다는 속설과 무관하지 않을 것이다.

　이지대가 은행나무를 심었다는 연못은 실제 존재했지만, 현재는 논밭으로 바뀐 상태이다. 그런데 논밭으로 바뀐 연못은 이곳 은행나무에 좋지 않은 영향을 미친다. 구량리 은행나무 중 서쪽의 가지가 가장 짧은 이유 중 하나가 나무 아래 물이 고여 있기 때문이다. 은행나무는 물을 아주 좋아하는 버드나무와 달리 뿌리가 물에 고여 있으면 생장에 지장을 준다. 이곳 은행나무 주변이 연못이었다는 사실은 주위에 물을 아주 좋아하는 버드나뭇과 갈잎큰키나무 왕버들(*Salix chaenomeloides* Kimura)과 어린 지팡이 같은 줄기가 호랑이 무늬를 닮은 마디풀과 여러해살이풀 호장근(*Reynoutria japonica* Houtt.)이 사는 것만 봐도 알 수 있다. 그래서 은행나무는 상태가 좋지 않아 줄기 부근에서 새로운 가지를 만들고 있다. 그런데 옛날 마을 사람들은 은행나무의 썩은 줄기 구멍에서 아들을 낳아달라는 기도를 올렸다.

　구량리 은행나무는 마을에서 조금 떨어진 논밭 가운데 똬리를 틀고 있는 탓에 태풍에 취약하다. 실제 2003년 태풍 매미 때 큰 가지 2개가 무너져 천연기념물에서 해제될 위기까지 겪었다. 그러나 다행히 은행나무 주변의 땅이 국가문화재구역이라는 점을 이용해서 후계목을 심는 노력 끝에 해제를 면할 수 있었다. 이처럼 한 그루 은행나무의 문화 가치는 그냥 주어지는 것이 아니라 노력을 통해서 유지될 수 있다. 특히 식물 문화재는 현재 살아 있는 인간의 삶에 직접적인 영향을 준다는 점에서 각별해야 한다.

인류의 미래 은행나무

구랑리 은행나무

3. 상여 소리와 함양 운곡리 은행나무

농월정과 운곡리

구름은 자유를 상징한다. 구름은 일정한 모습을 띠면서도 변화무쌍하기 때문이다. 그래서 신라 시대 최치원의 호 해운(海雲)과 고운(孤雲), 중국 남송 시대 주희의 호 '운곡노인(雲谷老人)'에서 보듯 인간도 자신의 삶을 구름에 비유하는 경우가 많다. 우리나라 지명 중에서도 구름과 관련한 곳이 적지 않다. 함양군 천연기념물 은행나무가 살고 있는 곳도 구름과 관련한 운곡리에 살고 있다. 운곡이라는 지명을 가진 곳은 대부분 골짜기를 의미하는 경우가 적지 않다. 백두대간 백운산(해발 1,279m) 자락에 있는 운곡리는 함양군 중에서도 북쪽에 자리 잡고 있다.

내가 사는 곳에서 운곡리로 가는 방법은 크게 두 가지다. 하나는 거창군에서 가는 것이고 다른 하나는 함양읍에서 가는 것이다. 함양군 소재 천연기념물을 만난 후 은행나무를 만나러 간다면 함양읍을 통해 가야 하지만, 은행나무만 만나기 위해서는 거창군을 통해 가야 한다. 어느 쪽으로 가든 은행나무를 만날 수 있다는 그리움은 다르지 않지만 느낌은 장소에 따라 다르다.

나는 몇 차례 운곡리 은행나무를 만나러 가면서 때론 함양읍을 경유하기도 하고 거창을 경유하기도 했다. 그중에서도 거창을 경유하면 함양읍을 경유할 때와는 상당히 다른 경험을 할 수 있다. 특히 거창군을 경유하면 위천면의 수승대를 비롯한 명승지를 만날 수 있다. 거창

함양군 동호정

함양군 군자정

에서 운곡의 은행나무를 만나러 가는 함양길은 동호정, 군자정, 거연 정을 비롯하여 우리나라 정자문화의 진수를 맛볼 수 있다.

함양군 안의면에서는 용추폭포를 비롯해 농월정(弄月亭)과 관풍루 (觀風樓), 그리고 연암(燕巖) 박지원(朴趾源, 1737~1805)의 〈열녀함 양박씨전〉 창작 시기에 기초한 '밀양박씨 정려비'도 만날 수 있다. 그러 나 거창군을 경유하는 길은 마음이 무척 힘든 시간이다. 왜냐하면 시 간이 부족해서 아름다운 경치와 문화유산을 주마간산할 수밖에 없어 서 가슴 아프기 때문이다. 특히 '팔담팔정(八潭八亭)'의 안의면 화림동 (花林洞)을 그냥 지나면 그 고통은 감내할 수조차 없다.

'달을 희롱하다'를 뜻하는 정자 농월정은 조선 시대 시인 묵객들이 즐겨 찾았던 명소 중 하나였다. 농월정은 지족당(知足堂) 박명부(朴明 傅, 1571~1639)가 병자호란의 굴욕적인 강화 조약에 분을 참지 못하 고 벼슬에서 물러나 은거하면서 지은 정자였다. 그러나 2003년 10월, 불에 타 버리고 2015년 기록 사진과 도면 등에 기초해서 정면 3칸, 측 면 2칸의 팔작지붕으로 복원되었다. 농월정의 최초 모습은 박명부의 〈題弄月亭(제농월정), 농월정에 적다〉에서 확인할 수 있다.

路傍誰識別區幽(노방수식별구유) 길옆 그윽한 별천지 누가 알리오
山若盤回水若留(산약반회수약류) 산은 구불구불 도는 듯 물은 머물러 있는 듯
暎砌池塘澄更滿(영체지당징경만) 섬돌을 비추는 연못의 물 맑고도 가득하고
撲窓嵐翠捲還浮(박창람취권환부) 창에 드리운 푸른 이내 걷혔다 비췄다 하네
兒飢不慍饘糊口(아기불온전호구) 아이는 굶주려도 가난에 성내지 않고

인류의 미래 은행나무

客至寧嫌屋打頭(객지녕혐옥타두) 손님이 이르러 천장에 머리가 부딪힌들 어찌하랴

莫道散人無事業(막도산인무사업) 할 일 없는 한가한 사람이라 말하지 마소

晚專邱壑亦風流(만전구학역풍류) 늘그막에 산골짜기 차지한 것도 풍류라오

농월정은 박명부가 무척 힘든 시절에 만든 것이지만 후세 사람들은 즐거운 시간을 보낼 수 있는 최적의 공간이라고 인식했다. 그 이유는 당사자가 아니면 어려운 과정을 충분히 이해할 수 없을 뿐 아니라 시간이 많이 흐르면 대부분 다른 사람의 고통을 기억하지 않기 때문이다. 그래서 후세 사람들은 농월정에 대해 극찬을 아끼지 않는다. 농월정에 관한 극찬 중 최고는 신선이 사는 곳으로 평가한 것이다. 이러한 사례는 심재(深齋) 조긍섭(曺兢燮, 1873~1933)의 〈弄月亭用原韻(농월정용원운), 농월정에서 원운으로 읊다〉에서 확인할 수 있다. 내가 조긍섭의 시를 인용한 이유는 단순히 농월정을 신선으로 표현했기 때문이 아니라, 창녕조씨의 조긍섭이 내 고향 사람이기 때문이다. 저자의 고향과 지척에 살았던 선배 조긍섭의 시를 보는 순간 얼마나 반가웠는지 모른다.

玄圃瑤池迥且幽(현포요지형차유) 현포와 요지가 멀고도 그윽한데

巨靈移向此間留(거령이향차간류) 황하의 신 거령이 이 사이에 옮겨 와 머물렀네

洪濤碾過氷紈滑(홍도년과빙환활) 큰 물결은 맷돌처럼 지나 찬 깁처럼 미끄럽고

亂瀑濚回雪乳浮(난폭형회설유부) 어지러운 폭포 감돌아 눈이 날리는 듯하네

狂叫可堪同拍手(광규가감동박수) 미친 듯이 부르짖을 때 같이 손뼉 칠 만하고
苦吟時復爲搔頭(고음시부위소두) 억지로 시상 떠올리며 때로 다시 머리 긁적
이네
也知弄月吹簫侶(야지롱월취소려) 또한 알리라 달을 희롱하며 퉁소 부는 무리가
合是當年第一流(합시당년제일류) 아마도 이번 해의 품격이 가장 뛰어났음을

시 중의 현포는 중국 곤륜산 정상에 사는 신선의 집이고, 요지는 중국의 목천자(穆天子)가 서왕모(西王母)에게 술잔을 드렸던 곳이다. 농월정은 조긍섭이 현포와 요지에 비유할 만큼 아름답고 멋진 곳이다.

농월정이 위치한 안의는《熱河日記(열하일기)》의 저자 박지원이 1792년부터 5년 간 현감을 지낸 곳이다. 박지원은 조선 후기 실학자뿐만 아니라 문학가로서 지금까지도 적잖은 인기를 끌고 있는 인물이다. 그는 벼슬살이를 제대로 하지 못해 힘든 삶을 살았다. 특히 홍국영의 세도정치 때는 생명의 위협까지 느껴 황해도 금천(金川) 연암협(燕巖峽)에 은거할 정도였다. 박지원의 호인 연암도 여기서 유래했다. 그러나 곤궁한 생활은 때로 좋은 결과를 낳기도 한다.

박지원도 은거한 곳에서 농사와 목축에 관한 경험을 얻었고, 1780년 처남 이재성의 집에 머물다 삼종형 박명원(朴明源)이 청의 고종, 즉 건륭제 70세 진하사절(進賀使節) 정사로 북경으로 가자, 수행하는 기회를 얻었다. 1780년 5월 25일 출발해서 10월 27일 동안 압록강을 거쳐 북경과 열하를 여행하고 귀국한 후 견문을 정리한《열하일기》는 그를 졸지에 스타로 만들었다. 지금의 승덕(承德)에 있는 열하는 청조 황

제의 여름 별장이다. 황제들은 약 3개월 동안 이곳에 머문다.

박지원의 글쓰기는 당시로서는 파격에 가까웠기 때문에 대부분의 양반에게 호된 비판을 감수해야만 했다. 박지원의 글쓰기는 문체반정(文體反正) 정책을 실시한 정조 시대에는 맞지 않았다. 짧은 기간이지만 북경의 유행을 체험한 박지원은 안의 현감 재임 기간에도 독특한 행동을 일삼았다.

은행나무와의 만남

운곡리 은행나무는 마을의 입구에 살고 있다. 마을 입구의 주차장에서 은행나무까지는 지척간이지만, 사랑하는 마음과 간절함이 있다면 아무리 가까워도 만나기까지의 시간은 가늠할 수 없다. 만약 이곳의 은행나무를 처음 만난다면 사모하는 사람을 처음 만나는 것처럼 떨려서 쉽게 만나러 갈 수 없을지도 모른다. 물론 사진으로 나무의 모습을 보고 갈 때도 있지만, 나무는 사진으로 볼 때와 직접 볼 때의 모습이 상당히 다를 뿐 아니라 직접 만나는 기분도 다르다. 운곡리 은행나무를 만나러 가는 시간은 나무와의 만남에서 가장 절실하고 행복한 순간일지도 모른다. 누군가를 만나기 전까지의 준비 시간은 만남 이후의 시간과 전혀 다른 느낌을 주기 때문이다.

운곡리 은행나무의 자태는 아주 당당하다. 특히 이곳의 은행나무는 상당히 높은 위치에 자리한 마을의 입구에 살고 있기 때문에 더욱 당당하게 보인다. 운곡리 은행나무의 터전은 전국의 은행나무 천연기념물 중에서도 아주 좋은 조건을 갖추고 있다. 운곡리 은행나무는 주변에 다른 나무들이 거의 살지 않는 넓은 공간에서 살고 있기 때문이다. 넓은 공간은 다른 존재의 방해를 받지 않아 나무의 성장에 좋다. 특히 은행나무처럼 가지를 옆으로 뻗는 나무의 경우 넓은 공간은 생장에 안성맞춤이다. 다만 이곳 은행나무는 꽤 높은 위치에 더해 탁 트인 공간에 홀로 살고 있기 때문에 태풍의 위험에 노출되어 있다. 그러나 현재 은행나무의 경우 태풍 피해를 없게 할 수 있는 묘책은 없다. 인간이 할 수 있는 일은 건강하게 천수를 누릴 수 있길 기원하는 것과 마을 사람들의 관심뿐이다.

운곡리 은행나무 주변의 돌담은 이곳 마을에 바람이 많이 분다는 것을 암시한다. 돌담은 마치 은행나무를 보호하는 성역 같은 느낌을 준다. 은행나무 근처에는 나무를 보호하는 돌들이 따로 있다. 은행나무를 둘러싼 두 겹의 돌담은 외성(外城)과 내성(內城)처럼 나무의 미래에 아주 중요한 역할을 담당하고 있다.

운곡리 은행나무는 1999년 천연기념물 지정 당시 1,000살로 추정되었으며, 높이는 30m, 둘레는 9.5m, 가지 길이 동서 28m, 남북 32m였다. 운곡리 은행나무의 높이는 전국 천연기념물 은행나무 중에서도 큰 편에 속한다. 이곳 은행나무의 나이는 용문사 은행나무 나이 계산법에 적용하면 대략 863살이니, 지정 당시의 나이와 약간의 차이가 있다. 이곳 은행나무는 밑줄에서 보면 마치 두 그루처럼 보인다. 두 줄기는 위로 각각 자라다가 3m 정도에서 다시 만난 후 5m 지점에서 다시 5개의 가지가 나뉜다. 두 줄기는 긴 세월 동안 이별과 만남을 반

인류의 미래 은행나무

함양 운곡리 은행나무

복하면서 살아가고 있다. 운곡리 은행나무의 잎이 모두 떨어지면 감나무의 열매도 붉게 물든다.

　운곡리 은행나무는 두 가지 전설을 품고 있다. 그중 한 가지는 우물에 빠진 송아지 이야기이다. 은행나무 옆에 우물을 팠는데 송아지가 지나가다가 빠져 죽는 일이 발생한 것이다. 우물에 송아지가 빠졌다는 얘기는 농업 사회에서 가장 중요한 동물이 죽었다는 뜻이다. 그래서 이 사건은 마을의 안녕을 위해 원인을 반드시 밝혀야만 했다. 마을 사람들이 모여 논의한 결과, 송아지가 우물에 빠져 죽은 것은 단순히 송아지의 불찰 때문이 아니라, 배 밑에 구멍을 뚫었기 때문이었다. 마을 사람들이 우물을 배 밑의 구멍이라 생각한 이유는 풍수지리로 운곡 마을이 배를 닮았다고 여겼기 때문이다. 배에 구멍을 뚫으면 침몰할 수밖에 없다. 배가 침몰한다는 것은 곧 마을이 망한다는 뜻이다. 그래서 마을 사람들은 송아지가 빠진 우물을 메워 버렸다.

　운곡리 은행나무의 또 다른 전설은 일제강점기 때 몇몇 유지들이 은행나무를 베고자 하니 밤마다 상여 소리가 나는 등 마을에 흉흉한 사건이 끊이질 않았다. 상여 소리는 곧 사람들이 죽는다는 뜻이다. 은행나무를 베자 이런 소리가 났다는 것은 은행나무의 저주이다. 그래서 마을 사람들은 동제를 지냈고, 그 후 상여 소리는 사라지고 마을도 평온해졌다. 운곡리 은행나무의 이러한 신화는 나무가 생명체라는 것을 생각하면 단순히 신화로 끝나지 않는다. 천 년에 가까운 세월 동안 살았던 생명체를 죽인다는 것은 상상조차 할 수 없는 일이다. 그런데도 죽인다면 나무가 저주하는 것은 당연하다.

　　　　　　　　　　인류의 미래 은행나무

은행나무 암그루 나이테

　운곡리 은행나무처럼 나이가 아주 많은 나무는 아주 오랫동안 관찰해야만 진면목을 알 수 있다. 운곡리 은행나무의 진면목은 나무 전체에 서려 있는 삶의 역사이다. 차근차근 나무를 돌면서 줄기, 가지 등을 살피면 나무가 살아온 역사를 볼 수 있다. 줄기의 피부에서는 나무의 나이를, 줄기와 가지의 상처에서는 나무의 아픔을, 새로 돋은 가지에서는 나무의 미래를 읽을 수 있다. 나무의 삶은 대부분 나이테로 파악할 수 있지만 살아 있는 나무는 나이테로 이해할 수가 없다. 그래서 나무의 모습은 나무의 삶을 이해하는 데 아주 중요하다.

　나는 특히 나무의 상처에 눈길이 멎는 경우가 많다. 상처는 삶의 아픔이지만 어떤 생명체든 상처 없이 살아갈 수 없다면 상처는 상처만으

로 남아 있지 않다. 만약 상처가 상처만으로 남아 있다면 모든 생명체
는 생존할 수 없었을 것이다. 그래서 나는 운곡리 은행나무의 상처를
통해 아픔과 희망을 동시에 읽는다. 한 존재가 누군가의 상처에 눈길
을 준다는 것은 곧 스스로 상처를 치유하고 있다는 증거이다. 한 존재
가 자신의 상처를 치유할 때 다른 존재의 상처까지 이해할 수 있을 뿐
아니라 상처를 희망의 불씨로 사용할 수 있다. 상처를 희망의 씨앗으
로 사용할 수 있을 때, 한 존재는 진정으로 아름답게 삶을 꾸릴 수 있
고, 나무도 자신처럼 고귀한 생명체로 인정할 수 있다.

4. 도사 지팡이와 원주 반계리 은행나무

반계와 강태공

반계리 은행나무는 어떤 도사(道士)가 심었다는 신화와 백사(白蛇)
가 산다는 신화를 동시에 갖고 있다. 은행나무와 관련한 도사와 백사
는 모두 신령스러움을 상징하니, 그만큼 이곳 천연기념물 은행나무가
특별하다는 뜻이다. 따라서 도사와 백사는 반계리 은행나무를 천연기
념물로 생장하는 데 큰 역할을 담당했다. 그런데 반계리 은행나무는
도사와 백사만큼 '반계'도 상상력을 자극한다.

'반계리(磻溪里)'는 반계(磻溪) 유형원(柳馨遠, 1622~1673)과 인
연을 맺고 있다. 반계리의 유래에 대해서는 문막읍 건등리의 건등산

(建登山)에 있던 고려 태조 왕건의 건승비(建勝碑)를 서울로 옮겨가던 중에 이 마을 앞에서 비석이 떨어져 반으로 부러졌으므로 '반저리'에서 바뀐 것이라는 이야기가 있다. 반저리가 한자 '반계'로 바뀐 것은 아마도 유형원이 이곳에 살다가 떠난 뒷일 것이다. 왜냐하면 반저리보다는 이곳에 머물렀던 큰 인물의 호를 사용하는 것이 동네의 이미지를 높이는 데 훨씬 유리해서다. 현재 적지 않은 사람들이 반계리와 반계 유형원을 같이 생각하는 것만 봐도 동네 이름의 변경은 큰 효과를 거두고 있다. 유형원은 이곳을 떠나 전북 부안군 보안면 우동리에 있는 반계 서당에서 《磻溪隨錄(반계수록)》을 완성했다. 《반계수록》을 구상한 곳은 바로 은행나무가 살던 반계리였다.

유형원의 호 '반계'는 그가 추구한 삶의 철학을 담고 있다. 반계는 중국 산시성(陝西省) 보계현(寶溪縣)에 있는 위수(渭水)로 흘러드는 냇물이다. 반계가 중국과 우리나라에서 자주 등장하는 이유는 주나라 때 강상(姜尙), 즉 강태공이 여기서 낚시질하다가 주나라 서백(西伯, 뒷날 문왕)을 만나 재상의 벼슬까지 올랐기 때문이다. 강상은 지금의 산둥성 동해(東海)에 사는 가난한 사람이었지만, 집안을 돌보지 않고 꿈을 찾기 위해 동분서주하고 있었다. 그는 서백이 천하의 인재를 구한다는 소식을 듣고 위수(渭水)까지 갔다. 그가 찾아간 위수는 주나라가 탄생한 산시성의 명소이다. 강상이 위수까지 가려면 엄청난 기간이 필요하다. 지금 산둥성의 수도 지난(齊南)에서 산시성의 수도 시안(西安)까지 침대 열차로 12시간 걸린다. 강상이 걸어서 위수까지 갔다는 것은 그만큼 출세가 절실했다는 뜻이다.

전북 부안 반계서당과 반계정

인류의 미래 은행나무

강상은 위수에 도착한 후 미끼 없는 낚싯대를 드리우면서 시간을 보냈다. 낚시꾼들을 흔히 '강태공'이라 부르는 것도 여기서 유래했다. 강태공은 주나라 무왕이 아버지 문왕, 즉 태공(太公)이 강상을 바라던 사람이었다. 그래서 강상은 흔히 강태공 혹은 태공망이라 불린다. 강태공이 위수까지 간 것은 낚시로 고기를 잡기 위해서가 아니다. 낚시는 고향 산둥에서도 얼마든지 가능하다. 그가 원했던 것은 문왕에게 발탁되는 것이었다. 그러기 위해서는 문왕이 있는 산시로 가야만 했다. 이는 강태공의 모험이 아닐 수 없었지만, 그는 오로지 자신을 믿고 그런 모험을 감행했다.

그가 미끼 없는 낚싯줄을 위수에 던진 이유는 목적이 물고기가 아니라 문왕이었기 때문이다. 그는 직접 문왕을 찾아가지 않고 문왕이 찾아오길 기다렸다. 그러나 그는 산시에 아는 사람이라곤 한 사람도 없었다. 그는 고민 끝에 낚시꾼으로 위장해서 자신을 알렸다. 그는 매일 낚싯줄을 위수에 드리운 채 난세를 극복할 수 있는 방법을 구상했다. 당시 주나라 문왕은 은나라를 물리쳐야 하는 절박한 상황이었다. 강태공은 노심초사하면서 문왕이 자신이 찾아보길 학수고대했다. 다행히 그는 문왕의 눈에 띄어 한순간에 출세의 길을 걸었다. 그가 무왕을 도와 은나라를 물리치고 재상의 자리에 오를 수 있었던 것은 철저한 준비 덕분이었다. 아울러 그는 제나라 땅을 하사받아 제나라의 시조가 되었다. 내가 강태공에 큰 관심을 가지고 있는 이유 중 하나는 그와 성이 같기 때문이기도 하지만, 그의 도전 정신 때문이기도 하다.

강태공이 출세한 장소 반계는 우리나라의 역사에도 상당한 영향을 주었다. 반계의 사례는 고려 말 이곡(李穀, 1298~1351)의 《稼亭集(가정집)》에서 확인할 수 있다.

〈天曆己巳(천력기사), 舟發禮成江(주발례성강), 江口阻風(강구조풍), 二首(이수), 천력 기사년(1329) 예성강에서 배를 띄웠다가 강어귀에서 바람에 막히다. 2수〉

河海東流想禹功(하해동류상우공) 강물이 바다로 흐르는 것은 생각건대 우의 공
南檣北楫遠相通(남장북즙원상통) 남쪽 돛 북쪽 노가 멀리 서로 통하게 됐네
何人睡足連江雨(하인수족련강우) 강 가득 자욱한 빗속에서 누구는 실컷 잠을 자고
有客愁深盡日風(유객수심진일풍) 온종일 부는 바람 속에서 객은 시름이 하 깊도다
一葉簸掀冥晦裏(일엽파흔명회리) 어둠 속에 가랑잎처럼 나부끼는 조각배요
群山出沒有無中(군산출몰유무중) 아무것도 없는 속에 출몰하는 산들이라
敢希魯國乘桴叟(감희로국승부수) 뗏목을 탄 노나라의 어른을 감히 본뜨리오
擬向磻溪問釣翁(의향반계문조옹) 반계에 가서 조옹의 소식 물어보려 함이라오

인류의 아바타

반계리 은행나무는 정말 아름답다. 이곳 은행나무는 면적만도 495.9㎡이다. 이처럼 넓은 면적을 가진 은행나무는 전국에서도 찾아

보기 어렵다. 반계리 은행나무가 큰 면적을 마련할 수 있었던 것은 마을 사람들 덕분이다. 즉 마을 사람들이 자신들의 터전을 은행나무에게 내준 것이다. 먹고 살기도 힘든 시절에 은행나무에게 토지를 내준다는 것은 결코 쉬운 일이 아니다. 그래서 반계리 은행나무를 멀리서 보면 지구상에서 가장 아름다운 모습이다. 이곳 은행나무는 가지가 동쪽 14m, 서쪽 11m, 남쪽 14.5m, 북쪽 14.3m로 사방 모든 가지가 골고루 자라서 마치 전통 한복 치마 같다. 그래서 반계리 은행나무는 인류의 아바타다.

반계리 은행나무는 워낙 폭이 넓어서 키가 크지 않은 듯 보이지만, 실제 높이는 33m이다. 우리나라 은행나무 중에서도 용문사 은행나무 다음으로 높다. 반계리 은행나무는 둘레는 13.1m이다. 반계리 은행나무의 가슴둘레가 넓은 것은 지표면에서 줄기가 두 갈래로 갈라지고 2~3m 높이에서 다시 갈라지는 특징과 무관하지 않다. 그래서 이곳 은행나무는 멀리서 보면 한 그루, 가까이서 보면 두 그루, 아주 자세하게 보면 다섯 그루처럼 보인다. 반계리 은행나무의 나이를 용문사 은행나무 나이 계산법에 적용하면 1,190살이니, 용문사 은행나무보다 많다. 따라서 그간 반계리 은행나무의 나이를 800살로 추정한 것은 정확한 조사를 통해 수정할 필요가 있다.

반계리 은행나무의 또 다른 특징은 뿌리가 땅 위로 나온 것이다. 우리나라 은행나무는 대부분 뿌리가 땅 위로 나오지 않는다. 그러나 이곳 은행나무는 셀 수 없을 만큼 많은 뿌리가 땅 위로 나와 있다. 땅 위로 나온 뿌리는 마치 공룡이 살았던 시대의 나무처럼 보인다. 반계리

반계리 은행나무

은행나무를 보고 있노라면 은행나무를 '살아 있는 화석'으로 부르는 이
유를 알 만하다. 뿌리가 언제부터 땅 위로 나왔는지 알 수 없지만, 상
당히 긴 시간 동안 땅 위로 나온 상태에서 세월의 무게를 견디었기 때
문에 지금은 줄기 같은 역할로 바뀌었다. 나무의 뿌리가 줄기의 성질
로 바뀌었다면 땅 밑에는 다시 뿌리가 생겼을 것이다. 현재 반계리 은
행나무는 최근 치료를 마쳤지만 나이에 비해 상당히 괜찮은 편이다.

인류의 미래 은행나무

나무의 건강에 큰 영향을 주는 것은 온도와 습도이다. 반계리 은행나무는 속에 썩은 부분이 있기 때문에 물이 들어가면 나무의 생육에 큰 영향을 준다. 그래서 썩은 부분에 온도계와 습도계를 설치해서 어느 정도 차이가 나는지를 조사했다.

반계리 은행나무가 수그루라는 점도 특징 중 하나이다. 반계리 은행나무처럼 나이가 많은 나무에는 얽힌 전설이 있게 마련이다. 이곳 은행나무 안내문에 따르면, 반계리 은행나무는 옛날 어떤 대사(大師)가 지나는 길에 목이 말라 물을 마신 뒤 짚고 있던 지팡이를 꽂은 데서 탄생했다. 아울러 줄기 속에는 백사가 살고 있다. 가을에 단풍이 한꺼번에 잘 들면 다음 해 농사는 풍년이 든다.

반계리 은행나무처럼 지팡이를 꽂은 신화는 용문사 은행나무를 비롯한 전국의 나무 신화에서 자주 등장한다. 그러나 뱀이 산다는 신화는 단순히 신화가 아니다. 실제 은행나무에는 뱀이 살고 있는 경우가 종종 있다. 다만 백사가 사는 이야기는 좀 특별하다. 백사는 뱀 중에서도 아주 신령스러운 동물이다.

단풍으로 풍년과 흉년을 점치는 얘기도 은행나무만이 아니라 다른 나무의 풍속에서도 흔히 접할 수 있다. 이는 농업 사회에서 기후를 가늠하는 방법 중 하나였기 때문이다. 농사는 물과 밀접한 관계가 있다. 그래서 단풍이나 잎이 돋는 상태는 물의 많고 적음과 밀접한 관계가 있다. 그래서 농민들은 나무의 생태로 그해의 길흉을 점치곤 했던 것이다. 반계리 은행나무 주변에서 농사를 짓는 농민들은 은행나무의 생태를 통해서 한 해의 길흉을 점쳤던 것이다.

반계리 은행나무 뿌리

반계리 은행나무 유주

인류의 미래 은행나무

5. 뱀과 영월 하송리 은행나무

강원도 영월 하송리(下松里) 은행나무는 '엄씨 시조 나무'라는 별칭이 있다. 하송리 은행나무를 엄씨의 시조 나무로 삼은 것은 엄씨와 밀접한 관련이 있다는 뜻이다. 하송리는 영월엄씨의 집성촌 중 한 곳이다. 은행나무 앞에는 '영월엄씨시조나성군(寧越嚴氏始祖奈城君)'이 심었다는 표석이 있다. 표석을 만든 사람은 '광복 60주년 기념 하송리 杏亭 元老일동'이다. 표석의 내용 중 '행정'은 약간의 설명이 필요하다. 왜냐하면 만약 설명하지 않으면 이곳을 찾는 사람들이 오해할 여지가 있기 때문이다. 표석에서 언급한 '행정'은 '하송리 은행나무'를 뜻한다. 그런데 은행나무를 '행'이라 표기한 것은 곧 우리나라에서 살구나무 대신 은행나무를 '행단(杏壇)'으로 이해하는 문화변용 사례에 속한다.

하송리 행정 원로들이 언급한 영월엄씨의 시조는 중국 당나라 현종 때 엄임의(嚴林義)이다. 그는 파락사(波樂使)의 자격으로 신라에 왔다. 파락사는 당 현종이 만든 음악을 속국에 전달하는 역할을 담당했다. 당 현종은 당나라 황제 중에서도 음악을 무척 사랑한 사람이었다. 그러나 엄임의는 결국 본국으로 돌아가지 못하고 지금의 강원도 영월 땅인 내성군(奈城郡)에 머물러 살 수밖에 없었다. 그가 고향 당나라로 돌아갈 수 없었던 이유는 안록산(安祿山)의 난이 일어났기 때문이었다.

안록산은 어릴 적부터 총명하고 언어 능력이 탁월한 덕분에 당 현종과 양귀비의 총애를 받아 평로(平盧), 범양(范陽), 하동(河東)의 세

영월엄씨시조나성군 식수

절도사(節度使)를 장악한 후 상서좌복야(尙書左僕射), 즉 상서성의 장관까지 올랐다. 그러나 그는 양귀비의 친척인 재상 양국충(楊國忠)과 의견이 맞지 않아 천보(天寶) 14년(755) 겨울 범양에서 반란을 일으켜 낙양(洛陽)과 장안(長安)을 함락시켰다. 이 때문에 당 현종은 양귀비와 함께 사천으로 피난했으며, 이때 양귀비는 군사들에게 살해되었다.

안록산은 756년 대연(大燕)의 황제에 올랐지만 아들 안경서(安慶緒)에게 피살되었다. 안록산은 50세에 죽었지만 당나라는 안록산의 난 때문에 창건 후 일대 위기를 맞았다. 다행히 당 왕조는 안록산의 난이 서북쪽을 위기에 빠뜨리는 데 그쳐 강남의 경제 덕분에 기사회생할

　　　　　　　　　　　　　　　　　　인류의 미래 은행나무

수 있었다.

영월엄씨의 시조가 정착한 내성군은 고구려의 내생군(柰生郡)에서 유래했다. 영월군은 고려 때의 행정명이다. 《세종실록지리지》에는 엄씨가 신(辛), 연(延)과 더불어 토성(土姓)으로 등장한다. 영월의 진산(鎭山)은 발산(鉢山), 대천(大川)은 금장강(錦障江)과 가근동진(加斤同津)이다. 세종 시대 영월의 호수는 324호, 인구는 611명이었다. 영월의 땅은 메마르며, 개간된 밭이 1,463결(結)이었다. 그중 논은 8결뿐이었다. 영월에는 기장, 피, 조, 콩, 보리, 뽕나무, 삼, 배, 밤, 칠, 닥나무, 대추 등이 살기에 적당했으며, 공물은 꿀, 밀, 백단향, 잣, 느타리, 석이, 송이, 시우쇠, 지초, 사슴가죽, 사슴포, 사슴뿔, 여우가죽, 삵괭이가죽, 노루가죽이었다. 그러나 은행나무는 등장하지 않는다.

하송리 은행나무는 1962년 천연기념물 지정 당시 높이는 18m, 둘레는 14.9m였다. 가지는 지상에서 1.9m 높이에서 북쪽으로 3개, 서남쪽으로 6개이고, 동서 24.6m, 남북 26m 정도 퍼져 있다. 하송리 은행나무는 1,000~1,200살로 추정하고 있으니, 용문사 은행나무 나이 계산법을 적용하면 1,355살이다. 현재 하송리 은행나무의 나이는 우리나라 은행나무 중 가장 많다.

하송리 은행나무의 특징은 우리나라에서 보기 드문 '시조 나무'라는 점이다. 특히 우리나라에는 처음 나무를 심은 시조 나무는 적지 않지만, 성씨의 시조 나무는 드물다. 하송리의 은행나무가 지금까지 살고 있는 이유도 영월엄씨가 시조 나무로 모시는 것과 밀접한 관련이 있기 때문이다.

영월 하송리 은행나무

인류의 미래 은행나무

황제릉 측백나무

시조 나무와 관련해서 한 가지 덧붙일 것은 이 같은 사례가 중국에
는 적지 않다는 사실이다. 그중 산시성(陝西省) 황릉현(黃陵縣) 동쪽
의 교산(橋山)에 있는 황제릉(黃帝陵) 헌원묘(軒轅廟) 앞의 측백나무
다. 이곳의 측백나무는 5,000살이며, 오제(五帝) 중 하나인 황제가 직
접 심었다는 표석이 있다.

하송리 은행나무가 이토록 오랫동안 사는 또 다른 이유는 마을 사
람들이 나무속에 신령스러운 뱀이 살고 있다고 믿기 때문이다. 그래서

이 은행나무에는 개미나 벌레는 물론 닭이나 개도 접근하지 못한다고 하는 얘기까지 전한다. 아울러 하송리 은행나무는 어린아이들이 나무 위에 올랐다가 떨어져도 상처를 입지 않는다는 이야기도 있다. 그래서 옛날에는 부인들이 7월 12일에 자식을 얻기 위해 기도했다.

하송리 은행나무에는 제사를 지내는 제단이 있다. 제단이 남아 있다는 것은 이곳 은행나무가 마을 공동체의 중심이었다는 뜻이다. 특히 영월엄씨는 이곳 은행나무를 중심으로 집성촌을 유지하고 있는 셈이다. 하송리 은행나무의 보존과 관련해서도 엄씨 문중의 역할을 강조할 필요가 있다.

하송리 은행나무는 천연기념물이기 때문에 당연히 국가유산청에서 관리해야 한다. 그러나 천연기념물이 지정되기 전까지는 문중 혹은 하송리에서 관리했다. 그런데 천연기념물로 지정되는 순간, 마을 사람들은 수호신의 주체가 아니라 객체로 전락한다. 이 과정에서 마을 사람들의 상실감은 이루 말할 수 없이 크다. 이 같은 현상은 전국의 천연기념물을 답사해서 마을 사람들과 이야기를 나누다 보면 쉽게 접할 수 있다. 그래서 천연기념물 보호와 관련해서 마을 사람들의 자존을 생각하는 정책이 절실하다. 아무리 국가유산청에서 천연기념물을 잘 관리하더라도 매일 나무를 만나는 마을 사람보다 절실할 수는 없다. 하송리 은행나무는 암그루다. 하송리 은행나무 지표면 줄기 주변에는 어린 나무들이 무성하다. 어린나무들 사이를 자세히 보면 원줄기에 상처를 발견할 수 있다.

인류의 미래 은행나무

6. 처녀 죽음과 청도 대전리 은행나무

경북 청도군에는 전국에서도 천연기념물 나무가 많은 곳이다. 대전리 은행나무는 적천사 은행나무와 함께 천연기념물이고, 운문사와 동산리에 각각 한 그루 처진 소나무 천연기념물이 있다. 전국의 군 단위에서 천연기념물 은행나무만 두 그루를 보유한 곳은 청도군이 유일하다. 게다가 하평리 은행나무와 자계서원 두 그루 보호수까지 포함하면 청도군은 은행나무 노거수가 많은 고장이다. 은행나무가 살고 있는 대전리는 현재 대구시 군위군 부계(缶溪) 예씨(芮氏)의 시조 예낙전(芮樂全, ?~?)의 11대손이자 예승석(芮承錫, 1406~1476)의 현손인 어모장군(禦侮將軍) 예극양의 집성촌이다. 부계예씨의 본관은 고려 의종이 예낙전에게 당시 부계현의 사방 30리를 식읍으로 하사하고 부계군(缶溪君)에 봉한 데 따른 것이다. 예낙전은 고려 인종 때 예부시랑(禮部試), 고려 의종 때 보문각학사(寶文閣學士) 겸 정2품의 문하찬성사(門下贊成事)를 지냈으며, 문장과 덕망이 뛰어나 김부식(金富軾), 이인로(李仁老), 이규보(李奎報) 등과 어깨를 겨루었다.

내가 사는 곳과 아주 가까운 팔공산 자락의 부계에는 예낙전의 묘소가 있다. 그런데 예낙전의 묘는 오랫동안 잃어버렸다가 순조(純祖) 4년(1804)에 후손 예주영(芮周英)이 다시 찾아서 수축하고 비석을 세웠다. 아울러 문중에서는 100여 년 지난 뒤 노백헌(老柏軒) 정재규(鄭載圭, 1843~1911)에게 글을 받아 신도비를 세웠고, 암서(巖棲) 조긍섭(曺兢燮, 1873~1933)이 정재규의 글을 받아 신도비를 세울 때의

고유문(告由文)을 썼다. 조긍섭의 고유문에서도 예낙전과 이규보와의
관계를 언급했다.

대전리 은행나무는 수그루이다. 1982년 천연기념물 지정 당시
의 추정 나이는 400살(또는 1,300살)이다. 나무 높이는 29m, 가슴
높이는 8.5m, 뿌리목 줄기 둘레 10.5m이다. 가지는 동쪽 14m, 서쪽
13.2m, 남쪽 11m, 북쪽 13m이다. 이곳 은행나무는 누가 심었는지 알
수 없다. 부계 예씨의 입향조가 심었는지도 알 수 없다. 은행나무의 둘
레 8.5m와 10.5m를 용문사 은행나무 나이 계산법에 적용하면 최소
770살에서 최대 955살이다. 따라서 대전리 은행나무의 나이는 15세
기경 이곳에 들어온 부계 예씨 입향조가 심었을 가능성은 아주 낮다.

대전리 은행나무에는 우물을 마시려던 도사가 우물에 빠져 죽은 뒤
탄생했다는 신화와 처녀가 우물에 빠져 죽은 뒤에 탄생한 신화가 전한
다. 두 신화의 공통점은 우물이다. 현재 은행나무 근처에는 우물이 없
지만, 우물 관련 신화는 이곳에 마을 공동 우물이 있었을 가능성이 아
주 높다. 은행나무는 우물이 있던 곳의 신목이었을 것이다. 도사와 처
녀가 우물에 빠져 탄생했다는 것은 이곳 은행나무의 신비스러움을 위
해 만든 이야기지만, 옛날에는 우물에 빠져 죽은 사람이 적지 않았다.
우물에서 은행나무가 탄생한 것은 '물'이 지니고 있는 생명력을 의미한
다. 빠져 죽은 도사와 처녀도 은행나무처럼 신성한 존재이다. 이곳 은
행나무는 나이 탓인지, 아니면 물 부족 탓인지 잎이 아주 작다. 아울러
이곳 은행나무 옆에는 농기구가 나무 옆에 있다. 천연기념물이나 보호
수 옆에 농기구를 두는 사례는 적지 않지만, 농기구를 움직이는 과정

대전리 은행나무

청도 대전리 기념식수비

에서 나무를 해칠 가능성이 있다. 이는 마을에서 은행나무를 신성한 존재로 여기지 않는다는 뜻이다. 천연기념물 은행나무를 위해서는 농기구를 옆에 두지 않도록 하는 조치가 필요하다.

대전리에는 은행나무 천연기념물 근처에 느티나무 한 그루가 마을의 쉼터 역할을 담당하고 있다. 그런데 느티나무 앞에는 나무를 심은 주체와 날짜를 기록한 표석이 있다. 표석은 기념식수에 관한 기록인 셈이다. 나무에 관한 이러한 기록은 전국에서도 찾아보기 어렵다. 어느 해 경북 고령군 어느 마을에서 만난 팽나무도 이곳 느티나무와 같은 기록을 본적이 있지만, 이러한 기록은 우리나라 '수목문화'에서 아주 중요하다. 우리나라는 세계에서도 자랑할 정도로 기록문화의 전통이 있다. 그러나 나무에 관한 기록은 거의 찾아볼 수 없다. 그 이유는 나무를 역사와 문화로 여기지 않았기 때문이다. 대전리의 느티나무에 관한 기록은 다른 곳에서 본받아야 할 모범 사례이다. 이곳 느티나무에는 줄기에서 갈라진 가지 중간에 노박덩굴과 늘푸른떨기나무 사철나무(*Euonymus japonicus* Thunb.)가 더불어 살고 있다.

인류의 미래 은행나무

7. 노승 부적과 강릉 장덕리 은행나무

강원도 주문진 장덕리 은행나무는 1964년 천연기념물로 지정할 만큼 일찍부터 가치를 인정받았다. 이 나무에는 성별과 관련한 신화가 있다. 즉 이 나무에는 열매가 많이 달려 떨어진 열매가 고약한 냄새를 풍기자 이곳을 지나가던 어느 노승이 싫어해서 나무줄기에 부적을 써서 붙였더니 그 후부터 열매를 맺지 않았다는 이야기다. 그래서인지 현재 장덕리 은행나무는 수나무이다. 노승이 암그루 은행나무를 수

장덕리 은행나무

그루로 바꾸었다는 것은 마을 사람들의 고통을 반영하고 있다. 그래서 마을 사람들은 자신들의 고통을 누군가 해결해 주길 간절히 원했을 것이다.

장덕리 은행나무의 높이는 23m이고, 둘레는 9.8m, 나이는 800살로 추정하고 있다. 장덕리 은행나무의 나이는 용문사 은행나무 나이 계산법에 적용하면, 현재의 나이는 890살이다. 은행나무는 지상 2.3m 지점에서 여러 갈래로 자란 모습이 독특하다. 일부의 가지는 지지대의 도움을 받고 있다. 은행나무는 가지의 길이 동쪽 13m, 서쪽 13.5m, 북쪽 10m 정도로 전체적으로 균형을 이루고 있다.

장덕리 은행나무는 360도를 돌면서 감상할 수 있는 조건을 갖추고 있다. 은행나무 옆에는 마을의 정자가 자리 잡고 있다. 그러나 은행나무가 천연기념물로 지정되기 전까지는 은행나무가 정자였을 것이다. 마을의 정자는 공동체의 중심이었다. 마을 사람들은 일이 있든 없든 정자에 모여서 울고 웃는다. 그러나 지금은 은행나무에 모일 사람들이 거의 없다. 내가 방문했을 때 동네 어귀에는 한 사람도 찾아볼 수 없었다. 은행나무에 대해 물어보고 싶어도 마을 분들을 찾아볼 수조차 없다. 이처럼 농촌에 살고 있는 천연기념물은 농촌에 사람이 살지 않으면 앞으로 건강을 유지하는 데 큰 어려움이 있을 것이다. 현재 정자 옆에 살고 있는 어린 은행나무 한 그루가 천연기념물 은행나무의 귀한 벗이다.

장덕리 은행나무는 상태가 썩 좋은 것은 아니다. 가지가 사라진 흔적이 아주 심하다. 상처를 스스로 치유하는데 꽤 많은 시간이 걸렸을

　　　　　　　　　　　　　인류의 미래 은행나무

것이다. 그래서인지 은행나무의 잎이 작다. 나무의 속을 들여다보면 밖에서 보는 것과 달리 좀 복잡하다. 이처럼 천연기념물 은행나무는 관찰하면 할수록 놀라운 모습을 발견한다. 한 줄기 끝에 까치는 집을 짓고, 유유자적 가족과 행복하게 살아간다.

은행나무 옆의 논은 은행나무와 잘 어울린다. 특히 논에 벼가 누렇게 익는 가을에 노란 은행나무의 잎을 상상하면 가슴이 벅찰 것이다. 다만 이곳 은행나무는 잎은 무성하지 않다. 나뭇잎은 건강의 척도라는 점에서 관리에 좀 더 신경 쓸 필요가 있다. 특히 장덕리 은행나무는 은행잎을 줍기 편하다. 그래서 만약 이곳 은행나무의 장래를 생각한다면 은행잎을 활용하는 방법을 강구할 필요가 있다. 왜냐하면 은행잎은 콘텐츠 차원에서도 다양한 방법으로 활용할 수 있기 때문이다. 예컨대 강원도는 은행나무 천연기념물이 세 그루나 살고 있기 때문에 세 그루를 비교하는 것도 무척 흥미로운 일이다. 특히 잎을 비교하는 프로그램은 생육 상태는 물론 문화관광 콘텐츠 개발에도 도움을 줄 것이다.

떨어진 은행나무 잎은 상상력에도 큰 도움을 준다. 떨어진 은행나무잎은 바람에 날리면 마치 한 마리 노랑나비를 닮았다. 그 모습을 바라보면 노랑나비가 하늘로 날아가는 착각에 빠진다. 노랑나비가 하늘로 올라가면 인간이 바라는 우화등선(羽化登仙)이다. 우화등선은 중국 북송 소동파(蘇東坡)의《前赤壁賦(전적벽부)》중 "飄飄乎如遺世獨立羽化而登仙(표표호여유세독립우화이등선), 훌쩍 세상을 버리고 홀몸이 되어 날개를 달고 신선이 되어 하늘로 오르는 것만 같다."에서 유래했다. 우화등선은 많은 사람들이 갈망했던 삶이었다. 그래서 경북 고운사, 전남 송광사, 익산 숭림사 등에서 우화루(羽化樓)를 만날 수 있다.

　바람에 날아가는 은행나무의 잎을 보면서 신선을 꿈꾼다는 것은 행복한 일이다. 떨어진 잎이 모두 바람에 날아간다면 수천 마리의 노랑나비가 하늘로 날아가는 셈이다. 이런 장면은 상상만으로도 황홀하다. 실제 제왕나비로 불리는 모나크나비(Monarch butterfly)는 여름 짝짓기를 한 후 겨울을 보내기 위해 미국과 캐나다에서 멕시코 중부까지 약 4,000km를 날아간다. 그러나 현재 모나크나비의 개체 수는 지난 10년 동안 약 80% 감소했다. 앞으로 모나크나비는 개체 수가 크게 늘어나지 않으면 멸종할지도 모른다. 만약 모나크나비가 멸종하면 인간에게도 큰 위기가 닥친다. 그 이유는 모든 생명체는 밀접한 관계를 맺고 있기 때문이다. 한 생명체가 지구상에서 사라지면 도미노처럼 다른 생명체도 목숨을 부지할 수 없다.

　장덕리 마을 입구에 살고 있는 은행나무는 넓은 공간에 살고 있어서 그동안 성장하는 데 전혀 문제가 없었다. 돌로 만든 제단이 남아 있고 옆에 술병까지 있는 것을 보면 여전히 이 나무에 제사를 지내고 있다는 것을 알 수 있다. 국립산림과학원에서는 장덕리 은행나무의 유전자를 통해 후계자를 육성하고 있다. 다만 썩은 줄기에 쓰레기가 남아 있는 것은 관리가 제대로 이루어지지 않고 있다는 증거이자 마을에서 살뜰하게 은행나무를 보살피지 않는다는 뜻이다. 그러나 마을에 노인들만 계시고 농사일에 바쁘니 알뜰하게 살필 여유도 없을 것이다. 농촌의 인구 소멸은 이곳 은행나무의 미래와도 무관하지 않다.

8. 승려 신통력과 강화도 전등사 은행나무

전등사 은행나무의 신화

우리나라는 국토 전체가 전쟁의 상흔 지역이지만, 강화도는 상흔의 문화유산이 많이 남아 있는 곳이다. 특히 강화도는 고려 시대 몽골의 침략으로 수도를 이곳으로 옮겨 고려 궁지가 있는 곳이다. 몽골의 고려 왕조에 관한 수탈은 사람을 포함하여 상상을 초월할 정도로 혹독했다. 몽골의 수탈에는 나무도 예외가 아니었다. 비자나무가 바로 수탈의 대상이었다. 그러나 강화도는 운향과 갈잎떨기나무 탱자나무[*Poncirus trifoliata* (L.) Raf.]를 심어 몽골의 침략을 막았다. 그래서 강화도에는 '강화 갑곶리 탱자나무'와 '강화 사기리 탱자나무' 천연기념물이 있다. 강화도는 '문경 장수황씨 종택 탱자나무'와 더불어 천연기념물 탱자나무 세 곳 중 두 곳을 보유하고 있다.

조선 왕실은 강화도 전등사의 은행나무 열매를 수탈했다. 수탈의 시기는 철종 때였다. 철종(재위 1849~1863)은 이른바 '강화도령'이라 불리듯, 1844년 형인 회평군(懷平君)의 옥사(獄事)로 가족과 함께 5년 동안 강화에 유배되었다. 그는 1849년 헌종의 뒤를 이어 19세의 나이로 왕위에 올랐다. 강화도에는 고려 궁지 아래에 그가 유배 기간 머물렀던 '용흥궁(龍興宮)'이 있다. '용이 일어난 궁'을 뜻하는 '용흥궁'은 철종이 왕위에 오르기 전의 집, 즉 잠저(潛邸)이다. 철종이 강화도 정족산(鼎足山) 전등사(傳燈寺)의 은행나무 열매를 수탈한 목적은 불교를 억압하기 위해서였다. 그런데 하필 그가 전등사의 은행나무 열매를

전등사

바치라는 명령을 내렸을까? 철종의 전등사 은행나무 열매 수탈은 조
선 왕조의 숭유억불 정책의 연장선이기도 했을 터지만 자신의 유배 기
간의 경험도 작용했을지도 모른다. 더욱이 전등사는 1997년 유네스코
세계기록유산에 등재된 조선왕조실록을 보관한 곳인데도 전등사의 은
행나무 열매를 수탈한 것은 의아스럽지만, 신화 속의 수탈 내용은 문
헌을 뛰어넘는 힘이 있다.

　　전등사는 381년(고구려 소수림왕 11)에 아도(阿道)가 세운 진종사
(眞宗寺)에서 1282년(고려 충렬왕 8) 바뀐 이름이다. 전등사는 372년
(고구려 소수림왕 2) 6월 5호 16국 중 하나였던 전진(前秦, 351~394)
의 부견(符堅, 재위 357~385)이 보낸 아도(阿道)가 세운 것이다. 순

도(順道)와 아도는 불경과 불상을 가지고 들어와 초문사(肖門寺), 성문사(省門寺), 이불란사(伊弗蘭寺)를 창건했다. 두 사람이 세운 사찰은 한반도에서 처음이었지만 현재 위치를 정확하게 알 수 없다. 따라서 전등사는 한반도에 처음 사찰을 건립한 지 7년 뒤 세웠으며, 현존하는 가장 오래된 사찰이다. 전등사의 이름에서도 권위를 확인할 수 있다. 전등사는 《경덕전등록》에서 유래한다. 전등사는 석가모니의 법을 계승한 사찰이라는 자부심의 이름이다.

전등사의 역사만큼이나 이곳 나무도 역사가 있다. 그중 은행나무와 관련된 신화도 전등사의 역사처럼 중요하다. 전등사 홈페이지에는 은행나무 신화를 다음과 같이 소개하고 있다.

전등사에는 두 그루는 커다란 은행나무가 있다. 수령이 5백 년이 넘는 나무들이다. 한 나무는 노승나무, 다른 한 나무는 동승나무로 불리는가 하면 암컷, 수컷으로 불리기도 한다. 은행나무는 암컷과 수컷이 서로 마주보고 있어야 열매를 맺는다. 그런데 전등사 은행나무는 꽃은 피어도 열매가 맺지 않는다고 한다. 이 신기한 나무들에 대해서는 다음과 같은 전설이 있다. 강화도령 철종 임금 때의 일이다. 조정에서는 전등사에 은행을 스무 가마나 바치라고 요구한다. 전등사 은행나무는 기껏해야 열 가마밖에 열매를 맺지 않는데 스무 가마를 요구하니 관리들의 횡포가 이만저만 심한 게 아니었다.

이 지시를 듣게 된 동승이 노스님께 고했다.

"스님! 정말 관가에서 너무들 하는 것 아닙니까?"

"허허, 참으로 난감한 일이다. 애야, 그렇다고 그 사람들을 미워해선 안 되느니

라. 참아야 하느니……."

노스님은 이렇게 타일렀지만 자신도 깊은 고민에 빠졌다.

은행 스무 가마를 내놓을 수도 없었고 관리의 요구를 들어주지 않으면 더욱 불교를 탄압할 것이 분명했다. 노스님은 하는 수 없이 백련사에 있는 추송 스님에게 도움을 청하기로 했다. 추송 스님은 도력이 높기로 소문이 난 분이었다.

며칠 후 추송 스님이 전등사에 나타났다.

곧 전등사 일대에 '전등사 은행나무에서 은행이 두 배나 더 열리게 하는 기도가 있을 것'이라는 소문이 퍼졌다. 사람들이 구름처럼 모여들어 추송 스님의 3일 기도를 지켜보았다. 그중에는 관리들도 섞여있었다.

"어떻게 은행이 두 배나 많이 열린단 말인가?"

"맞아! 추송 스님이 제 아무리 정성을 드려도 소용없는 짓이겠지."

사람들은 저마다 이렇게 수군거렸다.

이윽고 기도가 끝나는 날이었다.

갑자기 추송 스님의 기도를 지켜보던 관리들의 눈이 얻어맞은 것처럼 퉁퉁 부어 버렸다.

"이제 두 그루의 나무에서는 더 이상 은행이 열리지 않을 것이오."

추송 스님이 기도를 끝내고 사람들에게 말했다.

사람들은 저마다 어리둥절한 표정을 짓고 있었다. 바로 그때 때 아닌 먹구름이 전등사를 뒤덮더니 비가 무섭게 내렸다.

사람들은 두려움에 떨며 일제히 땅에 엎드렸다.

얼마 후 사람들이 고개를 들었을 땐 추송 스님은 물론 노스님과 동자승까지 모

　　　　　　　　　　　　　인류의 미래 은행나무

두 사라졌다. 사람들은 보살이 전등사를 구하기 위해 세 명의 스님으로 변해 왔다고 믿게 되었다. 그때부터 전등사 은행나무는 열매를 맺지 않았다.

전등사 은행나무와 관련한 신화는 사찰의 수탈을 보여 주는 사례이지만, 열매를 맺던 암그루가 어떤 계기로 열매를 맺지 않는 수그루로 바뀌는 내용이다. 이러한 사례는 서울 문묘 은행나무를 비롯한 일부 은행나무의 신화에서도 확인할 수 있는 내용이다. 다만 다른 점은 은행 열매의 독성 때문에 성별이 바뀌는 것과 달리 수탈 때문이라는 사실이다.

신화의 내용 중 또 하나의 특징은 은행나무의 암수가 마주해야만 열매를 맺는다는 오해를 그대로 보여 주고 있다는 점이다. 전등사 은행나무 신화의 또 다른 특징은 추송 승려의 기도를 지켜보던 관리의 눈이 퉁퉁 부은 점이다. 아마도 이는 은행나무 열매의 독성을 강조하기 위한 내용일 것이다. 아울러 전등사의 두 승려, 그리고 도력을 발휘한 추송 승려가 암그루 은행나무를 수나무 은행나무로 바꾼 뒤 사라졌다는 신화 내용은 가장 불교적인 신화를 보여 주고 있다.

고려 궁지의 은행나무

고려 궁지에는 고려의 유산이 남아 있지만, 조선 시대의 유산인 외규장각과 더불어 은행나무도 있다. 1982년 보호수 지정 당시 은행나무는 높이 25m, 둘레 7.5m, 나이 688년이다. 이곳 은행나무의 나이를 용문사 은행나무 나이 계산법을 적용하면, 대략 682살이다. 고려 궁지 은행나무 나이는 대략 1336년(고려 충숙왕 복위 5)경의 나무이다. 따라서 이곳의 은행나무는 1232년(고려 고종 19) 몽골군의 침입에 대항하기 위하여 수도를 강화도로 옮긴 후 1270년(원종 11) 개성으로 환도한 이후에 심은 것이다. 내가 직접 만나지 못했지만, 강화도 교동도 무학리에도 고려 궁지의 은행나무와 같은 해 보호수로 지정되었을 뿐 아니라, 고려 궁지의 은행나무와 아주 비슷한 높이 25m, 둘레 7.5m의 암그루 은행나무가 있다. 고려 중엽 때 부잣집의 은행나무였던 무학리 은행나무는 불이 난 나무에 새로 태어난 나무이며, 북한 함경남도 연안군의 수그루 은행나무의 꽃이 날아와서 수정한다는 얘기가 전한다.

고려 궁지의 은행나무는 정조가 1782년 강화도에 설치한 규장각의 부속 도서관인 외규장각의 역사를 온몸으로 지켜봤다. 정조는 즉위년 1776년 3월 송나라의 예를 참고하여 선왕들의 책과 어필, 어제 등을 함께 봉안하기 위한 규장각을 세웠다. 현재 창덕궁 영화당 옆 언덕의 규장각은 1층 건물이고, 2층은 주합루(宙合樓)이다. '규장(奎章)'은 '별처럼 빛나는 글', '주합(宙合)'은 《管子(관자)》〈宙合篇(주합편)〉의 "천지는 만물을 감싸는 주머니이고, 주합은 천지를 포용하는 주머니이다."에서 빌린 것이다. 그러나 외규장각의 도서는 소장한 지 84년 만에 1866년 병인양요로 모두 사라졌다. 프랑스가 강화도를 침략하여 외규장각의 왕실의 중요 행사를 기록한 의궤 191종(유일본 30종 포함) 297책을 포함한 도서 359점을 약탈하고 외규장각에 불을 질러 버렸기

인류의 미래 은행나무

강화산성 안파루

때문이다. 다행히 외규장각 도서는 1975년 프랑스 국립도서관의 촉탁 직원으로 일하던 박병선 박사의 도서 확인과 목록 정리 및 정부의 노력으로 2011년 6월 11일, 145년 만에 우리나라로 돌아왔다.

또 하나 다행스러운 것은 고려 궁지 은행나무가 병인양요 때 살아남았다는 사실이다. 이곳의 은행나무가 생존한 이유는 정확하게 알 수 없지만, 프랑스 군대가 불 지른 외규장각과 꽤 떨어진 위치에 있었기 때문일 것이다. 아울러 은행나무보다 외규장각에 가까운 회화나무도 당시 결정적인 피해를 입지 않고 생존했다. 2001년 보호수 지정 당시 회화나무는 높이 20m, 둘레 6m, 나이 416살이다. 이곳 회화나무의 나이는 439살이며, 1585년(선조 18)경의 나무이다. 나는 고려 궁지에서 회화나무 옆 언덕에서 옻나뭇과 갈잎떨기나무 안개나무(*Cotinus coggygria* Scop.)를 난생 처음 보았다.

고려 궁지의 은행나무와 회화나무가 지금까지 생존하고 있는 것은 놀라운 일이다. 왜냐하면 강화도에는 병인양요가 끝난 지 5년 만인 1871년에 신미양요가 일어났기 때문이다. 이런 상황에서도 두 그루의 나무가 살아남았으니, 나무를 지킨 강화도민들에게 감사할 일이다. 강화도민의 애국정신은 병인양요 때 동생 반학옹(伴鶴翁) 이지원(李止遠, 1801~1866)과 함께 자결한 사기(沙磯) 이시원(李是遠, 1790~1866), 이시원의 손자 명미당(明美堂) 이건창(李建昌, 1852~1898), 경재(耕齋) 이건승(李建昇, 1858~1924), 난곡(蘭谷) 이건방(李建芳, 1861~1939) 삼 형제와 맞닿아 있다.

이시원은 철종이 즉위 후 유일하게 신임한 사람이었고, 이건창은 할아버지를 빼닮아 암행어사로 이름을 날렸을 뿐 아니라 '여한십문장가(麗韓十文章家)' 중 한 사람이다. 이건창의 동생 이건승과 이건방은 항일 독립운동가이다. 이건방은 위당(爲堂) 정인보(鄭寅普, 1893~1950)의 스승이었다. 이시원 집안이 강화도에 온 것은 1710년 참의공 이광명(李匡明) 때이며, 그는 하곡(霞谷) 정제두(鄭齊斗, 1649~1736)의 손녀사위였다. 이시원의 호에서 보듯 그의 생가는 강화도 사기리 탱자나무 천연기념물이 있는 곳이다. 그러나 후손들의 삶이 넉넉하지 못해 이시원과 이건창 등의 묘소는 물론 업적에 관한 번역 사업도 제대로 이루어지지 않고 있다.

나는 한학자들과 함께 이건창의 문집인 《明美堂全集(명미당전집)》

을 윤독하면서 이건창 집안에 대해 이해할 기회를 가졌다. 그러나 그의 문집은 뛰어난 문장이면서도 난해한 부분이 많아서 결국 완역하지 못한 채, 선별 번역하여 윤독회 좌장이었던 분이 《조선의 마지막 문장─조선조 500년 마지막 글쓰기의 완성 이건창》을 출간하는 데 만족했다. 우리는 책을 출간한 후 강화도에 와서 이건창의 묘소에 헌정했다. 그러나 이건창의 묘소는 정제두의 묘소와 비교하면 정말 초라하다. 우리는 이건창의 묘소에 참배한 후 생가로 와서 선조의 묘소도 참배했다. 아울러 우리는 정말 안타까운 마음으로 이건창의 후손을 수소문 끝에 겨우 찾아 함께 저녁을 먹는 것으로 마음을 달랬다. 조선의 마지막 문장가였던 이건창의 주옥같은 글은 아직도 제대로 빛을 보지 못하고 있다.

강화도에는 전등사의 은행나무 외에도 석모도 보문사에 높이 20m, 둘레 3m, 나이 400살로 추정되는 은행나무가 있다. 그러나 보문사의 은행나무는 둘레로 보면 270여 살에 해당한다. 오주(五洲) 이규경(李圭景, 1788~1856)의 《五洲衍文長箋散稿(오주연문장전산고)》에는 강화도 유씨 정원의 백 년 은행나무에 얽힌 '은행대사상(銀杏大士像)'을 소개하고 있다.

청나라 왕사진(王士禛, 1634~1711)의 《池北偶談(지북우담)》에 "신축, 임인 연간에 경구(京口, 한강)에서 전함(戰艦)을 만들었다. 이때 강도(江都, 강화도) 유씨(劉氏)의 정원에 백여 년이나 묵은 은행나무 한 그루가 있었는데, 이 역시 전함용으로 벌채되었다. 목수가 이 은행나무를 톱으로 썰어내자, 나무의 무늬에

고려 궁지 외규장각

고려 궁지 은행나무

인류의 미래 은행나무

완연한 관음대사상(觀音大士像) 2좌(座)가 있었고 그 수식(首飾)이 천연스러우므로, 뭇사람이 모두 괴이하게 여겨 이를 성남(城南)의 복연암(福緣菴)으로 보냈다. 이때 강소성(江蘇省) 소주(蘇州)의 서광사(瑞光寺)에 관음상이 있었는데, 이 역시 큰 나무 속의 무늬가 천연으로 결성(結成)된 것이다."라고 했다.

왕사진의 얘기는 강화도 유씨의 100년 은행나무가 전함을 만들기 위해 벌목되었지만, 무늬가 관음대사상을 닮아서 성남의 복연암으로 보냈다는 내용이다. 이규경은 전함용으로 벌목된 강화도 은행나무가 관음대사상 무늬 때문에 사찰로 보내졌다는 데 주목하고 있지만, 당시 강화도의 은행나무가 전함을 만들기 위해 벌목되었다는 사실도 아주 중요한 정보이다. 이는 조선의 병선은 기본적으로 소나무로 만들었지만, 은행나무도 이용했을 가능성을 보여 주는 것이다.

5부

은행나무 축제와 더불어 삶 :
보령시 청라은행마을축제

1. 청라마을 은행나무 탄생과 오서산

우리나라는 세계에서도 은행나무 축제가 많은 국가이다. 이는 그만큼 은행나무가 많고, 이른바 은행나무 명소가 많다는 뜻이다. 그중 전국에서도 손꼽히는 보령시 청라면의 '청라은행마을축제'는 은행나무 관련 신화까지 갖춘 전국 최고의 은행나무 축제다. 청라면의 은행나무 신화는 마을의 진산(鎭山)이자 보령의 명산 중 하나인 오서산(烏棲山, 해발 790m) 아래 작은 연못에서 탄생했다. 작은 연못에는 마을을 지키는 구렁이가 살았다. 구렁이는 용이 되기 위해 천 년을 기도했다. 그런데 천 년 되는 날 마침내 황룡(黃龍)이 되어 여의주를 물고 물줄기를 휘감으면서 하늘로 올라갔다. 이때 멀리서 이 광경을 지켜보던 까마귀들이 황룡이 물고 있던 여의주를 은행나무 열매라 생각해서 이곳으로 물고 왔다. 그 덕분에 지금의 은행나무 숲이 탄생했다.

오서산

청라마을 은행나무 탄생 신화에 등장하는 용과 까마귀는 우리나라 신화의 역사에서 낯설지 않지만, 은행나무 열매의 등장은 유일하다. 신화 중 물을 상징하는 용은 연못 때문에 등장하는 것이고, 까마귀와 은행나무 열매는 난생신화와 맞닿아 있다.

까마귀는 새끼가 자라서 자기 어미에게 먹이를 물어다 먹이는 '효조(孝鳥)'로 잘 알려져 있다. 청라 은행나무도 마을 사람들을 위한 '효조'의 역할을 담당하고 있다. 이러한 고사 때문에 까마귀는 '자애로운 까마귀'를 뜻하는 '자오(慈鳥)'라고도 불린다. 《古文眞寶前集(고문진보전집)》에 실린 중국 당나라 시인 향산거사(香山居士) 백거이(白居易, 772~846)의 〈慈烏夜啼(자오야제), 자애로운 까마귀 밤에 울다〉는 심금을 울린다.

慈烏失其母(자오실기모) 자애로운 까마귀 어미를 잃고

啞啞吐哀音(아아토애음) 칵칵 서럽게 우네

晝夜不飛去(주야불비거) 밤낮없이 날아가지 않고

經年守故林(경년수고림) 일 년이 넘도록 고향을 지키네

夜夜夜半啼(야야야반제) 밤마다 한밤이면 우니

聞者爲沾襟(문자위첨금) 듣는 이의 옷깃을 눈물로 적시네

聲中如告訴(성중여고소) 소리는 하소연하는 듯하니

未盡反哺心(미진반포심) 어미에게 되먹이는 마음 다하지 못해서라오

百鳥豈無母(백조기무모) 모든 새 어찌 어미가 없을까

爾獨哀怨深(이독애원심) 너만 홀로 슬픔에 사무치는가

應是母慈重(응시모자중) 분명 어머니의 사랑이 두터워

使爾悲不任(사이비불임) 너의 슬픔을 이기지 못하게 하는구나

昔有吳起者(석유오기자) 옛날 오기라는 사람은

母歿喪不臨(모몰상불림) 어머니가 돌아가셔도 장사지내러 오지 않았네

哀哉若此輩(애재약차배) 슬프도다! 이 같은 무리들

其心不如禽(기심불여금) 그 마음 새만도 못하구나

慈烏復慈烏(자오부자오) 효성의 까마귀여! 저 효성의 까마귀여!

鳥中之曾參(조중지증삼) 새 중의 증삼이로다

까마귀의 '반포지효(反哺之孝)'는 청라 은행마을의 은행나무에 대한 철학이다. 시에 등장하는 '고림'은 '옛 숲'이 아니라 '고향(故鄕)'이다. 까마귀가 사는 숲이 까마귀의 고향이듯, 사람의 고향도 숲이다. 인

인류의 미래 은행나무

류는 숲에서 살던 조상이 진화한 존재이자 숲을 떠나서는 생존할 수 없기 때문이다.

오서산은 청라 은행나무 탄생에서 아주 중요한 역할을 담당하고 있을 뿐 아니라, 마을의 형성에도 매우 긴요하다. 반계 유형원의 《東國輿地志(동국여지지)》에 따르면 오서산은 '오성산(五聖山)'이라고도 기록했다. 여러 산 가운데 우뚝하고 그 위는 병풍을 펼친 듯 평평하다. 오서산은 '까마귀의 보금자리'이자 '다섯 성인이 탄생한 산'이다. '까마귀의 보금자리'는 이곳에 까마귀가 많아서 붙인 이름이고, '다섯 성인이 탄생한 곳'은 오서산이 훌륭한 인물을 낳은 명산이라는 뜻이다. 따라서 '까마귀'와 '성인'은 이름은 다르지만, 뜻이 같다. 까마귀는 칠월칠석 경우와 직녀를 만나게 해준 은하(銀河)의 오작교(烏鵲橋)와 고구려 벽화의 삼족오(三足烏)처럼, 청라마을 사람과 은행나무를 맺어준 귀한 동물이다.

오서산은 지금도 많은 사람들이 찾는 명산이지만 조선 시대에도 이곳을 찾은 명사들이 많았다. 그중에서도 다산 정약용은 오서산과 관련해서 시와 기문(記文)을 남겼다. 정약용이 오서산을 찾은 이유는 이익의 《성호사설》을 정리하기 위해서였다. 1795년 당시 홍주(洪州, 지금의 홍성) 금정도(金井道)의 찰방(察訪)이었던 정약용은 《성호사설》의 정리를 위해 덕산군(지금의 예산군) 장천리에 있는 이익의 종손(從孫) 목재(木齋) 이삼환(李森煥, 1729~1813)을 만났다. 정약용은 이삼환을 만나기 위해 청양군 남양면의 금정역(金井驛)에서 이삼환에게 편지를 보내고, 〈到金井驛(도금정역), 금정역에 이르러〉라는 시를 남겼다. 시의 첫 구절, '오서산색마시전(烏棲山色馬嘶前), 말 울음소리 앞에 오서산 빛 푸른 데'에서 오서산을 언급했다.

정약용은 석문(石門) 신종수(申宗洙)의 권유 때문에 오서산 정상까지 올랐다. 당시 보령 석문에 있었던 신종수는 정약용이 홍주 금정도의 찰방으로 부임하자 정약용을 찾아갔다. 정약용은 신종수가 자신을 찾아온 데 감사하는 마음으로 다음의 시를 지었다.

〈申進士(宗洙)至[신진사(종수)지], 신 진사(종수)가 찾아오다〉

秋風吹小雨(추풍취소우) 가을바람 가랑비 불어 내리니

黃葉下山村(황엽하산촌) 산촌 숲에 누른 잎 떨어지네

漭宕懷城闕(망탕회성궐) 허전한 마음에 도성을 생각하면서

蕭條有酒樽(소조유주준) 조촐하게 술상을 마주하네

親交窮海重(친교궁해중) 궁벽한 해변이라 친교 소중한데

文采老人存(문채노인존) 문장도 아름다운 노인 계시네

也識牛心炙(야식우심적) 알겠노라! 소염통 구워먹는 게

猶賢種韭園(유현종구원) 부추밭 가꾸는 것보다 낫다는 것을

林密秋猶淺(임밀추유천) 숲 우거져 가을빛 더디게 들고

峯攢日易昏(봉찬일이혼) 산이 높아 석양이 빨리 저무네

峽雲連海色(협운연해색) 산골 구름바다 빛 잇닿았고

驛樹帶霜痕(역수대상흔) 역참의 나무 서리 흔적 띠고 있네

放逐安時論(방축안시론) 내쫓겨 시론 상관이 없고

優游念主恩(우유념주은) 한가하니 임금 은혜 감사할 따름

石門頗穩藉(석문파온자) 석문이라 포근한 산중 마을에

偃臥識公尊(언와식공존) 누운 공의 존귀함 알고 말고

석문 신종수가 정약용에게 오서산 유람을 적극적으로 권한 이유는 단풍 때문이었다. 지금도 많은 사람들이 오서산을 찾는 이유도 단풍과 억새 때문이다. 정약용이 신종수의 권유로 오서산을 유람한 과정은 〈游烏棲山記(유오서산기), 오서산에서 노닌 것을 기록하다〉에 자세하다. 정약용의 기록에는 당시 오서산의 경치는 물론 호랑이와 관련한 정보를 얻을 수 있다.

내가 부여(扶餘)에서 돌아온 지 며칠 뒤에 진사(進士) 신종수(申宗洙)가 나에게 들러 오서산의 뛰어난 경치를 이야기하면서 이어 말하기를, "지금은 단풍잎이 한창 고운데, 하루나 이틀 뒤면 모두 지게 될 것이다."고 했다.

나는 마침 밥을 먹고 있다가 말에 안장을 얹도록 재촉하고 밥상을 물린 다음에 신공(申公)과 더불어 오서산 아래에 이르렀다. 우리는 모두 말에서 내려 지팡이를 짚고서 높고 험한 산길을 지나 더부룩한 풀을 헤치면서 산 중턱에 도착했다. 그곳에는 몇 칸 되는 절이 하나 있었는데, 한 승려가 그곳에 살고 있을 뿐이었다. 그에게 혼자 있는 까닭을 물었더니, 그는 말하기를, "작년에 호랑이가 승려를 해치자, 승려들이 모두 떠나버렸습니다."고 했다. 내가 다시, "당신은 호랑이가 무섭지 않소?"라고 물으니, 그는 이렇게 답했다.

"전에 호랑이가 새끼 세 마리를 데리고 온 적이 있었는데, 그 어미가 새끼들에

게 나무를 휘어잡게 하면서 희롱하고 있기에 내가 그 새끼를 칭찬해 주었더니 호랑이는 기뻐하며 가버렸습니다. 그래서 무섭지 않습니다."

이날은 해가 저물어 그만두고, 다음 날 일찍이 산의 정상에 오르려 하는데, 신공이 호랑이가 무섭다고 사양했다. 그러자 승려가 말하기를, "나와 함께 가시면 아무런 해가 없을 것입니다."고 했다. 드디어 그와 함께 산 정상에 올라가니, 눈으로 볼 수 있는 곳은 어디든지 막힌 것이 없었다. 절에 돌아와서 조금 쉬었다가 산에서 내려오려고 하니, 승려가 말하기를, "나와 함께 가야 합니다. 어제는 우연히 호랑이를 만나지 않은 것입니다."고 했다. 산마루에 이르자 어떤 동물이 소나무가 빽빽하게 서 있는 곳에서 소리를 내었다. 승려는 껄껄 웃더니 소리를 낮추어 말하기를, "너는 가거라. 나도 지금 바로 이곳을 떠나겠다."고 했다. 신공은 그 동물의 꼬리를 보았다고 하는데, 나는 보지 못했다.

돌아와 생각하니 나는 이인(異人)을 만난 것이다. 그는 홀로 높은 산, 깊은 골짜기에 살면서 거처를 옮기지 않으며, 갑자기 맹수를 만나도 두려워하지 않고, 더구나 호랑이를 타일러 보냈으니, 마음속에 도술을 간직한 사람이 아니면 그렇게 할 수 있겠는가. 어찌 태백(太白)의 호승(胡僧)처럼 종적을 감추고 신분을 숨기면서 이곳에 살고 있는 사람이 아니겠는가. 모두 알 수 없는 일이기에 드디어 기(記)를 짓는다.

정약용이 만난 사찰의 승려가 얘기한 대로 당시 오서산에 호랑이가 있었는지 알 수 없지만, 조선 후기까지 한반도에 호랑이가 존재했다는 것은 분명하다. 아래 시에서 보듯 정약용도 승려가 말한 오서산 호랑이의 존재를 어느 정도 믿었던 듯하다.

인류의 미래 은행나무

〈登天井菴(등천정암) 在烏棲山(등천정암), 천정암에 오르다, 오서산에 있다〉

側壁捫蘿度(측벽문라도) 절벽 길 덩굴 잡고 빠져나가고

穹林伴虎行(궁림반호행) 우거진 숲 호랑이 함께 걸어 나왔네

招提當絶頂(초제당절정) 암자 하나 산마루에 자리 잡아

登歷慰遐情(등력위하정) 올라오니 세상 떠날 마음 풀리네

雲海登萊市(운해등래시) 구름바다 등주와 내주의 시장이 있고

荒山百濟城(황산백제성) 거친 산 백제의 성곽이로세

艱難有遠眺(간난유원조) 어려움 뚫고 올라와 멀리 보는 건

只爲眼塵淸(지위안진청) 눈에 찌든 먼지를 씻어 보자고

정약용의 기문과 시에서 언급한 호랑이는 오서산이 까마귀와 함께 '신산(神山)'이라는 것을 보여 주는 증거이다. 왜냐하면 호랑이는 한민족을 상징하는 신성한 동물이자 생태학적으로 완벽한 조건을 갖춘 곳에서만 생존할 수 있기 때문이다.

정약용은 신종수와 오서산 사찰에서 함께 묵으면서 서로 짝을 이루어 짓는 연구시(聯句詩)를 지었다. 〈寺夜同石門申進士聯句(사야동석문신진사연구), 절에서 밤에 석문 신 진사와 함께 연구를 짓다〉의 마지막에 따르면, 당시 정약용은 시를 지으면서 술에 취해 잠이 들었다가 다시 일어나 시를 마무리했다. 두 사람은 밤새 술을 마시면서 시를 짓고 다음 날 오서산 정상에 올랐다. 정약용은 오서산 정상에 오른 기분을 다음과 같이 표현했다.

〈登烏棲山絶頂(등오서산절정), 오서산 정상에 올라〉

碧落岧嶢石作臺(벽락초요석작대) 하늘 높이 솟은 산 석대에 올라오니

山河萬里鬱盤回(산하만리울반회) 만리에 펼친 산하 얼기설기 얽혔네

錦川秋色橫雲斷(금천추색횡운단) 금강이라 가을빛은 구름 가려 끊기었고

吳粤天光過海來(오월천광과해래) (중국 남쪽) 오나라 월나라 하늘빛은 바다 넘
어 비쳐드네

魯聖乘桴良有以(노성승부량유이) 뗏목 타고 오던 공자 까닭이 있고

周王遷國亦悠哉(주왕천국역유재) 주왕 나라 옮겨온 일 아련한 옛일이라네

百濟文周王始徒熊川(백제문주왕시도웅천) 백제 문주왕이 맨 처음 도읍을 웅
천으로 옮겼다

神京北望知何處(신경북망지하처) 북쪽 하늘 바라보니 서울은 어디인고

煙靄蒼蒼數雁哀(연애창창수안애) 푸른 안개 속엔 기러기 소리 애달파

정약용은 중국의 공자께서 도가 행해지지 않으면 뗏목을 타고 바다
를 항해하고 싶다는 고사까지 인용하면서 오서산을 극찬했다. 그러나
정약용은 오서산 정상에서 아름다운 풍경을 즐기면서도 북쪽 하늘을
바라보고는 자신이 근무했던 서울을 그리워했다. 정약용이 금정도 찰
방으로 부임한 이유는 1795년 중국인 주문모(周文謨) 신부를 체포하
려다 놓친 '을묘실포사건(乙卯失捕事件)'을 계기로 전개된 천주교 박
해 때문이었다. 그의 몸은 홍천과 오서산에 있었지만, 마음은 서울을
떠나지 못했다.

인류의 미래 은행나무

정약용이 서울을 사무치게 그리워한 심정은 신종수와 함께 오서산을 유람한 후 화창(花廠)을 지나면서 지은 〈九月三日同申進士游烏棲山過花廠作(구월삼일동신진사유오서산과화창작), 구월 삼일 신 진사와 함께 오서산을 유람하고 화창을 지나면서 짓다〉에서도 잘 드러난다.

정약용은 1795년 7월 26일, 34살 때 홍주 금정도 찰방으로 부임했다가 1796년 10월에 규영부(규장각) 교서로 임용되어 서울로 갔다. 정조는 천주교와 관련한 정약용을 잠시 좌천시켰다가 1년 3개월 만에 다시 그를 현재의 창덕궁 규장각 교열관으로 임명했던 것이다. 정약용은 정조의 명을 받아 사마천의 《사기(史記)》를 교정했다. 정약용의 규장각 검서관 임명은 정조가 그를 얼마나 총애했는지를 잘 보여 주는 증거다.

정약용은 정조의 총애에 감동해서 〈奎瀛府校書記(규영각교서기)〉를 남겼다. 정약용은 몇 사람과 함께 임금이 하사하는 맛난 음식과 좋은 술을 먹으면서 규장각에 소장된 《사기》를 열람하면서 즐겁게 지냈다. 정약용은 정조가 자신에게 《사기》를 교열하게 한 이유에 대해 '나라를 위한 것이 아니라 자신을 위한 것'이라 판단했다. 왜냐하면 규장각에는 여러 본의 《사기》가 있어서 교정할 필요도 없고, 교정한들 나라에 아무런 도움이 되지 않았기 때문이었다. 정약용이 잠시나마 좌천되었기에 오서산에 올라 글을 남길 수 있었다. 정약용은 세상을 떠나고 없지만, 그가 남긴 글은 지금도 남아 있으니, 오서산의 가치는 더욱 빛난다.

2. 토정 이지함 조카 이산광과 '귀학송'

오서산은 아름다운 풍광과 깨끗한 물, 그리고 넓은 들판 덕분에 사람이 살기에 아주 좋은 곳이었다. 그래서 오서산 자락에는 일찍부터 이른바 양반의 '집성촌(集姓村)'이 존재했다. 청라면 복병리(伏兵里)에는 광산김씨(光山金氏)가 고려 말부터 터를 잡고 있었다. 복병리는 고려 말 보령 남포(藍浦) 왜구 토벌에 참여한 김성우(金成雨)가 군사를 매복시켜서 생긴 이름이다.

김성우는 청라를 좋아해서 조선 개국에 참가하지 않고 이곳에서 살다가 고려가 망하자 자결했다. 조선 시대 김성우의 후손들은 관직에 나아갔다가 여의치 않으면 이곳에 와서 은둔했다. 예컨대 김성우의 증손 김맹권(金孟權)은 세종 때 성균관 진사를 지냈지만, 세조가 단종을 폐위하자 복병리에 내려와 은둔했다. 김맹권의 맏아들 김극신(金克愼)도 마찬가지였다. 김맹권의 둘째 아들 김극성(金克成, 1474~1540)은 중종반정으로 4등 공신에 봉해졌다.

김극성은 오서산 입구에 그의 시비를 세워 놓았을 만큼 청라면에서 아주 중요한 인물이다. 김극성의 오서산 관련 시는 다음과 같다.

〈登烏棲山望月(등오서산망월), **오서산에 올라 달을 보다**〉

赤壁秋仍早(적벽추잉조) 적벽의 가을은 여전히 이른데
玄洲月未圓(현주월미원) 선경(仙境)의 달은 아직 차지 않았네

淸商今已半(청상금이반) 가을은 벌써 반이나 됐는데

餘暈正無邊(여운정무변) 남은 무리 끝이 없네

宇宙英雄滿(우주영웅만) 우주에 영웅은 가득한데

樓臺應接偏(누대응접편) 누대는 응당 이곳에 치우쳐 있네

故將衰懶質(고장쇠라질) 본래 쇠하고 게으른 몸으로

更上北山巓(갱상북산전) 다시 북으로 올라 산꼭대기를 오르네

김극성은 그의 호 청라(靑蘿)에서 보듯, 청라와 밀접한 관계가 있
다. 그의 호는 《憂亭集(우정집)》에서 우정(憂亭)을 주로 사용하지만,

김극성 시비

자신의 조상이 살았던 '청라'를 사용했다는 점에서 주목할 만하다. 김극성은 청라면의 광산김씨 세거지를 이해하는 데도 중요한 인물이지만, 청라면의 또 다른 세력가였던 한산이씨(韓山李氏)와도 혼인 관계를 맺은 인물이다. 혼인은 조선 양반이 세력을 확대하는 중요한 방법이었다.

한산이씨가 보령에 자리를 잡은 사람은 양경공(良景公) 이종선(李種善, 1368~1438)의 12세 이치(李穉, 1477~1530)였다. 이치는 청라면에 인접한 주포면 고정리에 정착했다.

이치는 바로 《土亭秘訣(토정비결)》의 저자 이지함(李之菡, 1517~1578)의 아버지다. 이치의 넷째 아들 이지함은 광산김씨 김맹권의 사위였다. 또한 이지함의 둘째 형 이지번(李之蕃, ?~1575)의 서자(庶子) 동계(東溪) 이산광(李山光, 1550~1624)은 현재 청라면 장현리에 귀학정(歸鶴亭)을 짓고 은거했다. 이산광의 형은 영의정을 세 번이나 지냈을 뿐 아니라 명필로 유명한 아계(鵝溪) 이산해(李山海, 1539~1609)다. 더욱이 이산해와 이산광의 외할아버지는 바로 청라 김극성이다.

게다가 이치의 셋째 아들 이지무(李之茂)의 아들 명곡(鳴谷) 이산보(李山甫, 1539~1594)는 능성구씨(綾城具氏) 구현복(具玄福, 1506~1565)의 처남이다.

1610년에 세우고 1686년 사액서원이었던 청라면 장산리에 있는 화암서원(花巖書院)은 청라면의 양반 세력을 상징한다. 화암서원에는 이지함과 이산보를 비롯해서 이몽규(李夢奎, 1510~1563), 이정암(李

廷龢, 1541~1600), 구계우(具繼禹, 1558~1620) 등 5인을 배향하는 서원이다. 천휴당(天休堂) 이몽규는 경주이씨지만, 광성부원군 김극성의 사위이자 한산이씨의 외손이다. 구계우는 광산김씨 김지선(金至善)의 장인이다.

청라면 장현리는 광산김씨, 한산이씨, 능성구씨 등의 양반이 세력을 형성한 곳이다. 그러나 지금 장현리에 살아 있는 존재는 귀학송(歸鶴松)이다. 귀학송은 동계 이산광이 이곳에 은거하면서 지은 귀학정과 짝을 이루지만, 귀학정은 사라지고 귀학송만 남았다. 그러나 당시 귀학정은 사람을 불러들이는 명소였다. 이산광이 이곳에 있는 동안 수많은 사람들이 찾았겠지만, 글을 남긴 사람은 많지 않다. 구봉(龜峯) 송익필(宋翼弼, 1534~1599)은 귀학정에 머물면서 4수(首)의 시를 남겼다. 서울에서 태어난 서얼 출신 송익필이 귀학정까지 온 이유는 이산광의 형 이산해를 통한 교유 때문이었다.

이산해는 송익필 일가가 다시 노비가 되는 것을 피하여 도망칠 때 숨겨주었다. 송익필은 서얼 출신이었기 때문에 벼슬길에 나갈 수도 없었다. 그러나 그는 아버지 송사련(宋祀連, 1496~1575)의 후광에 더해 시문에 뛰어난 재주 덕분에 당대 최고 문장가들과 교유할 수 있었다. 그래서 송익필은 이산해(李山海), 최경창(崔慶昌), 백광홍(白光弘), 최립(崔岦), 이순인(李純仁), 윤탁연(尹卓然), 하응림(河應臨) 등과 함께 '8문장가'의 한 사람으로 꼽혔을 뿐 아니라, 당시 서인(西人)이었던 심의겸(沈義謙), 이이(李珥), 성혼(成渾), 정철(鄭澈) 등과도 교유했다. 송익필의 귀학정 관련 오언율시 4수는 다음과 같다.

〈宿歸鶴亭(숙귀학정) 四首(사수), 귀학정에서 묵다(4수)〉

歸鶴亭猶在(귀학정유재) 귀학정은 아직 남아 있는데

亭空鶴不留(정공학불류) 정자는 비었고 학은 아니 머무르네

壇明天漢近(단명천한근) 뜰은 은하수가 가까워 밝고

簾重海雲流(염중해운류) 드리운 발은 바다구름 흘러와서 무겁네

月落泉鳴夜(월락천명야) 달은 지고 물은 우는 밤인 데다

山高露滴秋(산고로적추) 산은 높고 이슬 내리는 가을이네

無由聞遠邃(무유문원적) 먼 피리 소리 들을 길이 없기에

岐路雪盈頭(기로설영두) 갈림길에서 머리 가득 눈 맞고 있네

吾友客南國(오우객남국) 나의 벗은 남쪽 지방 객인데

高亭墨尚留(고정묵상류) 높은 정자에는 묵적 아직 남았네

孤舟無繫處(고주무계처) 외로운 배 매어 둘 곳 없어졌기에

風海憶安流(풍해억안류) 풍해에서 편히 떠갈 생각을 하네

別裏看明月(별리간명월) 이별 속에 밝은 달을 바라보니

愁邊又一秋(수변우일추) 시름 속에 또 한 가을 지나가네

浮雲連漢樹(부운련한수) 뜬구름이 한양 나무 이어졌거니

遙夜幾回頭(요야기회두) 긴긴밤에 몇 번이나 돌아보려나

浮海嗟吾晩(부해차오만) 바다에 떠가는 것이 늦어져

蠻鄉迹久留(만향적구류) 남방에서 오래도록 머물러 있네

인류의 미래 은행나무

感時天北望(감시천북망) 때 느껴 하늘 북쪽 바라보고

懷舊水東流(회구수동류) 옛 생각에 물은 동쪽으로 흐르네

匹馬尋眞路(필마심진로) 한 마리 말로 선경 가는 길을 찾으니

千峯落木秋(천봉락목추) 천 봉우리 잎이 지는 가을이구나

思人簾政捲(사인렴정권) 그리운 이 생각나서 주렴 걷으니

孤月在山頭(고월재산두) 외로운 달 산머리에 걸리어 있네

一鶴歸玄圃(일학귀현포) 한 마리 학 신선 사는 곳 돌아간 뒤에

千年亭獨留(천년정독류) 천 년토록 정자 홀로 남겨져 있네

星光依砌落(성광의체락) 별빛은 섬돌에 기대어 쏟아지고

山影入溪流(산영입계류) 산 그림자 시냇물에 잠겨 흐르네

竹驚天外夢(죽경천외몽) 대나무는 하늘 밖의 꿈에 놀라고

荷破月中秋(하파월중추) 연잎은 달빛 속의 가을에 깨지네

逸志超塵世(일지초진세) 뛰어난 뜻 속세를 초월했지만

長吟愧白頭(장음괴백두) 길게 읊자 하얀 머리 부끄럽구나

    송익필이 귀학정 관련 시를 4수나 남긴 이유는 날씨가 좋지 않아 제때 배를 타고 갈 수 없었기 때문이었다. 신독재(愼獨齋) 김집(金集) 은 송익필의 귀학정 관련 시에 차운시를 남겼다. 광산김씨 김집의 아 버지는 서인의 영수이자 우암(尤庵) 송시열(宋時烈)의 스승인 사계(沙 溪) 김장생(金長生)이다. 김집이 송익필의 시에 차운한 이유는 아버지 김장생은 물론 자신도 송익필의 예학에 영향을 받았기 때문이다.

〈次宿歸鶴亭(차숙귀학정), '귀학정에서 자며'에 차운하다〉

遠客行惟倦(원객행유권) 나그네 발길 게으르기만 해

高亭跡暫留(고정적잠류) 높은 정자에서 잠시 쉬니

鳥投幽藪急(조투유수급) 새들은 재빠르게 숲 찾아들고

水向大荒流(수향대황류) 물은 먼 바다로 흐르네

默坐觀群物(묵좌관군물) 말없이 앉아 여러 사물을 보니

浮生閱幾秋(부생열기추) 덧없는 삶 몇 해나 산다던가

升沈元已定(승침원이정) 사람의 운명 이미 정해진 것을

何事謾搔頭(하사만소두) 부질없이 머리 긁으며 걱정할 게 뭐라던가

차운시(次韻詩)는 원작자 시의 '운(韻)' 자로 짓는 시를 말한다. 차운시는 원작자에 대한 존경이자 교유의 중요한 방식이었다. 김집이 송익필의 시에 차운한 것도 존경을 뜻을 담고 있다. 송익필 시의 '운' 자는 유(留), 류(流), 추(秋), 두(頭)이다.

이산광은 귀학정에 머물면서 형 이산해를 찾아가기도 했다. 이산해는 6살 되던 해인 1545년 을사사화 때 친지들이 화를 입자 보령으로 이주한 적이 있었다. 그는 보령에 와서 적잖은 시를 남겼다. 그가 보령에서 지은 시는 《아계유고》〈乞歸錄(걸귀록)〉에 수록되어 있다. '고향으로 돌아갈 바라는 기록'을 뜻하는 〈걸귀록〉에는 이산광을 만난 내용 외에도 청라와 관련한 내용을 포함하고 있다. 이산해가 보령에 와서 느낀 감회는 아래 시에서 확인할 수 있다.

　　　　　　　　　　　　　인류의 미래 은행나무

〈風樹樓(풍수루)〉

流落天東歲月遙(유락천동세월요) 하늘 동쪽에 떠 돈 세월이 오래라
歸來鄕井盡蓬蒿(귀래향정진봉호) 고향에 돌아오니 온통 쑥대밭이 되었구나
傷心細草高巒路(상심세초고만로) 고운 풀 우거진 고만 길에서 상심에 젖고
掩面斜陽蟹浦橋(엄면사양해포교) 석양 비낀 해포 다리에서 눈시울 적시노라
恩似昊天春雨露(은사호천춘우로) 어버이 은혜는 저 하늘 봄의 비와 이슬 같
은 것
淚添滄海夜波濤(누첨창해야파도) 눈물 뿌려 푸른 바다 밤물결에 보태노라
百年風樹無窮恨(백년풍수무궁한) 백 년이라 풍수의 무궁한 한은
縱到重泉奈未消(종도중천내미소) 비록 황천에 간들 사라지지 않음 어이하랴

이산해는 1581년 이조판서에 임명되었지만 병으로 사양한 후 어머
니 남씨가 죽자 3년간 묘소를 모셨다. 현재 보령시 주교면 고정리에는
이산해 부모 및 계부(季父) 이지함의 부부 묘가 있다. 이산해의 부모
묘소는 이지번이 처음 터를 잡았던 곳이다. 성리학자들이 고향에 와서
가장 먼저 찾는 곳은 조상의 묘소이다. 시의 제목 '풍수루'의 '풍수'만
봐도 시의 내용이 부모와 관련한 것임을 알 수 있다. '풍수'는 '세상을
떠난 부모를 생각하는 슬픈 마음'을 뜻한다. '풍수'의 출전은 《韓詩外傳
(한시외전)》 중 "夫樹欲靜而風不止(부수욕정이풍부지), 子欲養而親
不待(자욕양이친부대). 나무는 고요하고자 해도 바람이 그치지 않고,
자식이 봉양하고 싶어도 어버이는 기다려주지 않는다."이다.

시의 '고만로(高巒路)'는 현재 이산해의 부모 묘소가 있는 곳이다. 부모의 묘소로 가는 길은 관리 부족으로 풀이 무성했다. 자식은 부모의 묘소에 풀이 무성하면 불효라 생각한다. 그래서 이산해도 자주 찾지 못한 생각에 속이 상했던 것이다. 이산해가 고향에 와서 느낀 감정은 아래 시에서도 만날 수 있다.

⟨歸村(귀촌), 촌락으로 돌아오다⟩

短麓柴扉盡向西(단록시비진향서) 짧은 산기슭 사립은 모두 서쪽으로 향하고
官程濱海少輪蹄(관정빈해소륜제) 바닷가로 난 관로엔 수레와 말발굽 적어라
山連玉馬蟠籃縣(산련옥마반람현) 산은 옥마로 이어져 남현에 서리고
川發靑蘿入蟹溪(천발청라입해계) 시내는 청라에서 나와 해계로 들어가네
小子浮名眞浪走(소자부명진랑주) 헛된 명성 소자는 참으로 분주히 돌아다녔고
先人高義此幽栖(선인고의차유서) 높은 의리 선친께선 이곳에 그윽이 깃드셨지
依然四十年前事(의연사십년전사) 사십 년 전의 일을 가만히 회상해 보며
立馬斜陽獨愴悽(입마사양독창처) 석양에 말을 세우고 홀로 슬픔에 젖노라

이산해가 시에서 언급한 '산은 옥마로 이어져 남현에 서리고'는 당시 남포현의 옥마산을 뜻한다. '시내는 청라에서 나와 해계로 들어가네'는 청라면의 시냇물이 이산해가 있는 대천 바다로 흘러 들어간다는 뜻이다. 즉 오서산에서 내려온 시냇물은 화암서원을 거쳐 이산해의 부모 묘소가 있는 주교면을 지나 대천 앞바다로 흘러 들어간다. 아래 시

에서는 이산해가 고향에 내려온 목적을 알 수 있다.

〈還鄕(환향), 고향에 돌아와서〉

不是龐公樂隱淪(불시방공락은륜) 방공처럼 은거하길 좋아함이 아니라

還如原憲任淸貧(환여원헌임청빈) 도리어 청빈하게 살았던 원헌과 같네

金神洞裏新居士(금신동리신거사) 금신동 안에 새로 온 거사요

玉馬山西舊主人(옥마산서구주인) 옥마산 서쪽 옛집의 주인일세

茶竈竹窓雲作伴(차조죽창운작반) 차 달이는 부엌 대나무 창에 구름이 짝하고

草衣藜杖鹿爲鄰(초의려장록위린) 풀 옷에 명아주 지팡이로 사슴과 이웃한다네

若非聖主恩如海(약비성주은여해) 바다 같은 임금의 은혜가 아니라면

那乞林泉自在身(나걸임천자재신) 어찌 이렇게 자연 속에 한가히 살리요

이산해가 머물렀던 곳은 보령 옥마산(601m) 서쪽 자락 금신동이었
다. 옥마산 정산 옥마봉에서는 대천 앞바다와 원산도, 삽시도 등의 섬
이 보인다. 이산해가 보령에 온 까닭은 중국 후한 말 촉나라 방통(龐
統)의 숙부 방덕공(龐德公)처럼 은거하기 위해서가 아니라, 중국 춘추
시대 청빈했던 공자의 제자였던 송나라 원헌(原憲), 즉 자사(子思)처
럼 살고 싶었기 때문이다. 그러나 그는 이곳에서 당시 거의 양반과 승
려만이 가능했던 차를 마시면서 보냈다. 명아주 지팡이는 명아주과 한
해살이풀 명아주(*Chenopodium album* L. var. *centrorubrum* Makino)로
만든 이른바 '청려장(靑藜杖)'이다. 청려장은 무병장수를 상징한다. 이

산광은 형 이산해가 이곳에 오자 종종 찾아가서 문안 인사도 하면서 형제간의 우애를 나누었다.

〈蟹浦(해포)〉

萬事從來意不如(만사종래의불여) 세상만사란 본래 뜻대로 안 되는 법

白頭端合臥田廬(백두단합와전려) 백발의 나이엔 전원에 눕는 게 제격이지

已諳丘壑生涯足(이암구학생애족) 산야에 묻혀 살며 생애가 족하다는 것을 알 았으니

肯恨朝廷記憶疎(긍한조정기억소) 조정에서 기억해 주지 않는 것을 어찌 한탄 하랴

蟹浦潮聲欹枕後(해포조성의침후) 해포의 조수 소리 베갯머리에 들려오고

鳥栖山色捲簾初(오서산색권렴초) 오서산 산 빛은 걷힌 발아래 어리누나

東溪居士時相訪(동계거사시상방) 동계거사가 때때로 찾아와

得酒狂談每起予(득주광담매기여) 술 취해 광달한 얘기로 나를 일깨우네

'해포'는 보령 바닷가의 게가 살고 있는 갯벌이다. 이산해가 살았던 16세기 조선은 정치적 이해관계를 둘러싼 논쟁이 심했다. 그래서 누가 정권을 잡는가에 따라 정적을 제거하는 과정이 반복되었다. 고위직에 있었던 이산해도 이런 과정에서 파직, 사직, 탄핵 등 다양한 경험을 겪 었다. 이산해가 동생 이산광이 있는 고향 보령에 온 것도 일종의 정치 적 피난이었다. 다행히 동생이 찾아와 술을 마시면서 회포를 풀 수 있

인류의 미래 은행나무

었던 것이다. 시의 '동계거사'는 이산광이다. 동생을 '거사'라 부른 이유는 벼슬하지 않고 고향에서 은거하고 있었기 때문이다. 이산광의 또 다른 호 죽림처사(竹林處士)에서 보듯, 그도 형처럼 시문에 뛰어났지만 관직에 거의 나아가지 않고 처사로 살았다. 이산해가 시에서 오서산을 언급한 이유도 이산광이 사는 곳이기 때문이다. 이산해는 청라 은행마을이 위치한 오서산을 찾기도 했다. 이산해는 어릴 적에도 오서산, 즉 오성산을 자주 찾았다.

〈遊聖堂寺(유성당사), 성당사에 노닐며〉

五聖山腰聖堂寺(오성산요성당사) 오성산 허리에 자리한 성당사
樓臺明滅煙嵐間(누대명멸연람간) 누대가 이내 저편에 나타났다가 사라지는구나
少年芒竹昔曾慣(소년망죽석증관) 소년 시절 간단 차림으로 자주 찾았고
白首風波今始還(백수풍파금시환) 풍파에 찌든 백발로 이제야 돌아왔네
糯飯新炊勝方丈(려반신취승방장) 새로 지은 현미밥 산해진미보다 낫고
淸詩遇興輕高官(청시우흥경고관) 흥을 만난 맑은 시 높은 벼슬도 부럽지 않네
優游桑梓感鴻渥(우유상재감홍악) 고향 땅에 노닐 때 크신 성은에 감격해
野老田翁同此歡(야로전옹동차환) 시골 노인네도 이 기쁨 함께 하네

위의 시는 어릴 적 자주 찾았던 오서산을 나이 들어 다시 찾은 이산해의 감정이 잘 녹아 있다. 이산해가 시에서 사용한 '상재(桑梓)'는 뽕

나뭇과 갈잎큰키나무 뽕나무(*Morus alba* L.)와 능소화과 갈잎큰키나무 개오동(*Catalpa ovata* G. Don)이지만, 아래 《시경》〈小雅(소아)〉小弁 (소변)에서 유래한 용어라서 흔히 '고향'을 뜻한다.

> 維桑與梓(유상여재), 必恭敬止(필공경지), 靡瞻匪父(미첨비부), 靡依匪母(미 의비모).
> (부모가 심은) 뽕나무와 개오동은 반드시 공경해야 하는 법이다. 그런데 하물며 우러러 뵐 분으로는 아버지 외에 없으며, 의지할 분으로는 어머니 외에 없네

'상재'에서 보듯 한 그루 나무는 역사적으로도 아주 중요한 의미를 갖는다. 따라서 청라면의 은행나무도 '상재'와 같은 의미를 갖는다. '상재'의 '재'는 우리나라에서 흔히 가래나뭇과 갈잎큰키나무 가래나무 (*Juglans mandshurica* Maxim.)로 해석하지만 개오동이다. '상재'의 '상' 뽕나무는 비단을 만드는 원료라는 점에서 아주 긴요한 나무이다. 그래서 집집마다 집과 밭 근처에 뽕나무를 심었다. '상재'의 '재' 개오동은 각종 악기는 물론 책 출판에 꼭 필요한 판목(版木)으로 사용했다. 그래서 '상재(上梓)'는 출판을 뜻한다. 개오동은 오염에 강한 능력이 있을 뿐 아니라 살충 능력까지 갖고 있었다. 그래서 집 뜰이나 가로수로 즐겨 심었다. 300살의 천연기념물 '청송 홍원리 개오동'도 마을 입구 도로변에 산다.

오서산 명대계곡 입구에 자리 잡은 청라면 장현리 귀학송은 동계 이산광의 귀학정과 짝을 이룬다. 디지털보령문화대전에서는 이곳 소

나무를 1620년에 심은 것으로 기록했다. 1620년 설은 이산광이 죽기 4년 전에 해당한다. 귀학송을 심은 시기는 소나무의 나이를 400살로 파악하고 있는 근거 중 하나이다. 그러나 같은 자료에서는 귀학송을 이산광의 6대손인 이실(李實, 1777~1841)이 심은 것으로 기록했다. 같은 자료에서 서로 다른 정보를 제공하니 혼란스럽다. 만약 이실이 20세에 심었다면 귀학송의

귀학송

나이는 227살이다. 아울러 어느 정도 나이를 먹은 소나무를 심었더라도 250살 안팎이다. 귀학송의 정확한 나이는 과학적인 조사를 기다려야 하지만, 귀학정과의 관계를 고려하면 이산광이 심었을 가능성이 높다. 귀학송의 높이는 20m, 둘레는 2.15m, 수관 폭은 10.8m이다.

귀학송의 중요한 특징은 한 뿌리에서 여섯 가지가 나와 있다는 점이다. 그래서 귀학송은 '육송(六松)'이라 불린다. 소나무에 대해 가지 수로 이름을 붙인 사례는 천연기념물 '함양 목현리 구송(九松)'과 '영양 답곡리 만지송(萬枝松)'을 들 수 있다. 그러나 '육송'은 가지 하나가 힘든 세월을 이기지 못하고 죽고, 현재 다섯 가지만 남았다. '함양 목현리 구송'도 현재 일곱 가지만 남았다.

귀학송은 다섯 줄기 중 각 줄기의 가장 위쪽 부분만 붉은색이고, 나

귀학송 귀룡 모습

머지는 붉지 않다. 소나무의 이러한 모습을 흔히 '귀룡목(龜龍木)'이라 부른다. 귀룡목은 나무의 껍질이 거북의 등처럼 갈라져 있고, 가지가 용처럼 생겨 붙인 이름이다. 이러한 명칭은 거북과 용 모두 인간이 숭배하는 신령스러운 동물이라는 점에서 소나무에 대한 존경을 뜻한다. 우리나라 나무 중에서 귀학송을 비롯한 소나무 줄기의 모양이 거북 등처럼 갈라진 나무는 천연기념물 '강릉 현내리 고욤나무'를 제외하면 거의 찾아볼 수 없다. 거북과 용을 닮은 귀학송은 직접 눈으로 보면 정말 신비해서 저절로 존경의 마음이 생긴다.

인류의 미래 은행나무

디지털보령문화대전에서는 귀학송을 '중부남부평지형(中部南部平地型)'으로 소개했다. 우리나라 소나무를 유형별로 분류한 사람은 우에키 호미키(植木 秀幹, 1882~1976)였다.

우에키는 1928년 수원농림전문학교 교수로 재직하던 때 〈조선산 소나무(赤松)의 수형 및 개량에 대한 조림학적 고찰〉이라는 보고서를 통해 한반도의 소나무를 함경도와 강원도 일부의 계란형 소나무인 '동북형(東北型)', 금강산과 태백산의 곧은 소나무인 '금강형(金剛型)', 전라북도 완주군 위봉산 중심으로 한 전나무 모양의 '위봉형(威鳳型)', 경상북도 안강 중심의 줄기가 심하게 굽은 소나무인 '안강형(安康型)', 서해안 일대의 줄기가 굽은 소나무인 '중부남부평지형(中部南部平地型)', 금강형과 중남부평지형의 중간 소나무인 '중부남부고지형(中部南部高地型)' 등 6개로 분류했다. 우에키의 한반도 소나무에 대한 분류 방법은 정확하지 않지만 아직도 이것을 대체할 만한 유형이 없는 실정이다.

귀학송을 비롯해 명대계곡 주변에는 소나무가 울창하다. 좌의정을 지낸 한포재(寒圃齋) 이건명(李健命, 1663~1722)의 시에서도 당시 청라의 분위기를 엿볼 수 있다.

〈初到保寧靑蘿洞(초도보령청라동) 처음 보령 청라동에 당도하여〉

人生無根蔕(인생무근체) 인생은 뿌리도 꼭지도 없이
飄飄若轉蓬(표표약전봉) 이리저리 나뒹구는 쑥 같아

隨風任所之(수풍임소지) 바람 따라 정처 없이 갈 뿐

初不計西東(초불계서동) 애초에 방향이 정해지지 않았네

我行旣倉卒(아행기창졸) 나의 이 걸음도 갑작스런 일이라

龜筮非協從(귀서비협종) 점괘가 맞아서 따른 것이 아니네

南州樂土思(남주낙토사) 남쪽 지방을 살기 좋은 땅으로 생각한 건

古人先獲儂(고인선획농) 옛사람이 나보다 먼저였네

扶携盡室行(부휴진실행) 온 가족을 이끌고 가서

去去辭洛嵩(거거사락숭) 멀리멀리 서울을 떠나노니

出關似伯陽(출관사백양) 백양(노자)처럼 관문 나가며

發噫追梁鴻(발희추양홍) 양홍 따라 탄식하네

靑蘿久聞名(청라구문명) 청라동은 오래전부터 이름나

勝絶冠湖中(승절관호중) 절경이 충청도에서 으뜸이니

山勢自北來(산세자북래) 산세가 북쪽에서 내려와

淸淑是焉窮(청숙시언궁) 맑은 기운 여기에서 다했네

二谷遠開張(이곡원개장) 두 골짜기가 멀리 펼쳐지고

大川流溶溶(대천류용용) 대천이 넘실넘실 흘러

田疇皆膏沃(전주개고옥) 밭은 모두 비옥하며

松柏正欝蔥(송백정울총) 소나무와 잣나무 울창하네

籬落亘十里(이락긍십리) 마을이 십 리에 뻗어 있고

臺亭處處同(대정처처동) 어딜 가나 누대와 정자가 있는데

槃饌列珍肴(반찬열진효) 소반에 진귀한 안주 올라옴은

海門咫尺通(해문지척통) 바다가 지척으로 접해서라네

況復稱福地(황부칭복지) 게다가 살기 좋은 곳이라 일컬어져

百年不知戎(백년부지융) 백 년 동안 병란도 모른다네

昔賢貴遺種(석현귀유종) 옛 현인은 자손 남김을 귀하게 여겼나니

吾道在耕農(오도재경농) 나의 도는 농사에 있다오

長安杳何許(장안묘하허) 아득한 서울은 어디쯤인가

雲海隔千重(운해격천중) 운해가 천 겹으로 막고 있네

縱云非吾土(종운비오토) 비록 내 고향 아니라 하나

猶可客寓公(유가객우공) 그래도 더부살이할 수는 있으리라

귀학송은 청라면의 자연생태면서 인문생태이다. 왜냐하면 귀학송은 이산광의 귀학정과 불가분의 관계이기 때문이다. 특히 현재의 귀학송은 나무 자체의 노력이 아니라 귀학정과 관련한 사람, 그리고 현재 청라면의 모든 주민이 함께 노력한 덕분에 생존하고 있다. 다행히 귀학송은 귀학정을 세운 이산광의 집안인 '한산이씨동계공파종중'에서 관리할 뿐 아니라 2002년에 충청남도 기념물로 지정되었다. 앞으로 충청남도 혹은 보령시에서 '귀학송회(歸鶴松會)'를 만들어 체계적으로 관리하면서 각종 행사를 추진한다면 좋은 콘텐츠로 자리 잡을 수 있을 것이다.

특히 귀학송은 소나무의 자연생태, 청라면 장현리의 사회생태, 귀학정을 건립한 이산광 및 귀학정 관련 시와 관련 인물의 인문생태를 완벽하게 갖추고 있다. 전국에서도 귀학송처럼 생태학의 조건을 완벽하게 갖춘 나무는 아주 드물다.

신경섭 가옥 담장 밖 은행나무

3. 신경섭 가옥 은행나무와 청라은행마을축제 의미

'청라은행마을축제'의 주인공은 은행나무이다. 청라 은행나무 중 가장 나이 많은 것은 청라면 장밭길 62(장현리 688)의 신경섭(申慶 燮) 가옥의 은행나무다. 신경섭 가옥 주변에는 많은 은행나무가 있다. 신경섭 가옥은 1843년에 지었다. 따라서 가옥의 역사는 현재 181년 이다. 청라 평산신씨 입향조는 신광태(申光泰, 1756~1788)였다. 신 광태는 고려 개국 공신이자 평산신씨(平山申氏) 시조 신숭겸(申崇謙, ?~927)의 28세손이다. 신광태가 선조의 묘가 있는 경기도 양주에서 이곳으로 이사 온 이유는 경주이씨와 혼인했기 때문이다. 신광태의 부

인류의 미래 은행나무

인 경주이씨의 할아버지 이득오(李得五)는 청라 입향조 이몽규(李夢奎, 1510~1563)의 7세손이다. 이몽규는 풍채가 뛰어났을 뿐 아니라 10세 경에 문의(文義), 즉 문장의 뜻을 이룬 사람이었다. 그는 화암서원에 배향될 정도로 청라면을 대표하는 인물이었다. 이몽규의 재능은 당시 우의정이었던 김극성이 자신의 딸을 그에게 시집보냈을 만큼 뛰어났다. 이몽규의 사위 조남(趙擎, 1533~1554)은 양주조씨 보령 입향조이다.

신경섭 가옥이 위치한 곳은 18세기 후반 당시 농사에 적합했던 귀학정과 귀학송이 위치한 곳보다는 구릉지가 많아 농사에 불리했다. 왜냐하면 구릉지가 많으면 논농사에 필요한 물 확보가 쉽지 않고 돌이 많았기 때문이다. 그러나 신광태는 안동김씨 김이철(金履澈)을 사위로 맞고, 김이철이 당시 청라동 중리 마을에 맨 먼저 정착한 사람이 되면서 점차 세력을 확장했다. 특히 19세기에 들면서 혼인 관계를 통해 인적 세력을 늘림과 동시에 주변을 개간하면서 경제 세력까지 확보할 수 있었다. 현재 신경섭 가옥은 평산신씨가 청라면에 이룬 상징 유산이다.

신경섭 가옥의 또 다른 상징은 은행나무다. 가옥 담장 밖 은행나무는 십여 그루, 담장 안 은행나무는 열네 그루다. 이곳 은행나무 중에서 가장 나이가 많은 것은 가옥의 정문 왼편 담장 밖에 산다. 이곳 은행나무의 나이에 대한 기록은 없다. 다만 마을에서는 300살 혹은 500살 설 등 몇 가지 설이 있다. 직접 은행나무 둘레를 측정하니 3.5m이다. 둘레는 경기도 양평 은행나무 나이 측정법에 따라 계산하면 320살 정도이다.

신경섭 가옥의 가장 나이가 많은 은행나무

신경섭 가옥의 가장 나이 많은 수그루 은행나무는 지금부터 181년 전 건립한 신경섭 가옥 전부터 존재한 나무다. 그렇다면 이곳의 가장 나이 많은 은행나무를 심은 사람은 입향조인 신광태일 가능성이 아주 높다. 신광태가 이곳 경주이씨와 혼인한 직후 심었다면 대략 은행나무의 나이는 250살이지만, 씨앗을 심지 않고 묘목을 심었다면 대략 비슷한 나이로 추정할 수 있다. 가장 나이가 많은 은행나무와 관련해서 한가지 주목할 것은 심은 목적이다.

신경섭 가옥의 가장 나이 많은 은행나무는 성리학의 상징 나무로 심은 것이다. 청라면은 성리학을 지배 이념으로 삼았던 조선의 양반가

인류의 미래 은행나무

신경섭 가옥의 느티나무

들이 대대로 거주한 곳이다. 평산신씨도 청라를 대표하는 양반 가문
중 하나였다. 다만 가장 나이가 많은 은행나무를 제외한 은행나무는
반드시 성리학을 상징하는 나무로 심은 것이 아니라 다양한 목적으로
심었다. 그중에서도 청라 은행마을의 나무 중에서 암그루가 차지하는
비중이 적지 않은 것을 보면 판매를 통한 농가 소득도 중요한 목적 중
하나였다.

　신경섭 가옥의 가장 나이 많은 은행나무가 성리학을 상징하는 존재
라는 것을 알려 주는 또 다른 증거는 은행나무 바로 옆의 느티나무다.
느티나무 앞 안내문에 따르면, 이곳 느티나무의 나이는 300살, 둘레는

4.2m, 수관 21m이다. 이곳 느티나무의 나이를 300살로 추정한 배경은 알 수 없지만, 아마도 은행나무 나이와 맞춘 것일 수도 있다. 신경섭 가옥의 느티나무도 은행나무처럼 성리학의 상징나무이고, 회화나무의 '문화변용'이다. 따라서 성리학을 상징하는 행단으로서의 은행나무와 학자수로서의 회화나무 변용인 느티나무는 신경섭 가옥과 더불어 중요한 문화유산이다. 다만 은행나무와 느티나무 모두 나무의 높이를 비롯한 정확한 정보가 필요하다.

신경섭 가옥 담장 안마당에는 은행나무만이 아니라 참나뭇과 갈잎큰키나무 밤나무 네 그루, 감나뭇과 갈잎큰키나무 감나무 두 그루가 함께 살고 있다. 밤나무의 열매는 제사에, 감나무의 홍시는 효도에 아주 중요한 의미를 갖는다. 특히 가옥의 신석붕(申錫鵬) 효자문 정려를 고려하면 밤나무와 감나무의 가치는 더욱 높다. 게다가 안채의 우물과 노박덩굴과 늘푸른떨기나무 사철나무도 양반집에서 흔히 볼 수 있다.

신경섭 가옥과 가까운 곳에 있는 '정촌유기농원'은 청라은행마을 축제를 개최하는 장소다. 이곳은 울창한 은행나무 숲을 비롯해서 축제에 필요한 대부분을 갖추고 있다. 청라 은행나무는 토종 은행나무이다. 그래서 은행나무의 열매가 개량 은행나무 열매보다 작은 것이 특징이다. 농원에서 가장 나이가 많은 은행나무는 암그루이며, 300살이다. 이곳 은행나무 중 가장 나이가 많은 것을 300년으로 추정하는 이유는 300여 년 전 이곳에 터를 잡은 운영자의 조상이 심었다는 것을 기준으로 삼았기 때문이다. 이곳 은행나무의 둘레는 2m정도이기 때문에 신경섭 가옥의 은행나무 둘레와 비교하면 300살에 미치지 못한다. 다만

정촌유기마을 중 가장 나이 많은 은행나무

후손이 조상의 정신을 이어서 지금까지 은행나무를 정성껏 가꾸고 있
는 것은 존경받아 마땅하다. 특히 은행나무 근처 운영자가 벼논으로
만든 연못의 연꽃은 성리학자의 정신을 상징한다는 점에서 은행나무
와 함께 중요한 콘텐츠로 활용할 필요가 있다.

　청라 은행마을에는 100살이 넘는 토종 은행나무가 삼 천여 그루가
산다. 이곳은 우리나라 최대의 은행나무 가족이 사는 '은행나무 집성
촌'이다. 이곳의 은행나무는 연간 100톤 이상의 자식을 낳는다. 은행
나무의 열매가 탄생한다는 것은 암수가 공존한다는 뜻이다. 지구상의
모든 생명체는 후손을 남기지 못하면 멸종한다. 청라 은행마을의 은행
나무는 마을이 존재하는 한, 멸종하지 않고 살아남을 수 있다. 그러나

전국의 은행나무 중에는 암수가 함께 살지 못하고 수그루만 사는 경우가 적지 않다. 왜냐하면 은행나무 열매에 냄새가 난다는 이유로 암그루를 심지 않거나 심은 뒤 제거하기 때문이다.

은행나무의 암수는 현재 과학의 힘으로 선별해서 심을 수 있지만, 인간이 나무의 본성을 거슬러 이용하는 것은 생명의 가치를 무시하는 일이다. 생명체가 행복하게 사는 원칙은 타고난 능력을 발휘하는 것이다. 그래서 세상에서 가장 나쁜 것은 억지로 키우는 '조장(助長)'이다. 청라은행마을축제가 은행나무와 더불어 이루어지는 것이라면, 은행나무의 본성을 인정하지 않고 조장하는 일은 하지 말아야 한다. 서로의 본성을 인정한다면, 청라 은행마을과 은행나무의 만남은 세상에서 가장 아름다운 관계인 '수연(樹緣)'이다. 청라마을의 은행나무와 인간의 만남인 '수연'은 지연(地緣)과 혈연(血緣)을 중심으로 한 전통 시대의 만남을 뛰어넘은 새로운 방식의 관계이다. 지연과 혈연은 우리나라 전통 시대의 마을공동체를 유지한 버팀목이었지만, 지금은 시대 변화에 맞는 새로운 관계가 필요하다. 특히 수연은 기후 위기를 맞은 현대인들이 반드시 추구해야 할 덕목이다. 청라은행마을축제는 '수연'의 실천이다.

청라 은행마을에서 은행나무 열매를 생산한다는 것은 은행나무의 후손을 위한 것이기도 하지만, 마을이 청정하다는 것을 의미한다. 도시 정원과 가로수의 은행나무 열매는 공해에 찌들어 먹을 수가 없다. 그래서 청라 은행마을은 인간과 은행나무가 살기에 가장 좋은 공간이다. 이는 청라 은행마을의 엄청난 장점이다. 지구상에서 생명체가 건

인류의 미래 은행나무

강하게 살아갈 수 있는 조건만큼 좋은 터전은 없다. 건강한 토양은 행복한 삶의 조건이다. 청라 은행마을은 이러한 조건을 갖추었다. 다만 축제의 내용은 생태 차원에서 보완할 필요가 있다. 기존의 청라은행마을축제를 살펴보면, 은행나무와 관련한 것은 '여의주를 찾아라'와 '까마귀 가면 만들기' 및 '은행나무 그림 그리기' 정도다.

청라은행마을축제는 경기도 '용문사은행나무대제', 충남 '면천은행나무목신제', 경남 '하동청룡리은행나무축제' 등의 제사 행사를 제외하면 충북 '양곡은행나무축제', 강원도 '홍천은행나무숲축제', 강원도 '원주반계리은행나무축제', 충남 '아산은행나무길축제', 경기도 '하남은행나무축제' 등과 크게 다르지 않다. 일본의 은행나무 축제도 우리나라와 비슷하다. 이러한 유형의 축제는 참석자들의 일부 직접 체험을 제외하면 대부분 간접 체험에 그친다는 공통점이 있다.

직접 체험은 어린이와 어른 모두에게 자신의 타고난 능력을 구현할 수 있는 가장 좋은 학습이다. 인류 역사상 가장 뛰어난 천재로 평가받는 레오나르도 다빈치가 자신의 '경험'을 '스승'으로 삼아 천재성을 발휘했듯, 청라은행마을 축제에 참여하는 사람들에게도 체험을 통해 타고난 능력을 발휘할 기회를 제공해야 은행나무처럼 유일성을 확보함과 동시에 장수할 수 있을 것이다. 아울러 체험은 반드시 '관찰'을 함께 해야만 성과를 거둘 수 있다. '관찰'은 대충 보는 것이 아니라 아주 '자세하게 본다'는 뜻이다. 그러나 우리나라 절대다수의 축제는 관찰과 체험을 병행하지 않는다. 그 이유는 행사의 목적을 주민의 단합이나 수익 창출에 두고 있기 때문이다. 물론 단합과 수익 창출도 중요한 부분이지만, 관찰과 체험 없이는 현재 우리나라가 안고 있는 농촌의 소멸 문제를 해결할 수 없다.

청라은행마을축제는 농촌의 소멸 문제를 해결할 수 있는 가능성을 보여줘야 한다. 그래서 축제에서 가장 중요한 것은 '철학'이다. 철학은 곧 방법론이다. 행사의 철학은 참가자가 은행나무와 어떻게 만날 것인지를 정확하게 인식하는 것이다. 참가자가 은행나무를 생명체로 인식하는 과정은 철학 문제에서 가장 중요하다. 그러나 절대다수의 참가자들은 은행나무를 자신과 같은 생명체로 인식하지 않은 채 행사에 동참한다. 은행나무 행사 혹은 축제에서 은행나무는 주체가 아니라 객체로 전락하고, 참가자만이 주체로 활동한다. 은행나무를 객체로 배제한 은행나무 축제는 곧 우리나라 축제가 지닌 근본적인 한계이자 농촌의 소멸 문제를 해결하는 가능성을 보여 주지 못하는 이유이다.

청라은행마을의 삼 천여 그루의 은행나무는 참가자들이 각자 개성이 있듯, 각 그루마다 개성이 있다. 그러나 각 그루마다 지닌 개성은 관찰하지 않으면 이해할 수 없다. 만약 참가자들이 모두 삼 천여 그루의 은행나무를 그루마다 관찰하는 시간을 갖는다면, 과연 어떤 혁명이 일어날까. 아마도 관찰자들도 놀랄 만한 변화가 일어날 것이다. 그 순간 참가자들은 스스로 자신이 스승이라는 것을 증명할 것이다. 은행나무가 지구상의 '살아 있는 화석'으로 생존하는 까닭도 오로지 자신을 스승으로 삼아 살아왔기 때문이다.

은행나무를 관찰하면 암꽃과 수꽃을 확인할 수 있지만, 가을 축제 때만 은행나무를 찾으면 확인할 방법이 없다. 가을에만 축제를 개최한

인류의 미래 은행나무

다는 것은 곧 '결과'만을 얻고자 하는 속셈이다. 결과를 맛보려면 봄날 은행나무의 꽃을 봐야 하지만, 은행나무 축제 참가자 중 몇 명이나 은행나무의 수꽃과 암꽃을 직접 보았을까. 특히 은행나무의 암꽃은 푸른 잎의 보호를 받고 있을 뿐 아니라, 꽃 색깔도 잎과 같아서 관찰하지 않으면 볼 수가 없다.

은행나무의 암꽃과 수꽃을 본다는 것은 곧 원인을 이해하면서 결과를 예상할 수 있다는 뜻이다. 암꽃과 수꽃을 관찰하면 은행나무가 암수딴그루라는 것까지 직접 확인할 수 있다. 더욱이 은행나무 밑에서 눈을 감고 바람을 맞으면 수꽃과 암꽃이 바람으로 수정하는 것을 상상할 수 있다. 이 같은 체험을 위해서는 가을만이 아니라 봄에도 축제를 개최해야 한다. 만약 봄과 가을에 은행나무를 관찰하는 축제를 개최한다면, 세계 은행나무 축제의 새로운 길을 보여줄 수 있을 것이다.

은행나무의 잎은 린네가 학명에서도 강조하고 있듯, 은행나무의 특성을 이해하는 데 훌륭한 관찰 대상이다. 은행나무 잎을 관찰하면서 괴테처럼 연애편지를 쓸 수도 있고, 생각나는 대로 시를 지을 수도 있다. 특히 은행나무가 잎을 만드는 방식은 다른 나무들과 상당히 다르다. 머리 묶음처럼 생긴 곳에서 함께 잎과 암꽃이 나오고, 암꽃에서 탄생한 열매의 줄기도 잎자루처럼 생겼다. 이러한 모습을 관찰하면 은행나무 잎에서 잉태한 각국의 다양한 문화도 이해할 수 있다.

은행나무를 비롯한 모든 사물에 대한 관찰은 자신을 성찰하는 과정이다. 은행나무를 관찰한다는 것은 단순히 은행나무를 이해하기 위한 과정이 아니다. 관찰은 상상력의 원천이다. 은행나무 체험 행사가 중요한 이유도 관찰과 체험을 통해 상상력을 발휘할 수 있기 때문이다. 요즘 각종 행사에서 체험 프로그램을 중시하고 있는 것은 아주 바람직하다. 다만 체험이 상상력의 원천이라는 사실을 인식하지 않고 진행하면 큰 효과를 거둘 수 없다. 우리나라 교육 현장에서 상상력 교육을 강조하면서도 체험 학습을 진행하지 않는다면 공허한 주장에 불과하다. 왜냐하면 상상은 구상을 통해서만 가능하기 때문이다. 상상은 추상의 영역이다. 그러나 추상은 구상 없이는 불가능하다. 청라 은행나무 탄생 신화에 등장하는 용은 '뱀'이라는 구상을 통해서 가능한 것이다. 만약 인간이 실존하는 뱀을 직접 보지 않았다면 상상의 동물인 용은 탄생할 수 없었다. 그래서 청라 은행나무 탄생 신화를 이해하는 데도 관찰과 체험은 중요하다.

인간의 재능은 무한하지만, 사람마다 발휘하는 정도가 다르다. 사람마다 타고난 능력을 달리 발휘하는 이유는 다양하지만, 반드시 발휘할 기회를 가져야 한다. 그래서 교육에서 기회의 균등은 반드시 보장해야 한다. 관찰과 체험은 타고난 능력을 발휘하는 데 아주 중요한 기회이다. 특히 관찰과 체험을 통한 능력 발휘는 빈부와 무관하게 누구나 스스로 할 수 있다. 만약 청라 은행마을의 은행나무를 직접 관찰한다면, 관찰자는 은행나무라는 구상을 통해 자신이 지닌 잠재 능력을 추상할 수 있다. 그래서 무한한 잠재 능력은 관찰의 대상이 많을수록 발휘 가능성도 비례한다. 이러한 체험 학습은 따로 가르치지 않아도 자연스럽게 스스로 터득할 수 있다. 더욱이 이 같은 체험 학습은 행사 운영에 비용도 필요하지 않을뿐더러 시간의 제약도 받지 않는다. 그냥 참가자가 은행나무를 관찰하면 그만이고, 관찰의 결과에 대해 관찰자끼리 대화하면 큰 효과를 거둘 수 있다. 아울러 관찰한 결과를 다양한 프로그램으로 연결할 수 있다. 예컨대 관찰 일지 만들기, 관찰 내용 발표하기, 관찰 은행나무 그림 그리기, 관찰 은행나무 사진 전시, 관찰 은행나무 시와 소설 만들기, 관찰 은행나무 작곡 작사 및 노래하기, 관찰 은행나무 포트폴리오 만들기 등 아주 다양하다.

청라은행마을축제의 브랜드 가치를 높이기 위해서는 축제 마을과 인접한 청라면 신산리 느티나무, 이른바 '섬박이느티나무'와 연계할 필요가 있다. 왜냐하면 신산리 느티나무도 청라면을 대표하는 문화유산이기 때문이다. 신산리 느티나무를 '섬박이느티나무'로 부르는 이유는 느티나무가 섬처럼 생긴 땅에 박혀 살기 때문이다. 신산리 느티나무는 보령시의 지원을 받아 〈섬박이 동화〉와 유튜브 콘텐츠를 제작할 만큼 브랜드 가치가 높은 나무다.

1982년 보호수로 지정된 신산리 느티나무의 가장 큰 특징은 나뭇가지가 골고루 사방으로 퍼져 아름다운 모습을 띠고 있다는 점이다. 가지가 사방으로 뻗는 것은 느티나무의 일반적인 특징이지만, 신산리 느티나무는 자신의 능력을 최대한 발휘하고 있다. 신산리 느티나무는 섬처럼 생긴 언덕에 사는 탓에 뿌리가 밖으로 나와 있다. 신산리 느티나무가 마을 입구와 벼논 주변에 있는 것은 이곳의 느티나무가 마을 공동의 신목이라는 것을 의미한다. 현재 신산리 느티나무는 청라면을 넘어 보령을 대표하는 관광브랜드다. 그러나 아쉽게도 디지털보령문화대전에서 소개한 신산리 느티나무에 대한 정보에는 오류가 있다.

신산리 느티나무 전경

신산리 느티나무 뿌리

인류의 미래 은행나무

디지털보령문화대전에 따르면, 신산리 느티나무는 1773년에 심었다. 따라서 현재 신산리 느티나무의 나이는 251살이다. 그러나 신산리 느티나무 현장의 안내문에는 100살로 표기했다. 또한 디지털보령문화대전의 설명 중 '형태'에서는 높이 25m, 둘레 3m로 표기했으나, '현황'에서는 높이 17m, 둘레 1.4m로 표기했다. 같은 나무에 대해 완전히 다른 정보를 제공하는 사례는 아주 드물다. 아울러 디지털보령문화대전의 신산리 느티나무 '개설'에서는 "《周禮(주례)》에는 '冬取槐檀之火(동취괴단지화)', 겨울에는 느티나무와 박달나무를 비벼서 불씨를 취한다는 기록도 있다."라고 소개했다. 중국의 《주례》에 소개한 내용은 느티나무가 아니라 회화나무를 뜻한다. 즉 《주례》의 '괴'는 중국에서 회화나무이지만, 우리나라에서 느티나무로 수용한 문화변용 사례이다. 그러나 《주례》는 중국의 사료이기 때문에 느티나무로 번역하면 오역이다. 《주례》의 내용은 계절에 따라 불을 바꾸는, 이른바 '개화령(改火令)'에 대한 것이다. 개화령은 조선 시대에도 적극적으로 수용했을 만큼 중요한 문화였다. 디지털보령문화대전은 대한민국 교육부 산하 공공기관인 한국학중앙연구원에서 주관한 한국향토문화전자대전 사업의 목적으로 만든 것인데도 오류가 적지 않으니 안타까운 일이 아닐 수 없다.

맺음말

    만남은 기억을 낳고, 기억은 추억을 만든다. 그러나 모든 기억과 추억이 아름다운 것은 아니다. 기억과 추억은 어떤 만남인가에 따라 아름다울 수도 있고, 정신적인 외상일 수도 있다. 나무에 대한 기억과 추억도 예외일 수 없지만, 나무는 다른 만남과 비교하면 상대적으로 좋은 기억과 추억을 낳는다. 누구나 각자 내용은 다를지라도 나무에 대한 기억이 있다. 특히 어릴 적 나무와의 만남은 평생 추억으로 남을 수 있다. 어릴 적 나무와의 만남에서 중요한 시기는 유치원 시절로 거슬러 올라 갈 수 있지만 대부분 초등학교 시절이다. 어른들이 나무에 대한 추억을 얘기할 때 대부분 초등학교 시절을 떠올린다. 그래서 국적을 불문하고 초등학교 시절에 나무를 만나는 것은 인간의 삶에서 아주 중요하다. 예컨대 나의 경우 고향의 작은 연못가의 암수 은행나무 중 수은행나무는 놀이터였고, 초등학교 운동장 옆 회화나무와 느티나무는 6년 동안 함께한 친구였다. 50년이 지난 지금도 그 당시 나무와 함께한 기억이 좋은 추억으로 남아 있다.

초등학교 시절 학생들이 만나는 대부분의 나무는 운동장 가장자리와 화단의 식물이다. 현재 도시에서 생활하는 학생들은 학교를 제외하면 나무를 직접 만날 기회가 많지 않지만, 실제 학교에서도 만날 기회가 적다. 왜냐하면 학교의 식물과 더불어 학습하는 사례가 드물기 때문이다. 다만 일부 학교에서는 교장과 교감 혹은 교사의 관심에 따라 교정의 식물에 이름표를 달고, 관련 수업을 진행하는 사례가 있지만, 아주 드물다. 나는 몇 학교에 나무 이름표를 설계해 준 후 직접 학생과 함께 수업을 한 적이 있지만, 이런 사례는 아주 특별할 뿐이다.

학생들이 학교에서 나무와 만나지 않는 이유 중 하나는 교사가 나무를 공부의 대상으로 삼지 않기 때문이다. 우리나라는 나무를 공부의 대상으로 삼았던 오랜 전통이 있다. 불교와 성리학을 지배 이념으로 삼았던 우리나라는 은행나무를 공부의 대상으로 삼은 전통을 지니고 있다. 특히 불교와 성리학은 지금까지도 우리나라의 문화유산이자 일부는 세계유산이기도 하다. 예컨대 불교의 유네스코 세계유산인 '산사, 한국의 산지 승원'의 제목을 보면 산사(山寺), 즉 '산지 승원'이다. 통도사, 부석사, 봉정사, 법주사, 마곡사, 선암사, 대흥사 등 7곳 세계유산은 모두 산에 있다. 이는 사찰과 산은 불가분의 관계이고, 산은 숲과 불가분의 관계라는 사실을 뜻한다. 우리나라 세계유산 사찰은 나무로 만들었을 뿐 아니라 나무와 더불어 존재하고 있다. 서원도 사찰과 크게 다르지 않다.

사찰과 성리학 관련 공간에는 은행나무만이 아니라 다양한 종류의 나무들이 살고 있다. 사찰과 성리학 관련 공간의 나무들은 모두 문화유산이면서도 공부의 대상이다. 공부의 목적은 자신의 타고난 능력을 발휘하는 데 있다. 나무를 공부의 대상으로 삼는 순간, 문화유산에 대한 이해가 그렇지 않았던 때보다 훨씬 넓고 깊어진다. 이러한 방법론은 우리나라의 문화유산만이 아니라 세계의 문화유산에도 그대로 적용할 수 있다. 특히 나무를 공부의 대상으로 삼으면, 불교와 성리학 관련 문화유산만이 아니라, 인간의 삶을 결정하는 의식주에 나무가 거의 절대적인 위치에 있다는 것을 깨달을 것이다.

나무를 공부의 대상으로 삼은 전통은 석가모니의 보리수와 공자의 행단에서 보듯 인류의 위대한 지혜를 낳았다. 그러나 현재 우리나라는 이러한 전통을 계승하지 못한 채 세계에서 행복지수가 아주 낮은 국가로 전락했다. 더욱이 우리나라는 출산율도 가장 낮은 국가이다. 한국은 경제 수준은 세계 10위권이지만, 미래는 아주 어두운 국가이다. 나무는 한국인이 안고 있는 삶의 근본적인 문제를 해결하는 데 가장 적합한 존재이다. 왜냐하면 나무는 장소와 시간, 빈부와 지위와 관계없이 세상에서 가장 공평하게 누구나 일상에서 만날 수 있기 때문이다. 오로지 필요한 것은 나무와 만나려는 마음뿐이다.

나무와 만나는 방법은 사람 수만큼 많을 수 있지만, 나무(혹은 풀) 이름을 갖는 것도 아주 좋은 방법이다. 지구상의 모든 인간이 이름이 있듯, 모두 나무 이름을 갖는다면 갖지 않을 때보다 나무와 더불어 훨씬 행복하게 살아갈 수 있을 것이다. 나무 이름을 갖는다는 것은 나무를 자신처럼 하나의 고귀한 생명체이자 삶의 주체라는 것을 인정한다

인류의 미래 은행나무

는 뜻이다. 인간은 나무에서 살던 수상(樹上)생활을 끝내고 직립보행으로 도구를 사용한 후 지금까지 나무를 이용해서 문명을 성취했다. 그러나 현재 인간은 지구 역사에서 여섯 번째 대멸종위기이자 인류 최초의 멸종위기를 맞고 있다. 대멸종위기에서 살아남은 은행나무도 인간과 함께 멸종위기를 맞았다.

기후 온난화는 대멸종위기의 중요 원인이다. 지금까지 인간이 문명을 일구면서 제거한 숲은 기후 온난화의 핵심 원인이다. 앞으로 인간이 나무를 자신과 같은 생명체이자 능동적인 존재로 인식하는 '생태 의식'을 갖지 않으면, 대멸종의 위기를 막을 수 없을지도 모른다. 인류가 각자 나무 이름을 갖고, 나무 이름으로 부른다는 것은 '식물인간'이나 '꽃과 나무' 혹은 '잡목'이나 '잡초' 등 식물을 모독하지 않고 하나의 생명체로 존중한다는 뜻이다. 생명체에 대한 존중과 존경이 곧 '사랑'이라는 것을 깨달을 때, 한 그루의 은행나무를 진정으로 만날 수 있다.

참고문헌

가사협, 구자옥 번역, 《제민요술》, 농촌진흥청, 2007.

具鳳齡, 《柏潭集》, 한국국학진흥원, 2015.

歐陽修, 《歐陽修全集》, 河北: 中國書店出版, 1992.

權好文, 안동대학교, 퇴계학연구소 번역, 《松巖集》, 드림, 2015.

奇大升, 《高峯集》, 민족문화추진회, 1988.

金克成, 《金先生憂亭集》(한국고전종합DB)

金時習, 《梅月堂詩集》(한국고전종합DB)

金允植, 《(校勘標點) 雲養集》, 피알앤북스, 2015.

김일손, 김학곤, 조동영 옮김, 《탁영선생문집》, 탁영선생숭모사업회, 2012.

金宗直, 부산대학교, 점필재연구소 역주, 《점필재집》, 점필재, 2016.

김집, 양홍렬 역, 《(국역)신독재전서》, 민족문화추진회, 1999~2001.

金昌協, 《農巖集》, 민족문화추진회, 1996.

金澤榮, 부산대학교, 점필재연구소, 《韶濩堂集》, 점필재, 2018.

南孝溫, 《秋江集》, 민족문화추진회, 1988.

《東國新續三綱行實圖》(한국고전종합DB)

陶淵明, 이성호 역, 《도연명전집》, 문자향, 2001.

閔胄顯, 《沙厓集》, 민족문화추진회, 2011.

보령시, 《디지털보령문화대전》

朴明傅, 《知足堂文集》, 경인문화사, 1997.

徐居正, 《(국역) 사가집》, 민족문화추진회, 2004~2009.

서거정, 《동문선》, 태학사, 1975.

徐渻, 장재호 옮김, 《약봉유고》, 한국국학진흥원, 2021.

성백효 역주, 《論語集註》, 한국인문고전연구소, 2017.

성백효 역, 《신역 시경집전》, 한국인문고전연구소, 2024.

성백효 역주, 《國譯古文眞寶前集》, 전통문화연구회, 2019.

성백효 역주, 《國譯古文眞寶後集》, 전통문화연구회, 2019.

성백효, 《신역 시경집전》, 한국인문고전연구소, 2024.

성섭, 장유승, 부유섭, 백승호 옮김, 《필원산어》, 성균관대학교출판부, 2019.

성운, 유원대학교 호서문화연구소, 《(역주) 대곡집》, 보은군, 2018.

《世宗實錄地理志》(한국고전종합DB)

송익필, 《구봉집》, 한국고전번역원, 2020.

안동림 역주, 《莊子》, 현암사, 2010.

阮閱, 《詩話總龜》, 北京: 人民文學, 1998.

《輿地圖書》(한국고전종합DB)

유몽인 지음, 신익철 등역, 《어우야담》, 돌베개, 2006.

尹愭, 《無名子集》, 민족문화추진회, 2000.

尹拯, 《국역명재유고》, 민족문화추진회, 2009.

李栩, 《聞見雜記》(한국고전종합DB)

李栩, 《聞見雜記》(한국고전종합DB)

이건명, 전형운 외 옮김, 《한포재집》, 흐름출판사, 2016.

李穀, 《(국역) 가정집》, 가정목은문집편찬위원회, 1983.

이규경, 《오주연문장전산고》, 민족문화추진

인류의 미래 은행나무

회, 2009.

이덕무, 《청장관전서》, 서울대학교고전간행회, 1966.

이산해, 이상하 역, 《(국역)아계유고》, 민족문화추진회, 1997.

李象靖, 《大山集》, 韓國古典飜譯院, 2009.

李睟光 《芝峯類說》(한국고전종합DB)

李時珍, 《本草綱目》, 北京: 人民衛生出版社, 2002.

이유원, 《임하필기》, 성균관대학교, 대동문화연구원, 1961.

이익, 고정일 번역, 《성호사설》, 동서문화사, 2015.

李廷龜《月沙集》, 민족문화추진회, 1991.

이행, 《신증동국여지승람》, 淵上商店, 1906.

李玄逸, 《葛庵先生文集》(한국고전종합DB)

李滉, 장기근 역《退溪集》, 양우당, 1998.

일연, 김원중 번역, 《삼국유사》, 민음사, 2008.

張維, 《谿谷集》, 민족문화추진회, 1992.

정약용, 민족문화추진회 번역, 《다산시문집》, 솔, 1994.

다산학술문화재단 편집, 정약용, 《여유당전서》, 사암, 2013.

정영방, 신두환 역, 《(국역) 석문선생문집》, 보고사, 2019.

정온, 조동영, 박대현 옮김, 《(국역) 동계집》, 민족문화추진회, 2000.

鄭載圭, 《老柏軒先生文集》(한국고전종합DB)

曺兢燮, 부산대학교, 점필재연구소, 《巖棲集》, 점필재, 2015.

조식, 《남명집》, 경상대학교, 남명학연구소 옮김, 한길사, 2001.

趙翼, 《浦渚集》, 민족문화추진회, 1992.

조재삼, 강민구 옮김, 《교감국역 송남잡지》, 소명출판, 2008.

周世鵬, 《(국역) 죽계지》, 紹修博物館, 2009.

朱子, 성백효 역주, 《近思錄集解》, 전통문화연구회, 2014.

지안 역, 《수타니파타》, 지식을만드는지식, 2011.

蔡濟恭, 남만성 역, 《樊巖集》, 양우당, 1998.

《太祖實錄》(한국고전종합DB)

최세진, 《訓蒙字會》, 학자원, 2019.

韓嬰, 林東錫 譯註, 《한시외전》, 동서문화사, 2009.

洪直弼, 《梅山先生文集》, 경인문화사, 1994.

洪翰周, 《海翁詩藁》(한국고전종합DB)

許穆, 《記言》, 민족문화추진회, 1992.

許愼, 《說文解字》, 臺北: 世界書局, 1970.

黃玹, 이기찬 옮김, 《梅泉集》, 한국고전번역원, 2010.

인류의 미래 **은행나무**

| **1판 1쇄 인쇄** | 2024년 10월 8일 |
| **1판 1쇄 발행** | 2024년 10월 17일 |

지은이	강판권
펴낸이	이재종
펴낸곳	도서출판 아로파
주소	서울시 강남구 도곡로 63길 23, 302호
전화	02-501-1681
팩스	02-569-0660
홈페이지	www.rainbownonsul.net
전자우편	rainbownonsul@hanmail.net
ISBN	979-11-87252-19-1 (03900)